I0644440

Matthias Neugebauer

Ulrich Zwinglis Ethik

Stationen – Grundlagen – Konkretionen

TVZ

Matthias Neugebauer

Ulrich Zwinglis Ethik

Stationen – Grundlagen – Konkretionen

T V Z

Theologischer Verlag Zürich

Publiziert mit freundlicher Unterstützung der Reformierten Kirchen Bern-Jura-Solothurn, der Evangelischen Kirche in Deutschland (EKD) und der Union Evangelischer Kirchen in der EKD

Der Theologische Verlag Zürich wird vom Bundesamt für Kultur mit einem Strukturbeitrag für die Jahre 2016–2018 unterstützt.

Bibliografische Information der Deutschen Nationalbibliothek
Die Deutsche Nationalbibliothek verzeichnet diese Publikation in der Deutschen Nationalbibliografie; detaillierte bibliografische Daten sind im Internet über http://dnb.dnb.de abrufbar.

Umschlaggestaltung: Simone Ackermann
Unter Verwendung eines mutmasslichen Zwingli-Porträts von Albrecht Dürer: «Porträt eines Geistlichen» (1516), National Gallery of Arts, Washington, D.C.

Druck: ROSCH-BUCH, Scheßlitz

ISBN 978-3-290-17892-5

Meinen Eltern Birgit und Ernst Neugebauer
zum 50. Hochzeitstag

Inhalt

Vorwort **9**
Einleitung **15**

I Biographische Stationen der ethischen Sensibilisierung **21**

1. Die Reisläuferei (Solddienstwesen) **22**
1.1 Das Erfolgsmodell 22
1.2 Die politische Lage Ende des 15. Jahrhunderts 24
1.3 Zwinglis Stellungnahmen und Position 29

2. Die Auseinandersetzung mit dem Humanismus **39**
2.1 Zwinglis Studienzeit 39
2.2 Zwingli und Erasmus 43

3. Zürich: Die Erfahrung der Pestkrankheit **61**

II Theologische und philosophische Grundlagen der Ethik Zwinglis **69**

1. Gott und das Gute **71**
1.1 «Dass Gott ist» und «Was Gott ist» 72
1.2 Gott als das höchste Gut 80
1.3 Der ethische Charakter des höchsten Gutes 82

2. Allgemeine Untugend und christliche Tugend 89
2.1 Allgemeine Untugend 89
2.2 Christliche Tugend 94
2.3 Der «innere Frieden» als der Lohn der Tugend 104
2.4 Prüfstein und Exempel: Gerechtigkeit 109

3. Unfreier Wille und christliche Freiheit 116
3.1 Hintergrund 116
3.2 Zwinglis Position I: Kein freier Wille 122
3.3 Zwinglis Position II: Christliche Freiheit 125

III Lebensweltliche Konkretionen der Ethik 133

1. Ehe und Familie 134
1.1 Ehe und Sakrament 137
1.2 Keuschheit und Zölibat 143
1.3 Ehe- und Sittengericht 153

2. Arbeit und Müssiggang 161
2.1 Arbeit und Tugend 161
2.2 Müssiggang und Untugend 166

3. Staat und Obrigkeit 171
3.1 Staatsformen und christlicher Glaube 171
3.2 Gehorsam und Ungehorsam 177
3.3 Steuern und Zinsen 187

4. Krieg und Frieden 197
4.1 Frieden und Pazifismus 197
4.2 Krieg und Reformation 202

Schluss **211**

Verzeichnisse **221**
Literaturverzeichnis 221
Bildnachweise 227

Vorwort

Der vorliegende Text ist im Wesentlichen im Rahmen eines Studienurlaubs entstanden, der mir von der Reformierten Kirchgemeinde Sursee im Frühjahr 2016 gewährt wurde. Im Hintergrund standen Vorlesungen über die Ethik der Reformatoren an der Theologischen Fakultät der Universität Zürich, die im benannten Studienurlaub auf die Ethik Zwinglis hin konzentriert wurden. Ziel war es, einen gut verständlichen und lesbaren Überblick in Bezug auf Zwinglis Ethik herzustellen.

Herzlich danken möchte ich für diese Gelegenheit dem Kirchenvorstand der Reformierten Kirchgemeinde Sursee, v. a. dem Präsidenten Herrn Dr. Christian Marti. Gedankt sei auch dem Synodalrat der Evangelisch-Reformierten Kirche des Kantons Luzern, der das Projekt bewilligt hat; stellvertretend seien hier genannt Frau Synodalrätin Pfrn. Marie-Luise Blum und Frau Synodalrätin Rosmarie Manser.

Es ist schön, wenn die Entstehung eines Textes mitbegleitet wird. Dialog ist die Essenz des wissenschaftlichen Arbeitens. Im Rahmen einer Vorlesung über die Ethik Zwinglis wurden grosse Teile des Textes im Herbstsemester 2016 Studentinnen und Studenten der Theologischen Fakultät der Universität Zürich vorgestellt. Ihnen gilt mein aufrichtiger Dank für so manche kritische und konstruktive Rückfrage. Durch die Interaktion des Vorlesungsgeschehens hat der Text deutlich an Konturen gewonnen.

Für den inhaltlichen Austausch und sehr viele wertvolle Hinweise danke ich herzlich Prof. Dr. Peter Opitz, dem Leiter des Instituts für Schweizerische Reformationsgeschichte an der Theologischen Fakultät der Universität Zürich. Es war eine Freude und ein intellektuelles Erlebnis, im Gespräch mit einem Zwingli-Experten die ethischen Gedankengänge des Zürcher Reformators zu vertiefen.

Ebenso gebührt mein Dank Herrn Dr. Harald Matern von der Universität Basel, der das ganze Manuskript gelesen und viele Anstösse zum Überdenken und Umformulieren gegeben hat. Ebenso danke ich meinem Bruder Herrn PD Dr. Georg Neugebauer von der Universität Leipzig, der in der Endphase des Erarbeitungsprozesses sein kritisches und wissendes Auge gewinnbringend auf den Text gerichtet hat. Auch danke ich meinem Freund Herrn Pfr. Detlef Noffke (Ormalingen, BL), der auch noch einmal den ganzen Text gelesen und mir wertvolle Hinweise zur Gestaltung des Buches gegeben hat. Mein Freund Herr Pfr. Dr. Christoph Reutlinger hat ebenfalls in der Schlussphase die Arbeit des Korrekturlesens auf sich genommen. Wofür ich ihm herzlich danke. Bei ihm im Pfarrhaus in Tschlin kam zum ersten Mal die Idee für vorliegendes Buchprojekt auf. Ein weiterer Dank gebührt Herrn Dr. Hans Rudolf Lavater (Erlach) für die Hilfe bei den Transkriptionen. Für seine Unterstützung und seine Hinweise danke ich auch herzlich Herrn lic. phil. hist. Florian Fischer vom Staatsarchiv des Kantons Zürich. Und schliesslich sei meiner Frau Damaris Jaggi Neugebauer gedankt. Sie hat nicht unwesentlichen Anteil gehabt am Entscheid, dieses Buch zu schreiben, war in der Entstehungsphase immer um Korrekturarbeiten bemüht und ermöglichte – wo möglich – den Freiraum zur Arbeit am Thema.

Das Erscheinen des Buches wurde auch finanziell vom In- und Ausland unterstützt. Für einen grosszügigen Druckkostenzuschuss möchte ich mich herzlich bei den Reformierten Kirchen Bern-Jura-Solothurn bedanken. Es ist mir eine grosse Freude, dass die Landeskirche, in der ich nun arbeiten darf, hinter diesem Zwingli-Projekt steht.

Für eine namhafte Unterstützung danke ich auch der Evangelischen Kirche in Deutschland (EKD) und der Union Evangelischer Kirchen in der EKD. Es freut mich ausserordentlich, dass die Evangelischen Kirchen Deutschlands im Reformationsgedenkjahr 2017 eine

Arbeit zum Schaffen des bedeutendsten deutschsprachigen Reformators in der Schweiz unterstützen.

Dem Theologischen Verlag Zürich (TVZ) möchte ich in aller Form für die angenehme und konstruktive Zusammenarbeit danken, besonders Frau Lisa Briner von der Verlagsleitung und Frau Christine Forster Wenger, die das Lektorat besorgt hat.

Müntschemier, den 30. April 2017

Matthias Neugebauer

«Es ist ein Gottes würdigerer Begriff,
ihn als die sittliche Macht zu denken.»
Albrecht Ritschl

Einleitung

So wie die Reformation insgesamt verschiedene Orte, Gestalten und Gesichter hatte, so hatte auch jeder der Reformatoren sein eigenes Gesicht, seine eigene Gestalt und seinen eigenen Ort. Und das gilt auch für den grossen Reformator der deutschsprachigen Schweiz: Ulrich Zwingli. Zwingli entstammte dem Toggenburg, einem ländlichen Gebiet im Osten des Landes. Er studierte in Wien und Basel. Zwingli war Priester in Glarus und Einsiedeln. Und er wurde schliesslich in Zürich zum strahlenden Reformator.

Genauso wichtig wie diese Stationen und die mit ihnen verbundene Prägung Zwinglis ist hier, dass «Zwingli […] eine vorwiegend *ethisch* gerichtete Natur»[1] gewesen ist. Zwingli hatte ein ausgeprägtes ethisches Sensorium. Er hat sich intensiv mit den lebenspraktischen Fragen der Menschen auseinandergesetzt. Zwingli hat ethische Probleme und Fehlentwicklungen seiner Zeit treffsicher ausgemacht, analysiert und theologisch verantwortungsvolle Lösungsvorschläge unterbreitet. Sein reformatorisches Werk hat eine deutlich *praktische* Note. Zwinglis Leben und Werk stehen für «ethischen Ernst und […] soziale Verantwortung»[2]. Zwinglis Reformation ist eine *Reformation in praktischer Absicht*. Zwingli ist Reformator *in praktischer Absicht*.

Hinter dieser Reformation in praktischer Absicht und diesem Reformator in praktischer Absicht steht eine Ethik. Zwingli war kein

1 Kügelgen, Ethik Zwinglis, 14 (Hervorhebung v. Vf.).
2 Brunnschweiler/Lutz, Einleitung ZS, XV.

Moralist, der seine ethischen Positionen wahllos entwickelt und dogmatisch durchgesetzt hat. Im Gegenteil: Zwingli entwickelte – in gut reformatorischer Manier in Auseinandersetzung mit der Bibel –, geschlossene und durchdachte ethische Gedankengänge. Und die in seinen Werken entwickelten moralischen Ansprüche sind nicht steiler als diejenigen der Bibel. Zwingli hat Ethik getrieben vor dem Hintergrund seiner Beschäftigung mit den biblischen Texten selbst.

Zu beachten ist dabei, dass Zwingli die moderne Unterscheidung von *Glaubenslehre* (Dogmatik) und *Sittenlehre* (Ethik) fremd war. Zwingli hat nicht eine Dogmatik oder eine Glaubenslehre verfasst und ihr dann eine Ethik oder Sittenlehre folgen lassen. Bei Zwingli greift beides noch ganz unverkrampft ineinander: Ausführungen zu Grundinhalten des Glaubens (Was ist Religion? Was bedeutet Glauben? Was ist das Evangelium? etc.) stehen neben Erörterungen zu Fragen der christlichen Lebensführung (Was sind Tugend und Untugend? Was ist eine christliche Ehe? Was bedeutet christliches Arbeiten? Was ist Sünde? etc.).

Im Folgenden wird der Versuch unternommen, die Ethik Zwinglis zu rekonstruieren. Dabei sollen die in verschiedenen Zusammenhängen verstreuten ethischen Argumentationsgänge in eine systematische Zusammenschau gebracht werden. Dabei ist zu bemerken, dass es bei einer solchen systematischen Zusammenschau primär darum geht, die grossen Linien und Strukturen der Ethik Zwinglis hervortreten zu lassen. Das fördert die Übersicht, geht aber auf Kosten mancher Details. Im Grunde wäre es möglich, jedem einzelnen der behandelten Momente eine eigene Untersuchung zu widmen. Das würde den Blick für die Einzelheiten schärfen, liesse aber mitunter das Grosse und Ganze in den Hintergrund treten. Eine systematische Darstellung ist immer ein Balanceakt zwischen Übersicht und Detail.

Im vorliegenden Fall wurde zugunsten der Übersicht entschieden. Aus demselben Grund wurden auch weiterführende Literaturdiskussionen beiseitegelassen. Ebenfalls der Übersicht halber wurde auf ständige Seitenblicke auf andere Gestaltungen der Reformation verzichtet.

Weiterhin ist bei einer systematischen Zusammenschau wichtig, dass es in Bezug auf einzelne ethische Begriffe und Themenfelder bei Zwingli innere Entwicklungen gibt. Diese wurden so weit als möglich mitbeachtet. Der vorliegende Versuch ist aber keine Biographie Zwinglis, die seine ethische Entwicklung en détail nachzeichnen würde. Eine sehr gut lesbare Biographie Zwinglis hat jüngst Peter Opitz vorgelegt.

Zwinglis Ethik wird im vorliegenden Band als *Güter-* und *Tugendethik* interpretiert. Das bedeutet: Für Zwinglis Ethik spielt auf der einen Seite der aus der Antike bekannte Gedanke eines höchsten Gutes eine entscheidende Rolle. Und zum anderen operiert der ethische Ansatz Zwinglis mit dem – ebenfalls aus dem antiken Denken geläufigen – Begriff der Tugend. Zum Schluss handelt es sich bei der Ethik Zwinglis um eine Verschränkung von Güter- und Tugendethik unter dem Vorzeichen des christlichen Glaubens. Dies wird ausführlich entfaltet werden.

Damit kommen wir bereits zum Aufbau des Buches. Dass es sich nicht um eine Biographie Zwinglis handelt, heisst nicht, dass biographische Momente keine Rolle spielen würden. Vor allem das *erste Kapitel* ist in gewisser Weise biographisch ausgerichtet. Oben wurde festgehalten, dass Zwingli ein ausgeprägtes ethisches Sensorium hatte, dass er ein Reformator in praktischer Absicht gewesen ist. Der Entstehung und Ausbildung des angesprochenen ethischen Sensoriums wendet sich das erste Kapitel zu. Es wird auf bestimmte und prägende Momente des Lebens des Reformators eingegangen, und sie werden auf ihre ethische Bedeutung hin analysiert. Bei diesen als wesentlich erachteten Stationen handelt es sich *erstens* um Zwinglis Engagement im Zusammenhang mit der Reisläuferei, dem Solddienstwesen, *zweitens* seine Begegnung mit dem Humanismus, insbesondere mit Erasmus von Rotterdam, und *drittens* um die Erfahrung der Erkrankung an der Pest. Das Ganze ist eingebettet in Erörterungen zur zeitgeschichtlichen Situation und zu Zwinglis Studienweg sowie seiner Tätigkeit als Priester in Glarus, Einsiedeln und schliesslich in Zürich.

Das *zweite Kapitel* wendet sich den Grundlagen der Ethik Zwinglis zu. Entsprechend der Voraussetzung, dass es sich bei der Ethik Zwinglis um eine Synthese von Güter- und Tugendethik handelt, wird in einem ersten Teil Zwinglis Vorstellung von Gott als dem höchsten Gut entfaltet und der ethische Charakter dieses höchsten Gutes erörtert. Der güterethische Ansatz kommt also zunächst in der Gotteslehre zum Zuge. Ein zweiter Teil beschäftigt sich folgerichtig mit den Tugenden, beziehungsweise mit dem konfliktreichen Ineinander von Untugenden und Tugenden, das Zwingli für jedes menschliche Leben reklamiert. Die Tugendethik greift also in erster Linie am Orte der Lehre vom Menschen, der Anthropologie. In Zwinglis Lehre vom Werk und Verdienst Christi, in der Christologie, finden beide ethischen Ansätze zusammen: Jesus Christus ist Inbegriff und Urbild der (christlichen) Tugend und verkörpert mit seinem Leben gleichzeitig das höchste Gut. Frieden und Gerechtigkeit werden als Kulminationspunkte dieses ethischen Ansatzes eigens behandelt. In einem dritten Teil dieses zweiten Kapitels wird dann den Fragen nach einem freien Willen und nach der christlichen Freiheit nachgegangen.

Im *dritten Kapitel* werden die lebenspraktischen Fragen berührt: die Konkretionen der Ethik. Ohne Anspruch auf Vollständigkeit werden behandelt: Ehe und Familie, Arbeit und Müssiggang, Staat und Obrigkeit sowie Krieg und Frieden. Hier geht es darum, zu zeigen, wie Zwingli seine Ethik in Gestalt eines güter- und tugendethischen Programms im Einzelnen durchführt und was für Positionen Zwingli zu bestimmten Fragen der praktischen Lebensgestaltung entwickelt. So wird in Bezug auf die Ehe nach ihrem sakramentalen Charakter gefragt, der Zölibat diskutiert und auf das Zürcher Ehegericht eingegangen. Hinsichtlich der Arbeit wird nach der Begründung der christlichen Arbeit gefragt und Zwinglis Ablehnung des Müssiggangs nachvollzogen. Mit Blick auf Staat und Obrigkeit rücken Zwinglis Staatslehre, das Widerstandsrecht gegen die Obrigkeit und die Frage nach Steuern und Zinsen in den Vordergrund. Und bezüglich Krieg und Frieden wird Zwinglis Pazifismus einer kritischen Relektüre unterzogen und der Zusammenhang von Reformation und Krieg beleuchtet.

In einer Schlussreflexion wird auf Momente aufmerksam gemacht, die Zwinglis Ethik auch für unsere bewegte Zeit interessant machen. Dies betrifft den hohen sittlichen Ernst, für den Zwingli steht, seine Beschreibung der menschlichen Grundsituation, seine innovative Interpretation der Bergpredigt Jesu, seine differenzierte Stellungnahme zum ethischen Individualismus, seinen Sinn für ethische Konkretheit, seine ethische Ausdruckskraft und sein Wissen um die Vorläufigkeit allen menschlichen Tuns und Handelns.

Wer Zwingli darstellen will, tut gut daran, Zwingli zu lesen. Auf diese Weise ist der vorliegende Text entstanden. Deshalb stand am Anfang ein engagiertes und gründliches Studium der von Zwingli selbst verfassten Texte. Das waren vor allem diejenigen Schriften, die in der vierbändigen Ausgabe von 1995 (Huldrych Zwingli: Schriften) versammelt sind. Es wurden aber auch dort nicht abgedruckte Texte aus der grossen 2013 abgeschlossenen Werkausgabe (Huldreich Zwinglis sämtliche Werke) mitberücksichtigt. Zwingli wird also selber immer wieder zu Wort kommen. Welche weiteren Quellen und welche Bücher der Forschungsliteratur konsultiert wurden, kann den Fussnoten und dem Literaturverzeichnis entnommen werden. Und freilich soll dieses Buch auch immer dazu Anreiz geben, Zwingli selber zu lesen, seine Worte und Argumentationen im Ganzen auf sich wirken zu lassen.

I Biographische Stationen der ethischen Sensibilisierung

Ethische Naturen sind gekennzeichnet durch ethische Empfindsamkeit, durch ein von Anfang an waches ethisches Auge, das auf Ungerechtigkeit, Benachteiligung, Hinterhältigkeit, Verlogenheit und Unwahrheit in gesteigerter Weise reagiert. Und ethische Naturen entwickeln sich: Verschiedene Einflüsse tragen dazu bei, dass sich am Ende das Gesamtbild einer durchgebildeten ethischen Persönlichkeit ergibt. Nicht alle Variablen dieses komplexen Prozesses können in der Rückschau nachvollzogen werden – bei niemandem. Dies ist auch bei Zwingli der Fall. Bei ihm schon aus dem einfachen Grunde, weil vieles aus seinen frühen Jahren im Dunklen liegt. Aber bestimmte Momente und Einflüsse werden dennoch sichtbar und fügen sich ein in das Ganze, für das der theologische profilierte, ethische Denker Ulrich Zwingli steht.

Im folgenden Kapitel wird der Versuch unternommen, *drei* Stationen der theologischen Entwicklung Zwinglis darzustellen. Sie werden hinsichtlich ihres Einflusses auf die ethische Entwicklung Zwinglis hin zu befragen und zu analysieren sein. Das *Erste* sind Zwinglis Begegnungen und seine Stellungnahmen in Bezug auf die in der Eidgenossenschaft weit verbreitete Praxis der Reisläuferei (des Solddienstwesens). Beim *Zweiten* handelt es sich um Zwinglis Auseinandersetzung mit der Geistesbewegung des Humanismus, die einen Höhepunkt in der persönlichen Kontaktaufnahme Zwinglis mit dem nachmaligen *Humanistenfürsten* Erasmus von Rotterdam findet. Das *Dritte* schliesslich ist die Erfahrung der Pest. Eine schwere Pestepidemie erfasste 1519/20 auch Zürich. Und im Herbst 1519 erkrankte Zwingli selbst schwer an der Seuche. Er überlebte diese Krise. Aber dieses Erlebnis ging nicht spurlos an ihm vorbei.

Alle drei genannten Stationen – die Begegnung mit der Reisläuferei, die Auseinandersetzung mit dem Humanismus und die eigene Pesterkrankung – haben auf je eigene Weise dazu beigetragen, dass sich das ethische Profil Zwinglis mit der Zeit herauskristallisiert hat. Dabei darf jedoch nicht übersehen werden, dass sich die drei genannten Momente keineswegs bereits zur Gesamtstruktur der ethischen Persönlichkeit Zwinglis aufsummieren lassen. Zwingli als Ethiker erschöpft sich nicht in der einfachen Formel: Kritiker des Solddienstwesens *plus* Humanist *plus* Pestkranker. Diese genannten Stationen der ethischen Sensibilisierung sind eben Stationen, die die Entwicklung dessen mitgeprägt haben, was Zwinglis Ethik zu einer erklärt reformatorischen Ethik macht, nämlich in dem Sinne, dass das Evangelium von Jesus Christus Grund, Mitte und Ziel des ethischen Denkens ist. Von diesem Evangelium war Zwingli im Tiefsten seines Wesens ergriffen. Und aus dieser Tiefe hat er seine Ethik entwickelt.

1. Die Reisläuferei (Solddienstwesen)

1.1 Das Erfolgsmodell

Zwingli lebte in einer Zeit, in der die Eidgenossenschaft politisch, und das heisst in diesem Fall vor allem militärisch, in Europa eine grosse Rolle spielte. Seit den europaweit bekannt gewordenen Siegen der Eidgenossen in den Schlachten von Morgarten (1315) und Sempach (1386) genossen eidgenössische Söldner (Reisläufer) einen hervorragenden Ruf. Dass es den Eidgenossen gelungen war, sich weitgehend von den Habsburgern zu emanzipieren, brachte der Eidgenossenschaft grosse Anerkennung und allgemeinen Respekt ein.

Abb. 1: Die Schlacht von Sempach, 9. Juli 1386
(Darstellung aus dem 20. Jahrhundert von August Haas)

Dieser Respekt und diese Anerkennung verdankten sich einer innovativen und effektiven Kampftechnik. Berühmt und berüchtigt war das Auftreten der eidgenössischen Kämpfer, die als gefährliche Schlachthaufen martialisch in so manches Kriegsgeschehen eingriffen und meist siegreich daraus hervorgingen. Wer eidgenössische Söldner an seiner Seite wusste, konnte sich gute Chancen auf einen Sieg ausrechnen. Die sogenannten Reisläufer (Söldner) umgab ein Nimbus, der knapp an die Unbesiegbarkeit heranreichte. Der Schweizer Historiker Thomas Maissen hat das Erfolgsrezept der eidgenössischen Kämpfer in seiner «Geschichte der Schweiz» folgendermassen beschrieben:

> «Die Eidgenossen kämpften als dichte Schlachthaufen, Gevierte mit manchmal mehreren tausend Mann. An deren Rand hielten gerüstete Krieger mit fünf Meter langen Spiessen die feindliche Reiterei auf Distanz

> und schützten so beim Aufprall der Heere die Soldaten im Inneren des Harsts. Diese waren nur mit Helmen und leichtem Harnisch vor Beschuss geschützt und mit Halbarten und anderen Nahkampfwaffen (Schweizerdegen, Schwert, Dolch) bewaffnet. Sie konnten keilartig in die Breschen der feindlichen (Ritter-)Phalanx einbrechen und dank ihrer Geschlossenheit und zugleich Beweglichkeit die Gegner im Zweikampf niederringen. Euphorisiert, auch durch Wein, begleiteten die Eidgenossen ihre Angriffe mit ohrenbetäubendem Brüllen und Lärm. Entscheidend waren oft die Geländeverhältnisse und das Überraschungsmoment, das von einer Vorhut ausgehen konnte, die als ‹verlorener Haufen› die Schlacht vom Zaun brach.»[3]

Aufgrund ihres Rufes und ihrer Schlachttechniken wurden eidgenössische Söldner in Europa zu einer begehrten Ressource. Konkurrierende politische Mächte sahen die Möglichkeit, sich ihrer Kräfte zu bedienen. Und weil Konkurrenz das Geschäft belebt, wurde aus dem Solddienst ein florierendes Geschäft: die sogenannte Reisläuferei. In den Burgunderkriegen, die mit dem Zerfall des Burgunderreiches nach drei verheerenden Niederlagen Karls des Kühnen endeten, kämpften massenhaft Schweizer Söldner. Das Söldnerwesen, die Reisläuferei, erreichte einen ersten Höhepunkt.

1.2 Die politische Lage Ende des 15. Jahrhunderts

Durch den Zusammenbruch des Burgunderreiches wurde das bis dahin bestehende europäische Ordnungssystem tief erschüttert. Es kam zu erheblichen Verschiebungen des Machtgefüges, in der sich die Eidgenossenschaft neu orientieren und behaupten musste. Nicht nur, dass nach der Aufteilung Burgunds nun Habsburg und Frankreich unmittelbar aneinandergrenzten; zusätzlich kam es in Italien zu in-

---

3 Maissen, Geschichte der Schweiz, 61.

nenpolitischen Verwerfungen, die das Land Ende des 15. Jhs. ins Zentrum der europäischen Machtinteressen gerieten liessen.[4] Und die diesbezüglichen Entwicklungen waren nicht nur für die Eidgenossenschaft als ganze von grosser Bedeutung, sondern sie berührten sich in unmittelbarer Weise mit dem Leben und Wirken des nachmaligen Reformators Ulrich Zwingli, der als Feldprediger mit vor Ort war und eidgenössische Söldner in Oberitalien begleitete.

In Italien gab es Ende des 15. Jhs. vor allem zwei Brennpunkte, in denen sich die Interessen Frankreichs, Habsburgs und des Kirchenstaates überschnitten. Da war zum einen Neapel im ersten Italienischen Krieg. 1494 war der französische König Karl VIII. mit einer gewaltigen Streitmacht (darunter mehrere tausend eidgenössische Söldner) via Florenz und Rom durch halb Italien nach Neapel gezogen, um dort historische Ansprüche aus dem 14. Jh. (Karl von Anjou) auf den Thron des Königreichs Neapel durchzusetzen. Am 22. Februar 1494 zog Karl VIII. kampflos in Neapel ein. König Alfons I. von Neapel wurde vertrieben und Karl VIII. zum König von Neapel gekrönt.

Unter Führung des Papstes Alexander VI. formierte sich daraufhin die (v. a. habsburgische) Heilige Liga von Venedig (ein Zusammenschluss von Aragón, Habsburg, Mailand und Venedig vordergründig gegen das Osmanische Reich; 1453 war Konstantinopel gefallen), die am 6. Juli 1495 die Franzosen in der Schlacht von Fornovo (bei Parma) vernichtend besiegten. Frankreich zog sich daraufhin (vorerst) aus Neapel und Italien zurück.

Der andere Brennpunkt – und dieser ist für die Alte Eidgenossenschaft von grösserer Bedeutung gewesen – war Mailand. Die Eidgenossenschaft hatte Ende des 15. Jhs. begonnen, nach Süden zu expandieren und nach Vorstössen und Rückschlägen mit dem Sieg der Urner in der Schlacht von Giornico (1498) die Leventina weitgehend unter ihre Kontrolle gebracht. Eine Ausnahme bildete Bellinzona, das erst 1500 erobert und 1503 endgültig von Mailand abgetreten wurde.

---

4 Vgl. dazu Merzbacher, Europa im 15. Jh., 392.

Die Alte Eidgenossenschaft war damit in Oberitalien präsent und im Gerangel der Grossmächte zu einem wichtigen Mitspieler geworden. Dies war umso wichtiger, als die politischen Verhältnisse in Mailand Ende des Jahrhunderts alles andere als stabil waren.

1447 war in der lombardischen Hauptstadt mit Filippo Maria Visconti der letzte männliche Nachkomme der mächtigen Visconti-Familie gestorben, die seit 1311 die Herzöge von Mailand gestellt hatte. Mit dem Ende der Linie Visconti wäre Mailand rechtlich an den Herzog von Orléans, Louis d'Orléans, gegangen, weil Valentina Visconti 1389 mit Louis de Valois, Herzog von Orléans (und Sohn des französischen Königs Karl V.), verheiratet worden war.

Aber Mailand erklärte sich zunächst zur Republik: die berühmte Ambrosianische Republik. Die Republik scheiterte jedoch, als 1450 der ehemalige Militär (*condottiere*) Francesco I. Sforza mit Hilfe der Florentiner nach der Macht griff und sich zum Herzog von Mailand aufschwang. Als Francesco 1466 starb, folgte ihm zunächst sein Sohn Galeazzo Mario Sforza auf den Mailänder Thron und nach seiner Ermordung (1476) dessen 7-jähriger Sohn Gian Galeazzo Sforza. Da dieser jedoch minderjährig war, führte die Regierungsgeschäfte zunächst seine Mutter, die aber 1481 durch seinen Onkel Ludovico Sforza verdrängt wurde. Letzterer wurde wegen seines dunklen Teints gemeinhin *il moro* (der Dunkle) genannt. Nach dem Tod Gian Galeazzos wurde Ludovico Sforza Alleinherrscher in Mailand. Er baute seine Macht kontinuierlich aus und arrangierte sich mit Frankreich: Im ersten Italienischen Krieg war er ein wichtiger Verbündeter Karls VIII.

Nach dem Tod Karls VIII. (1498) wurde Ludwig XII. König von Frankreich. Wie sein Vorgänger ging er daran, französische Ansprüche in Italien geltend zu machen; aber nicht gegenüber Neapel, sondern gegenüber Mailand. Als Enkel von Valentina Visconti sah er sich berechtigt, den Titel eines Herzogs von Mailand zu führen. Ludwig XII. schloss ein Soldbündnis mit den Eidgenossen ab und nahm mit Hilfe mehrerer tausend eidgenössischer Söldner 1499 Mailand ein.

Der vertriebene Ludovico Sforza warb nun seinerseits ebenfalls eidgenössische Reisläufer an. Im Frühjahr 1500 gelang es ihm, mit ihrer Hilfe Mailand zurückzuerobern. Daraufhin machte Ludwig XII. wiederum sein Soldbündnis mit der Eidgenossenschaft geltend, stellte ein vor allem aus eidgenössischen Söldnern bestehendes Heer zusammen und zog wieder gegen Mailand. Bei Novara trafen beide Heere aufeinander, wo sich jetzt auf beiden Seiten eidgenössische Söldner gegenüberstanden.

Das war ein Schock. Die Situation, dass nun «Eidgenosse gegen Eidgenosse, Brüder gegen Brüder, Väter gegen Söhne»[5] kämpfen sollten, wurde allgemein als ethisch untragbar empfunden. Die Tagsatzung (der gesamteidgenössische Rat) wurde eingeschaltet.[6] Es ging darum, zu verhindern, dass sich Eidgenossen im Interesse fremder Herren gegenseitig töteten. Die Tagsatzung fand Gehör. Ludwig XII. stimmte einem Abzug der Eidgenossen zu. Bedingung war, dass Ludovico Sforza ausgeliefert werden würde. Dieser verkleidete sich zwar als Söldner, flog aber nach einem Hinweis auf (Verrat von Novara). Er wurde in Gewahrsam genommen und verstarb 1508 in französischer Gefangenschaft.

Ein unmittelbares Ergebnis dieses Aufeinandertreffens eidgenössischer Söldner im Interesse fremder Mächte war 1503 der Beschluss der Tagsatzung, die Reisläuferei zu verbieten. Allerdings konnte sich das Verbot nicht auf Dauer durchsetzen. Das Geschäft war einfach zu lukrativ.

Die Beziehungen der Eidgenossenschaft zu Frankreich kühlten ab, nachdem Papst Julius II. die Schweizergarde ins Leben gerufen hatte.[7] Das Soldbündnis mit Frankreich wurde 1509 nicht erneuert. Und Papst Julius II. arbeitete im Hintergrund aktiv gegen Frankreich. Eine Schlüsselrolle in dieser Beziehung kam dem Sittener Fürstbischof und späteren Kardinal Matthias Schiner (ein Freund Zwinglis)

5 Glutz-Blozheim, Geschichte der Eidgenossen, 175.

6 Die Tagsatzung war der «Gesandtenkongress» (Maissen, Geschichte der Schweiz, 111) der eidgenössischen Orte (Kantone), also eine Art Parlament der Alten Eidgenossenschaft.

7 Die Schweizergarde wurde 1506 installiert.

zu, dem es schliesslich gelang, im Auftrag des Papstes eine Allianz gegen Frankreich zu schmieden. Im März 1510 vermittelte er einen sogenannten «Bund zum Schutze der Kirche» auf fünf Jahre, der dem Papst ein eidgenössisches Söldnerheer von 5000 Mann zusicherte. Am 6. Juni 1513 schlug dieses Söldnerheer in der Schlacht von Novara die Franzosen und setzte Massimiliano Sforza (den Sohn Ludovicos) als Herzog in Mailand ein. Der dankte es den Eidgenossen, indem er ihnen Lugano und Locarno, das Eschental, das Veltlin, Bormio sowie Chiavenna überliess.[8]

Doch die Freude der Sieger währte nur kurz. 1515 zog der neue französische König Franz I. mit einer Übermacht nach Oberitalien. Um einen Krieg zu vermeiden, machte er den Eidgenossen zunächst folgendes Angebot:

> «Die Eidgenossen übergeben dem König das Herzogtum Mailand [...] dagegen giebt Franz I Maximilian Sforza das Herzogthum-Nemours ein Jahresgehalt von zwölftausend Franken und eine Gemalin von seinem Stamme, und bezahlt den Eidgenossen eine Millionen Kronen.»[9]

Dieser Versuch, mit einer Million Kronen die Geschicke im Sinne Frankreichs zu richten, polarisierte. Die Eidgenossen wurden sich uneins. Die Innerschweizer waren für den Kampf. Bern, Freiburg und Solothurn sprachen sich dagegen aus und zogen ab. Die verbliebenen Innerschweizer stellten sich dem Kampf und wurden am 13. und 14. September 1515 in der Schlacht von Marignano vernichtend geschlagen.

8 Vgl. Maissen, Geschichte der Schweiz, 72.
9 Glutz-Blozheim, Geschichte der Eidgenossen, 401.

1.3 Zwinglis Stellungnahmen und Position

1.3.1 Das «Fabelgedicht vom Ochsen»

Zwingli stand als Glarner Pfarrer nicht abseits von all diesen Entwicklungen. Es ist davon auszugehen, dass er das politische Geschehen nicht nur aufmerksam verfolgte, sondern sich in politischen Fragen und im Bedenken ihrer ethischen Konsequenzen ernsthaft engagierte.[10] Ein wichtiges Beispiel in dieser Sache ist sein «Fabelgedicht vom Ochsen» (1510), Zwinglis erstes erhaltenes Werk. In diesem Gedicht skizziert Zwingli die politische Situation seiner Zeit mit einem eindrücklichen Bild: Ein stattlicher und kräftiger Ochse steht auf einer saftigen Wiese. Sein Idyll wird gestört durch verschiedene Tiergestalten, die den Ochsen jeweils für sich gewinnen wollen. So versuchen ein Löwe, ein Leopard, Katzen, ein Füchslein, ein Hirte und sein Hütehund den Ochsen jeweils auf ihre Seite zu ziehen.

Das Bild meint: Die Eidgenossenschaft (durch den Ochsen dargestellt) ist umworben und hin- und hergerissen zwischen Habsburg (Löwe), Frankreich (Leopard), den Parteigängern Frankreichs (Katzen) sowie dem Papsttum (Hirt) mit dessen Kardinal (Hütehund). Das Füchslein dürfte Venedig darstellen.[11] Im Fabelgedicht positioniert sich der helvetische Ochse. Nach viel Ermahnung und guter Zurede neigt der Ochse sich willig dem Hirten (Papst) zu, wozu der Hütehund (Kardinal) vor Freuden heult und sich über diese Sache aus gutem Grund freut:

«Nach fil ermanung neiget sich der ochs gem hirten willentlich. Von fröden darzuo hült der hund, fröwt sich der sach uss guotem grund.» (Z I, 19)	«Nach viel Ermahnung neiget sich der Ochs' dem Hirten willentlich. Vor Freuden dazu heult der Hund, freut sich der Sach' aus gutem Grund.»[12]

---

10 Vgl. Haas, Zwingli, 42.

11 Kesselring, Erklärung und Zeitbestimmung, 295.

12 Übersetzung v. Vf.

Zwingli wird hier als «getreuer Parteigänger»[13] des Papstes erkennbar. Für den Glarner Pfarrherren ist es eine Frage der nationalen Ehre, dass die Eidgenossen die Sache der Kirche verteidigen. Denn Kirche und Papsttum sind ihm Garanten von Einheit, Freiheit und intaktem Gemeinwesen. Eindringlich warnt Zwingli seine Landsleute davor, sich von Frankreich oder Habsburg kaufen zu lassen, ihre Einheit, ihre politische Freiheit und das Miteinander durch das Geld und die Versprechungen dieser Mächte korrumpieren zu lassen.

Es ist genau die Korruption durch die Reisläuferei und die mit ihr einhergehende Erosion zentraler Werte, die Zwingli in seinem Fabelgedicht leidenschaftlich anprangert. Die etablierte Kultur der Käuflichkeit eidgenössischer Kriegsdienste bedroht die Grundwerte des sozialen Miteinanders: Freiheit, Loyalität und Einigkeit.

Ein besonderer Akzent liegt auf dem Wert der Freiheit, wie aus der Schlussrede des Bocks deutlich wird. Er präsentiert die Moral der Geschichte. Wo Käuflichkeit (Geldgabe = Korruption) stattfindet, mag die Freiheit nicht mehr bestehen. Die klassische Antike wird aufgerufen. Im Gedicht heisst es: Eine solche Gnade ist die Freiheit, dass die Spartaner, wie man liest, dem Hydarnes[14] zur Antwort gaben, dass sie zu beschirmen und zu haben sei nicht nur mit Spiessen, sondern auch mit Äxten. Wo die Korruption das Herz (der Fabeltiere) beschwert, wird alle Freundschaft und gute Gesellschaft verachtet:

«[D]an wo gaben stat mügen han,	«Denn wo Gelder gehn,
mag kein fryheit nymer bestan.	mag kein' Freiheit b'steh'n.
Ein söllich gnade fryheit ist,	Ein' solche Gnade Freiheit ist,
dass die Spartani, als man list,	dass die Spartaner, wie man liest,
dem Hydarny antwurt gaben,	dem Hydarnes Antwort gaben,
sy ze bschirmen sin und z' haben	sie zu beschützen sei und zu haben

13 Haas, Zwingli, 45.

14 Hydarnes (gr. Ὑδάρνες) war Feldherr der Perser, der 480 v. Chr. bei den Thermopylen gegen die Spartaner unter Leonidas I. kämpfte. Er war Anführer der sogenannten «Unsterblichen».

nit nu mit spiessen	nicht nur mit Spiessen
sunder mit axen.	sondern mit Äxten.
Wo nun die gab belyt	Wo nun das Geld beschwert
der thieren hertz,	der Tiere Herz,
wirt all früntschafft,	wird all' Freundschaft,
fryheit veracht	Freiheit veracht'
und guot geselschafft.» (Z I, 21)	und gut' G'sellschaft.»[15]

Aber Zwinglis Aktivitäten erschöpfen sich nicht in der Position des Beobachters und Analytikers des politischen Geschehens. Es ist nicht genau bekannt, ob Zwingli bereits als Feldprediger auf dem Pavierfeldzug von 1512 zugegen war. Als sicher gilt indes seine Teilnahme an der Schlacht von Novara (1513) und, dass er ca. 500 Glarner nach Marignano begleitete. Nachweislich hat er vor der Schlacht von Marignano in Monza zu den Söldnern gepredigt und sie zur Eintracht aufgerufen.

Zwingli war im Krieg vor Ort. Zwingli kannte die Schrecken des Krieges. Aus Berichten und aus eigener Anschauung wusste er, was es bedeutet, wenn ein «Regen glühender Kugeln»[16] niederging und wenn das «wütende[ ] Handgemeng[e]»[17] einer Schlacht seinen grausamen Lauf nahm. Er hatte sehr wohl eine Vorstellung davon, was es bedeutet, wenn «[a]chttausend Opfer [...] am Boden liegen»[18].

Und nicht nur das: Als Pfarrer in Glarus war er auch mit den Spätfolgen der kriegerischen Auseinandersetzung konfrontiert. Er war

---

15 Übersetzung v. Vf. Aus rhythmischen Gründen wird von der Zitation (Zeilenkontrolle) von Z I geringfügig abgewichen.

16 Zit. n. Hottinger, Zwingli, 38. So Zwingli in einem Brief an Vadian. Es ist umstritten, ob Zwingli bei dieser Schlacht zugegen war. Walther Köhler ist sich sicher, dass Zwinglis Schilderung «nicht auf Augenzeugenschaft Zwinglis» beruht (Köhler, Zwingli, 32). Gäbler und Haas halten es durchaus für möglich, dass Zwingli bereits auf dem Pavierfeldzug als Feldprediger mit dabei war (vgl. Gäbler, Zwingli, 35; Haas, Zwingli, 45).

17 Zit. n. Hottinger, Zwingli, 38.

18 Zit. n. Hottinger, Zwingli, 38.

vertraut mit der materiellen Not der Familien, wenn Familienmitglieder nicht mehr oder verkrüppelt in die Heimat zurückkehrten. Ansteckende (Sexual-)Krankheiten wurden aus dem Feld mit zurückgebracht. Zu den körperlichen Krankheiten und Gebrechen kamen die psychischen Verletzungen hinzu. Und oftmals hatte die Zeit im Söldnerdienst verheerende sittliche und soziale Verwahrlosungen zur Folge.

Die Reisläuferei und die damit verbundenen Erfahrungen des Kriegs wurden für Zwingli insgesamt zur Chiffre für die Korruption gesellschaftstragender Werte (Freiheit, Loyalität, Einheit), die Verrohung und Verwahrlosung der Sitten sowie individuelle und familiäre physische und psychische Zerrüttung.

1.3.2 Die «Göttliche Ermahnung der Schwyzer»

In seiner 1522 erschienenen «Göttlichen Ermahnung der Schwyzer» – und gemeint ist im Fall der Kanton Schwyz und seine Bewohner und nicht die gesamte Eidgenossenschaft – hat Zwingli seine theologisch-politischen Grundgedanken in systematischer Form zur Darstellung gebracht. Hintergrund dieser «Ermahnung» ist die Frage eines erneuten Soldbündnisses mit Frankreich, das 1521 (aufgrund der Erfahrungen in Novara und Marignano) ausgehandelt worden war. Zürich hatte sich bis auf Weiteres davon distanziert. Und mit der Niederlage Frankreichs und der mit ihm alliierten Eidgenossen gegen Habsburg und seiner Verbündeten in der Schlacht von Biocca (27. April 1522) stellte sich erneut die Frage nach dem Für und Wider der Reisläuferei. Die Frage wurde auf der Landsgemeinde im Hauptort des Kantons, in Schwyz, traktandiert. Und Zwingli (als ehemaliger Pfarrer des Kantons Schwyz in Einsiedeln) nutzte Gelegenheit und Kontakte, um einerseits politisch gegen das Soldbündnis mit Frankreich mobilzumachen und um andererseits grundsätzlichen Überlegungen zur Sachfrage Ausdruck zu verleihen.

Der (ethisch hoch aufgeladene) Titel «Ermahnung» ist dabei kaum zufällig gewählt. Er knüpft unmittelbar an Paulus und seinen Brauch der Gemeinde-Ermahnung, der Paränese (v. gr. παραίνεσις = Zuspruch,

Abb. 2: Zwingli predigt zu Monza
(Darstellung aus dem 19. Jh.)

Ermahnung) an. Und entsprechend führt Zwingli in den Eingangspartien seiner Schrift Paulus' Lasterkatalog aus Röm 1,28–31 an, um den miserablen Zustand der Eidgenossenschaft zu illustrieren (ZS I, 84). Die ethisch missliche Verfassung der Eidgenossenschaft resultiert für Zwingli primär aus der Reisläuferei, wie er am Ende zusammenfasst:

> «Fazit: Krieg und Geld fremder Potentaten ist eine Schule aller Laster, eine Mutter, die uns auf das Alter hin (wenn wir überhaupt davon kommen) nichts als schlechtes Gewissen gebärt.» (ZS I, 97)

Die angezeigte Lasterschule wird in der Argumentation Zwinglis in *fünf* Themenkreisen sichtbar gemacht. Zum *Ersten* ist die Reisläuferei Ausdruck von Gottlosigkeit und sie wird konsequent den Zorn und die Strafen Gottes nach sich ziehen. Zwingli illustriert das eindrücklich an einer langen Reihe von Beispielen aus dem Alten Testament.

Zum *Zweiten* führt das Söldnerwesen zu einer massiven Korruption des geltenden Rechts, da mit Geld nicht nur die Söldner bezahlt werden, sondern auch mit eben diesem Geld Entscheidungen für oder wider die Reisläuferei manipuliert werden.

Das *Dritte*, was Zwingli anführt, ist die Tatsache, dass durch die zurückkehrenden Söldner «verderbliche Sitten nach Hause gebracht und verbreitet werden» (ZS I, 96). Zwingli denkt an dieser Stelle konkret an «Unmässigkeit im Essen und im Trinken [und] neue Flüche» (ZS I, 96). Und er konstatiert weiter mit Blick auf die heimkehrenden Söldner: «[S]ie nehmen alles Sündhafte so willig an, dass man künftighin auf noch gefährlichere Laster gefasst sein muss.» (ZS I, 96)

Als *Viertes* werden die drohende Ungerechtigkeit durch Bereicherung und die damit verbundenen Untugenden des Neids, der Missgunst und des Verrats genannt. Der Kern des Arguments ist die mit dem Söldnerwesen verbundene soziale Ungerechtigkeit, die besonders in prekären Situationen zum Vorschein kommt. Denjenigen Familien, die ihren Sohn oder ihre Söhne in den Solddienst schickten, ging es in der Regel finanziell besser, als denen, die dies nicht taten. Und: Wer seine Stimme in den Entscheidungsgremien für die Reisläuferei zur Verfügung stellte, konnte unter Umständen mit entsprechenden Zuwendungen rechnen.

Schliesslich wird als *Fünftes* die Gefahr benannt, dass die Eidgenossenschaft durch die Solddienst-Arrangements und die damit verbundene Abhängigkeit von fremden Potentaten ihrer Freiheit und Unabhängigkeit verlustig geht.

Zwingli bringt an dieser Stelle das klassische Konzept eines Tun-Ergehen-Zusammenhangs ins Spiel, wie es zum Beispiel im 5. Buch Mose (Deuteronomium) ausformuliert worden ist. Demnach hat das Befolgen der göttlichen Gebote *Segen* zur Folge. Die Nichtbeachtung der Gebote Gottes hingegen zieht den *Fluch* nach sich. Zwingli bezieht dies auf die konkrete Situation des Solddienstwesens: Die Reisläuferei entspricht nicht dem Willen Gottes und führt zu *Uneinigkeit*, *Korruption*, *Sittenzerfall*, *Ungerechtigkeit* und *Unfreiheit*. Als positives Pendant des Segens erscheint der Wert des Glaubens, wie es dort heisst, der «*pietas*, d. h. die Frömmigkeit, die rechte Verehrung und Anerkennung Gottes». Sie führt konsequent zur «Einheit des Geistes durch das Band des Friedens» und fördert die Möglichkeit, «*einig*, *friedlich* und *harmonisch*»[19] zusammenzuleben (ZS I, 83).

1.3.3 Die «freundschaftliche und ernste Ermahnung der Eidgenossen»

In seiner anonym verfassten «freundschaftlichen und ernsten Ermahnung der Eidgenossen»[20] von 1524 spielt die Abrechnung mit der Reisläuferei eine ähnlich prominente Rolle. Zwingli verfasste seinen Text vor dem Hintergrund eines Beschlusses der Luzerner Tagsatzung vom 20. April 1524. Die Tagsatzung hatte beschlossen, die

19 Hervorhebung v. Vf.

20 Der vollständige Titel lautet «Eine freundschaftliche und ernste Ermahnung der redlichen Eidgenossenschaft, sich auf die Sitten und auf die Lebensweisen ihrer Vorfahren zu besinnen, damit ihnen Bosheit und Hinterlist ihrer Feinde nichts anhaben können. Geschrieben von einem Eidgenossen, der zur Zeit im Ausland weilt, dem aber Ansehen und Wohl der Eidgenossenschaft jetzt und in Zukunft sehr am Herzen liegt» (ZS I, 319).

Reformation abzulehnen und beim alten Glauben zu bleiben. Zwingli kritisierte diesen Beschluss und bat mit seiner «Ermahnung» die Orte, die sich der antireformatorischen Allianz angeschlossen hatten, ihre Entscheidung zu überdenken.[21]

Zwingli übt in diesem Zusammenhang ätzende Kritik an dem in seinen Augen desolaten moralischen Zustand der Eidgenossenschaft, den er anhand von *drei* Punkten verdeutlicht. Es wird jeweils ein Vergleich aufgestellt zwischen der (von Zwingli historisch verklärten) Alten Eidgenossenschaft der Vorväter und der (von ihm angeprangerten) Verfassung der ihm gegenwärtigen Eidgenossenschaft.

Zum *ersten* Punkt führt Zwingli an, dass die Vorfahren heroisch den (habsburgischen) Adel vertrieben hätten, die jetzt lebenden Eidgenossen aber den «Adel, den unsere Vorväter nicht leiden konnten, wieder aufleben» (ZS I, 322) liessen. Und für diesen neuen Adel ist in besonderer Weise eine liederliche und verschwenderische Lebensführung typisch. Zwingli spricht von «Spielen, Saufen [und] eitlem Kleiderprunk» (ZS I, 321f.).[22]

Der *zweite* aufgerufene Punkt betrifft die Beobachtung, dass der Wert körperlicher Arbeit ins Hintertreffen geraten ist. Zwingli klagt: Im Gegensatz zu den alten Eidgenossen, die den Wert der Arbeit noch zu schätzen wussten, will nunmehr jeder Luxusgüter geniessen, aber niemand mehr (körperlich) dafür arbeiten.[23]

Der *dritte* (und bei weitem ausführlichste) Punkt wendet sich der Reisläuferei zu. Der Sache nach hebt Zwingli zunächst ins Bewusstsein, dass für die Altvorderen die Eigenständigkeit, die Einheit und der Schutz der Eidgenossenschaft zentrale, wenn nicht die wichtigsten Güter gewesen seien. In der Gegenwart aber – so Zwingli – spielten diese Güter immer weniger eine Rolle. Und das läge auch und v. a. am Solddienstwesen.

---

21 Vgl. dazu Bächtold, Einleitung (zur freundschaftlichen und ernsten Ermahnung), 315.

22 Vgl. dazu unter III, 3.2.1.

23 Vgl. dazu unter III, 2.1.

> «Seht doch den grossen Unterschied zu unsern Vorfahren. Diese duldeten keine fremden Herren in der Eidgenossenschaft. Wir aber geben ihnen sogar das Geleit, sobald sie mit viel Geld kommen.» (ZS I, 325)

Zwingli prangert in erster Linie drei Praktiken an: einmal das Eingehen langfristiger und kontingentstarker Solddienstbündnisse[24], sodann die aggressive Rekrutierungspraxis der Werber und endlich (und das gilt gleichermassen für die beiden erstgenannten Praktiken) das bereits benannte Zahlen von Bestechungsgeldern: die finanzielle Korruption.

Das Eingehen von kontingentstarken und langfristigen Solddienstbündnissen hat für Zwingli wenigstens *drei* fatale Konsequenzen: *Erstens* schwächt es den Schutz der Eidgenossenschaft selbst stark und langfristig, weil wehrfähige junge Männer in grossem Umfang ins Ausland abgezogen werden. Und zudem macht sich die Eidgenossenschaft damit ebenso langfristig und stark von fremden Mächten abhängig. Und es werden wichtige Arbeitskräfte vor allem der Landwirtschaft, aber auch dem Handwerk entzogen.

Zweitens: Die aggressive Rekrutierungspraxis der Werber ist für Zwingli ethisch höchst problematisch, zum einen, weil in der Eidgenossenschaft selbst aggressiv für die Interessen anderer Mächte geworben werden darf, und zum anderen, weil die Werber eben sehr aggressiv vorgehen. Offiziell heisst es zwar, dass niemand zum Solddienst gezwungen werden darf. Aber die Werber machen gezielt Angebote und Versprechungen, denen junge Männer faktisch nicht widerstehen können. Dadurch, dass es den Werbern erlaubt ist, solche Angebote zu machen, wird in den Augen Zwinglis die offizielle Freiwilligkeit der Reisläuferei praktisch ausgehebelt. Zwingli nennt

24 Im Hintergrund stand ein konkreter Fall: Das Soldbündnis mit Frankreich von 1521 wurde im französischen Feldzug gegen Mailand 1523/24 auf eine harte Probe gestellt. Nach 6000 Reisläufern im Jahr 1523 waren dem französischen König im März 1524 weitere 8000 eidgenössische Söldner zugesichert worden.

die angebliche Freiwilligkeit deshalb «Blendwerk und [...] Selbstrechtfertigung» (ZS I, 323). Er vergleicht diese Praxis bildhaft mit einem Vater, dessen Tochter verführt wurde und der sich an der Verführung gänzlich unschuldig zeigt, obwohl er es dem Verführer gestattet hatte, jederzeit seine Tochter aufzusuchen. In der Flucht der Argumentation Zwinglis liegt deshalb die Forderung nach einer klaren Regelung und Begrenzung der Anwerbung.[25]

Das führt auf das *Drittgenannte* hin: Bestechung. Sowohl mit Blick auf das Abschliessen von kontingentstarken und langfristigen Solddienstbündnissen mit fremden Mächten als auch hinsichtlich der Duldung einer aggressiven Werbepraxis der Rekrutierer fliessen Bestechungsgelder. Diese haben – wie oben bereits gesehen – eine Aushöhlung geltenden Rechts und schreiende Ungerechtigkeit zur Folge. Zwingli bringt dies in seiner «freundschaftlichen und ernsten Ermahnung» so auf den Punkt, «dass die einen das Geld und die anderen die Schläge einstecken» (ZS I, 323) müssen.

Für alle drei genannten Momente des moralischen Niedergangs (Etablierung einer neuen [Adels-]Elite, der Bedeutungsverlust der körperlichen Arbeit und die Reisläuferei) erkennt Zwingli eine gemeinsame Ursache. Und zwar handelt es sich dabei um den *Eigennutz*, um das *Eigennutzdenken*, um den menschlichen *Egoismus*, der sich in gefährlicher und selbstzerstörerischer Weise in der Eidgenossenschaft ausgebreitet hat. Das von Zwingli immer wieder angegriffene Eigennutzdenken wird uns noch ausführlicher im folgenden Hauptkapitel beschäftigen.[26]

Besonders erwähnenswert in der «freundschaftlichen und ernsten Ermahnung» ist an dieser Stelle, dass Zwingli das Gegenmittel gegen Egoismus, Eigennutzdenken und Eigennutz klar benennt: Es ist die «evangelische Predigt» (ZS I, 325) oder die «neue Lehre» (ZS I, 326). Die freie Predigt des Evangeliums entlarvt die verhängnisvollen Fol-

---

25 Vgl. dazu unter III, 2.1 u. 2.2

26 Vgl. v. a. unter II, 2.1 u. 2.2.

gen des Eigennutzdenkens und macht den Weg frei für eine *geeinte, selbstständige* und *geschützte* Eidgenossenschaft.

Deshalb war es ein fataler Fehler der Orte, eine Allianz gegen die Zürcher Reformation zu bilden. Denn diese Allianz ist in den Augen Zwinglis eine Allianz gegen eine wehrhafte, selbstständige und geeinte Eidgenossenschaft gewesen. Aus diesem Grund ruft Zwingli der Eidgenossenschaft ins Gewissen: «[S]orgt dafür, dass das göttliche Wort bei euch wahrhaft gepredigt wird.» (ZS I, 328) Und er resümiert:

> «Deshalb, ehrhafte, gute etc., treue liebe Eidgenossen, hört auf mit solch aufgeblasenem und *egoistischem Getue*, besonders mit dem *Eigennutzdenken*, eurem grössten Feind [...]. Haltet zueinander und lasst die fremden Herren mit ihren Balgereien allein, schaut zu, stellt euch nicht in ihre Dienste; denn ihr müsst die Folgen ihrer übermütigen Taten tragen, und das könnte euch mit der Zeit wahrlich bitter werden.» (ZS I, 326f.)[27]

2. Die Auseinandersetzung mit dem Humanismus

2.1 Zwinglis Studienzeit

Die Begegnung mit dem Humanismus fällt in Zwinglis Ausbildungszeit. Zwingli studierte (wahrscheinlich mit einer Unterbrechung) von 1498 bis 1502 in Wien. Möglicherweise ist Zwingli bereits hier mit humanistischem Gedankengut in Berührung gekommen.[28] Bedeutende Humanisten prägten Ende des 15. und vor allem Anfang des 16. Jahrhunderts das universitäre Leben der Donaustadt. Kaiser Maximilian

27 Hervorhebungen v. Vf.

28 Vgl. Farner, Zwingli 1484–1506, 181f.

Abb. 3: Mutmassliches Jugendbild Zwinglis (Original im holländischen Middelburg)

hatte es sich zum Programm gemacht, die Universität zu modernisieren und holte innovative Köpfe in die Stadt. Der nachmalige deutsche «Erzhumanist» Konrad Celtis (Konrad Pickel) lehrte 1497–1508 an der Wiener Universität Poetik und Rhetorik.[29] Der aus Italien stammende Johannes Camers (Giovanni Ricuzzi Vellini) war dort Lehrer für freie Künste, Philosophie und Theologie.[30] Und auch der Humanist und Diplomat Johannes Cuspinianus (Johannes Spiessheimer) machte seit 1493 an der Wiener Universität Karriere.

Für kurze Zeit (1496–98) war Letzterer zunächst Professor für Rhetorik (*lector ordinarius artis oratoriae*), musste diese Professur dann aber an Konrad Celtis (auch Celtes) abgeben. Er wurde 1501 zum Rektor gewählt und wurde schliesslich 1508 Nachfolger auf dem Lehrstuhl von Konrad Celtis und damit zum Haupt des Wiener Humanis-

29 Vgl. Clemen, Celtis, 1476 und Machilek, Celtis, 87f.
30 Pierer's Universal-Lexikon der Vergangenheit und Gegenwart, 600.

tenkreises.[31] Zwingli besuchte die Wiener Universität in einer Zeit, in der der Humanismus mehr und mehr an Boden gewann.

Inwieweit Zwingli in seiner Wiener Studentenzeit mit dem Humanismus als Lehrkonzept in Berührung gekommen ist, lässt sich im Einzelnen nicht ermitteln. Denn Zwinglis eigene Mitteilungen darüber sind äusserst dürftig und beschränken sich auf sehr spärliche und wenig aussagekräftige Notizen. Gottfried W. Locher jedenfalls geht davon aus, dass Zwingli als Student «in Wien seine ersten Eindrücke von demselben [sc. vom Humanismus], und zwar von der osteuropäischen Richtung»[32] empfangen hat.

Mit Blick auf Zwinglis Basler Zeit stellt sich die Sache nicht wesentlich anders dar. Von 1502 bis 1506 studierte Zwingli in Basel. Dieser Zeitraum kann als die eigentliche Hochschulperiode Zwinglis gelten.[33] Allerdings ist auch hier über das Studium im Einzelnen nichts Näheres bekannt, ausser das Zwingli nebenher Lateinunterricht an St. Martin gab. Indes gilt es als sicher, dass Zwingli in Basel freundschaftlichen Kontakt mit humanistisch geprägten Köpfen pflegte, von denen ihm einige auf seinem weiteren Lebensweg zur Seite standen. In Bezug auf seine universitäre Ausbildung wissen wir aber nicht, was und bei wem Zwingli hauptsächlich studiert hat.

Einzig der aus Biel stammende Thomas Wyttenbach (1472–1526) wird als Hochschullehrer Zwinglis greifbar. Zwingli bezeichnet ihn einmal als seinen «Mentor und geschätzte[n] treuen Lehrer» (ZS II, 173).

Wyttenbach war von 1505–1507 in Basel Sentenzen-Lehrer (*baccalaureus sententiarius*) und hatte als solcher die Aufgabe, Vorlesungen über die Sentenzen-Bücher («Libri quatuor sententiarum») des Petrus Lombardus (1095–1160) zu halten. Die Sentenzen-Bücher des Lombarden waren eine Gesamtdarstellung des christlichen Glaubens aus

31 Vgl. Kleehoven, Cuspinianus, 450f.
32 Locher, Grundzüge der Theologie, 480.
33 Vgl. Farner, Zwingli 1484–1506, 195.

Abb. 4:
Konterfei von Konrad Celtis
(im Alter von 48 Jahren)

Abb. 5:
Thomas Wyttenbach
(Kupferstich eines Unbekannten)

dem Hochmittelalter. Die einzelnen Lehrstücke (Gotteslehre, Schöpfung, Anthropologie, Sündenlehre, Christologie, Ethik, Sakramentslehre und Eschatologie) waren von Lombardus anhand ausgewählter Zitate der Kirchenväter (Sentenzen) umfangreich zusammen- und dargestellt worden. Durch berühmte Kommentatoren der Sentenzen-Bücher wie Albertus Magnus, Bonaventura, Thomas von Aquin oder Johannes Duns Scotus wurden die Sentenzen-Bücher zu *dem* theologischen Lehrmittel des Mittelalters. Sie wurden noch Anfang des 16. Jahrhunderts eben durch die Sentenzen-Lehrer vermittelt, galten zu dieser Zeit allerdings als Ausdruck einer traditionalistischen Lehrweise, der sogenannten *via antiqua*, des «alten Weges».

Ende des 15. und Anfang des 16. Jahrhunderts kämpften zwei theologische Richtungen um die Vorherrschaft. Das waren die sogenannten «Wege» (*viae*), der «alte Weg» (*via antiqua*) und der «neue Weg» (*via moderna*). Die Vertreter des «alten Wegs», die *antiqui*, waren Anhänger der grossen Theologen der Hochscholastik: Albertus Magnus, Thomas von Aquin und Duns Scotus (Albertisten, Thomisten und Scotisten). Die Exponenten des «neuen Weges», die *moderni*, bezogen sich auf neuere Theologen wie Wilhelm von Ockham, Jean Buridan oder Marsilius von Inghen.[34]

Vor diesem Hintergrund ist davon auszugehen, dass Zwingli in Basel auch eine gründliche philosophische Ausbildung im Sinne des hochscholastischen «alten Weges» (*via antiqua*) genoss. Und er hat seine Prüfungen bestanden.

Am 18. September 1504 wurde Zwingli zum *baccalaureus* promoviert. Und Anfang des Jahres 1506 erreichte er den akademischen Titel des *magister artium*. Damit hatte Zwingli das philosophische Grundstudium absolviert. Den universitären Gepflogenheiten folgend, hätte Zwingli im Anschluss an seine Promotionen noch zwei Jahre als Dozent an der Universität lehren müssen, und er hätte die Möglichkeit gehabt, ein Theologiestudium aufzunehmen. Doch dazu kam es nicht. Zwingli studierte noch ein Semester Theologie und verliess dann die Universität.

2.2 Zwingli und Erasmus

Zwingli zog es ins Pfarramt. Er wurde in Konstanz (vermutlich) am 14. September 1506 zum Priester geweiht, hielt am 29. September 1506 (Michaelistag) seine erste Messe im heimatlichen Wildhaus und trat seine erste Pfarrstelle Ende des Jahres in Glarus an. In Glarus wirkte er knapp 10 Jahre bis 1516. Bereits in dieser Glarner Zeit kommt es nachweislich zu einer intensiven Begegnung und Auseinandersetzung mit dem Humanismus, die einen ersten Höhepunkt in der persönlichen Begegnung mit Erasmus selber am Ende seiner Glarner Zeit im Frühjahr 1516 findet:

34 Vgl. dazu Weiler, Antiqui/moderni, 407f.

> «[I]m frühen Frühling 1516 reist Zwingli nach Basel und besucht Erasmus. Mächtig erbaut kehrt er von dieser Wallfahrt heim und dankt bald darauf, am 29. April, dem gefeierten Gelehrten für die tiefen Eindrücke der persönlichen Aussprache.»[35]

Der Zwingli-Biograph Martin Haas spricht mit Blick auf Zwinglis Verhältnis zum Humanismus von einer «entscheidende[n] Wende»[36] beziehungsweise davon, dass Zwingli durch den Humanismus «die wesentlichen Anregungen seines Lebens»[37] empfing. Zwingli selbst fühlte sich in der Folgezeit der humanistischen Bewegung zugehörig. Er korrespondierte mit den Schweizer Humanisten und studierte ausführlich die Werke des Erasmus, besonders dann in seiner Zeit in Einsiedeln (1516–1518). Mitunter konnte er es kaum erwarten, dass ein neues Buch von Erasmus erschien, das er sich dann meist aus Basel zusenden liess.

Beeindruckt unter den Schriften des Erasmus haben Zwingli u. a. das «Compendium verae theologiae» («Kompendium der wahren Theologie»), das «Enchiridion militis Christiani» («Handbüchlein des christlichen Streiters»), das «Laus stultitiae» («Lob der Torheit»), die «Adagia» (Sammlung von Lebensweisheiten) sowie die «Expostulatio» («Beschwerde Christi über den Menschen»), die Zwingli ausdrücklich im Rückblick erwähnt (Z II, 217).[38]

2.2.1 Erasmus' «Enchiridion militis Christiani»

Für die ethische Sensibilisierung Zwinglis ist v. a. das «Enchiridion militis Christiani» («Handbüchlein des christlichen Streiters») von Interesse, von dem Zwingli einmal sagt, dass es unter allen Büchern des Erasmus «das begehrteste» sei (Z VII, 192). Bei diesem Büchlein

35 Farner, Entwicklung, 5.

36 Haas, Zwingli, 33.

37 Haas, Zwingli, 53.

38 Vgl. dazu Haas, Zwingli und seine Zeit, 52f., Locher, Zwingli und Erasmus, 44 und Opitz, Zwingli, 14f.

Abb. 6: Desiderius Erasmus
(Kupferstich von Albrecht Dürer, 1526)

(von doch immerhin knapp 200 Seiten) handelt es sich um eine erklärt ethische Schrift. Erasmus richtet sich an einen offenkundig sittenlosen (und namentlich nicht weiter bekannten) Adligen und will ihm den Weg zu einer ethischen Lebensführung aufzeigen, ihn auf «den Pfad der *Tugend*»[39] bringen. Und in diesem Zusammenhang klingen die entscheidenden Grundmotive der humanistischen Ethik des Erasmus nicht nur an, sondern sie werden detailliert ausgeführt.

39 Erasmus, Enchiridion, 25 (Hervorhebung v. Vf.).

Markant ist zunächst das in dieser Ethik mitentwickelte (neu-)platonische Menschenbild beziehungsweise die (neu-)platonische Anthropologie. Erasmus macht aus seinem Rückbezug auf den Platonismus kein Geheimnis. Offen und bewundernd bekennt er, dass es «der *herrliche Platon*»[40] sei, von dem er viel gelernt habe. Das platonische Menschenbild kommt in ethischer Hinsicht dergestalt zum Zug, dass jeder einzelne Mensch hin- und hergerissen ist zwischen zwei Polen: dem (göttlichen) Guten und dem (widergöttlichen) Bösen, zwischen (ewigem) Geist und (endlichem) Leib, zwischen den (christlichen) Tugenden und den (widerchristlichen) Untugenden. Erasmus bezeichnet dies ausdrücklich als eine *Kampf*situation.

Und exakt auf *diesen* Kampf zwischen Gut und Böse, zwischen Tugend und Untugend, zwischen Geist und Leib bezieht sich das «Handbüchlein des christlichen *Streiters*». Denn jeder Mensch befindet sich in dieser «Zwietracht»[41], in diesem ethischen Streit. Erasmus bemüht in diesem Zusammenhang biblische und antike Beispiele, um diese menschliche Grundauseinandersetzung zu illustrieren. Der menschliche Kampf zwischen Gut und Böse wird verglichen mit dem Kampf zwischen Esau und Jakob im Mutterleibe, mit dem Ringen Jakobs gegen Gott am Jabbok oder mit Herkules' Kampf mit der Hydra, die mit ihren vielen nachwachsenden Köpfen zum Inbegriff der immer wieder aufkeimenden Untugenden stilisiert wird.[42] Erasmus kann diesen Konflikt auch mit dem (später durch Goethe berühmt gewordenen) Bild des Kampfes zwischen zwei Seelen in einer Brust beschreiben.[43]

Das «Handbüchlein des christlichen Streiters» will einen Weg aufzeigen, wie ein Christenmensch diesen Streit bestehen kann; mehr noch: wie er aus diesem Kampf siegreich hervorgehen kann.

---

40 Erasmus, Enchiridion, 53 (Hervorhebung v. Vf.).

41 Erasmus, Enchiridion, 52.

42 Vgl. Erasmus, Enchiridion, 25 (Jakob und Esau), 65 (Jakob am Jabbok) und 64 (Lernäische Hydra).

43 Vgl. Erasmus, Enchiridion, 53 u. 61.

Klar zu erkennen ist, dass bei Erasmus' Beschreibungen dieses konfliktreichen Ineinanders der widerstreitenden Pole die Tugenden und die Untugenden im Vordergrund stehen, dass Erasmus sein ethisches Programm also primär als *Tugendethik* durchführt. Sein Büchlein insgesamt kann er selbst in diesem Sinne auch als «Tugendlehre»[44] bezeichnen.

Erasmus entwickelt zunächst eine differenzierte Typologie der Untugenden. Sie resultiert aus dem damals geläufigen Schema des Hippokrates, der unterschieden hatte zwischen *Sanguinikern*, *Cholerikern*, *Phlegmatikern* und *Melancholikern*.[45] Bei den *Sanguinikern*[46] werden bestimmte Untugenden v. a. durch Eigenschaften des Blutes hervorgerufen, bei *Cholerikern*[47] durch die weisse Gallenflüssigkeit, bei den *Phlegmatikern*[48] durch den Körperschleim und beim *Melancholiker*[49] v. a. durch die schwarze Gallenflüssigkeit.

Konkret sieht das so aus, dass «bei den *Sanguinikern* das Begehren nach dem Weib und die Vergnügungssucht» im Vordergrund stehen, «beim *Choleriker* Zorn, Trotz und Schmähsucht, beim *Phlegmatiker* Trägheit und Verschlafenheit, beim *Melancholiker* Neid, Niedergeschlagenheit und Verbitterung»[50]. Hinzu kommen je nach Alter und Geschlecht «Wollust, Verschwendungssucht [...], Tollkühnheit [...], Filzigkeit, Griesgrämigkeit [...], Habsucht [...], Eitelkeit und Rachsucht»[51]. Abgeschlossen wird dieser Katalog der menschlichen Untugenden durch die «eitle Ehrsucht»[52] sowie die «Laster der Missgunst, der Nachrede, des Neids, der Schlemmerei»[53].

---

44 Erasmus, Enchiridion, 150.
45 Vgl. dazu die Vier-Säfte-Lehre des Hippokrates.
46 Vom lat. *sanguis* für Blut.
47 Vom gr. χολή (chole) für Galle.
48 Vom gr. φλέγμα (phlegma) für Schleim.
49 Vom gr. μελανχολή (melanchole) für Schwarzgalle.
50 Erasmus, Enchiridion, 57.
51 Erasmus, Enchiridion, 57.
52 Erasmus, Enchiridion, 64.
53 Erasmus, Enchiridion, 187.

Das individuelle Untugend-Profil des einzelnen Menschen ergibt sich zusätzlich aus der Einwirkung weiterer Variablen: Astrologie, Abstammung, Familie, körperliche Konstitution. Es verdankt sich auch – wie Erasmus ausführt –, den «Einflüsse[n] seitens der Gestirne, der Ahnen, der Erziehung oder beruht auf besonderer körperlicher Veranlagung»[54].

Jeder Mensch ist so auf seine Weise Verkörperung einer ganz spezifischen Untugend-Konstellation. Und es besteht stets die Gefahr, dass diese Untugenden im Menschen die Oberhand gewinnen, dass sie ihn zu einem durch und durch untugendhaften Menschen machen.

Aber das ist eben nur die eine Seite. Der Mensch ist der Macht der ihm eigenen Untugenden nicht schutzlos ausgeliefert. Er kann gegen sie ankämpfen. Er kann zum christlichen Kämpfer, zum *milis Christianus* werden. Und genau da setzt eben das «Enchiridion militis Christiani» («Handbüchlein des christlichen Streiters») ein. Das «Handbüchlein» geht von dem tugendethischen Grundsatz aus, «dass allein die Tugend über die Massen gut, süss, schön ehrenvoll und nützlich ist»[55]. Der *milis Christianus*, der christliche Streiter hat konsequent den «Weg der Tugend»[56] einzuschlagen. Und genauso wie die Untugenden eine Sache des Körpers (Blut, Galle, Schleim) sind, so sind die Tugenden eine Angelegenheit des Geistes, sie sind Sache der *Bildung* ganz im Sinne des Humanismus.

Das eine, was Erasmus an dieser Stelle zur Schulung des Geistes empfiehlt, ist das gründliche Studium der antiken Schriftsteller. Denn bereits die Dichter und Philosophen der Antike (v. a. Homer, Platon und Aristoteles) haben das fragliche ethische Problem erkannt und in durchaus lehrreicher Art und Weise bearbeitet. Den antiken Philosophen und Dichtern war die menschliche Kampfsituation durchaus bewusst. Auch sie haben richtig gesehen, dass der Mensch zwischen Gut

---

54 Erasmus, Enchiridion, 57.
55 Erasmus, Enchiridion, 121.
56 Erasmus, Enchiridion, 122.

und Böse, zwischen Geist und Leib, zwischen Tugend und Untugend steht und dass das Böse, die Untugend bekämpft werden muss. Deshalb spricht Erasmus in Bezug auf die antiken Ethik-Entwürfe anerkennend (und im Militärjargon) von einer hilfreichen «Rekrutenschule»[57]. In den antiken Schriften findet Erasmus und mit ihm jeder aufrechte christliche Soldat ohne Zweifel vieles, «was zu einer rechten Lebensweise erspriesslich ist»[58].

Allerdings schränkt Erasmus den Wert der antiken Schriftsteller und ihrer Werke umgehend ein. Denn sie haben nur eine vorbereitende und hinführende Bedeutung auf dem Weg zur wahren Tugend. Sie sind eine Rekrutenschule. Und an dieser Stelle wird etwas sichtbar, was für das Verständnis des erasmischen Humanismus im Allgemeinen und für seine humanistische Ethik im Speziellen von essenzieller Bedeutung ist.

Auch wenn Erasmus heutigentags gern als gewissermassen überchristliche Alternative oder als Vorform eines säkularen Humanismus wahrgenommen und gewürdigt wird: Erasmus von Rotterdam war ein durch und durch christlicher Denker, ein durch und durch christlicher Humanist, ein grosser Beter und glaubensvoller Dichter. Erasmus von Rotterdam hat den Boden des christlichen Glaubens nie verlassen und nie verlassen wollen. Und dies wird v. a. mit Blick auf seine Ethik sichtbar. Denn für Erasmus' Ethik gilt das, was auch die Reformatoren als eines ihrer Fanale reklamiert haben, nämlich, dass allein Christus, dass *solus Christus* den Grund, die Mitte und das Ziel allen Denkens und Handelns darstellt. Erasmus' Ethik ist eine durch und durch auf Christus bezogene, eine christozentrische Ethik.

Genau dieser innere Bezug der Ethik auf Christus ist es, der Erasmus dazu führt, den Wert der profanen ethischen Ansätze zu relativieren. Ausdrücklich hält er fest, dass sie einen bildenden und den

57 Erasmus, Enchiridion, 38.
58 Erasmus, Enchiridion, 39.

Geist vorbereitenden Wert haben.[59] Dabei ist auch festzuhalten, dass Erasmus den Wert der profanen Autoren *nur* relativiert, sie aber *nicht* für wertlos erklärt. Das ist eine wichtige Nuance. Für Erasmus haben die antiken Autoren durchaus Gewicht, zum Teil grosses Gewicht. Er hält fest, dass es ohne allen Zweifel «von Nutzen sein [würde], die ganze antike Literatur zu verkosten»; allerdings unter der Voraussetzung, dass dies «auf der rechten Lebensstufe, mit Mass und Ziel, vorsichtig und aus[ge]wähl[t] geschieht»[60]. Und: Es geht eben nicht darum, «aus heidnischen Schriften heidnisches Wesen und heidnische Sitten»[61] zu lernen, sondern – und Erasmus streicht dies immer wieder ausdrücklich als die Hauptsache heraus – es «muss alles auf Christus bezogen werden»[62]. In seiner unnachahmlichen Sprache gibt Erasmus dem christlichen Rekruten in dieser Sache folgenden Rat:

> «[D]u wirst in den Schriften der Antike das jeweils Allerbeste pflücken, du wirst wie die Biene alle Gärten der Alten befliegen, du wirst die giftigen Pflanzen beiseite lassen und nur den heilsamen und edlen Seim aussaugen; und du wirst so deinen Geist zu einem gemeinnützigen Leben, das man ein *ethisches* nennt, nicht wenig gerüsteter machen. [...] Bedenke aber: wo immer du etwas Wahres findest, ist es Christi.»[63]

---

59 Vgl. Erasmus, Enchiridion, 39: «Jene Schriften sind bildend und anregend für den jugendlichen Geist und bereiten trefflich auf das Verständnis der Heiligen Schrift vor, in welche man nicht mit ungewaschenen Füssen und Händen hineinstolpern soll.»

60 Erasmus, Enchiridion, 39.

61 Erasmus, Enchiridion, 39.

62 Erasmus, Enchiridion, 40.

63 Erasmus, Enchiridion, 44 (Hervorhebung v. Vf.). Vgl. dazu das grundsätzliche Votum des Erasmus, dass «alle gelehrte Bildung *auf Christus* bezogen werden kann» (a. a. O., 83 [Hervorhebung v. Vf.]). Vgl. auch a. a. O. 84: «Du liebst die Wissenschaften; recht so, wenn es um Christi willen geschieht.»

Die Rekrutenschule der Antike muss also verlassen werden, um sich wahrhaft tauglich und wehrhaft für den Kampf mit den Untugenden zu rüsten. Für den tatsächlich siegreichen Kampf gegen die menschlichen Untugenden ist ein übermenschliches, ein göttliches Arsenal vonnöten. Und in dieser Hinsicht ist v. a. das Studium der Heiligen Schrift selbst von Belang, das die entsprechende Zurüstung für die ethische Auseinandersetzung zur Verfügung stellt; wie es Erasmus wieder im Militärjargon ausdrückt: «Jene göttliche [...] Waffenrüstung findest du nur in der Rüstkammer der Heiligen Schrift»[64] v. a. in der «Waffenkammer unseres tapferen Hauptmanns Paulus»[65].

Was findet der- oder diejenige, der oder die sich dem Kampf mit den Untugenden stellen will, in den Waffen- und Rüstkammern der Heiligen Schrift? Die Antwort des Erasmus auf diese Frage ist denkbar einfach. In der Rüst- und Waffenkammer der Bibel werden die wahrhaften und deshalb siegreichen Tugenden gefunden, die ob ihres übernatürlichen Charakters über die natürlichen Tugenden obsiegen.

Die Tugenden, die dort begegnen, sind zunächst die (klassischen) christlichen Kardinaltugenden Glaube, Liebe und Hoffnung.[66] Hinzu kommen die nicht minder wichtigen christlichen Tugenden der Armut, der Beharrlichkeit, der Demut, der (christlichen) Einfalt, der Enthaltsamkeit, der Mässigkeit, der Sanftheit und der Wahrhaftigkeit.[67] Sie alle sind jeweils das direkte Pendant zu den vorher dargestellten Untugenden:

---

64 Erasmus, Enchiridion, 44.

65 Erasmus, Enchiridion, 45.

66 Zum Glauben vgl. Erasmus, Enchiridion, 99; zur Liebe, a. a. O., 99 u. 117 und zur Hoffnung a. a. O., 150.

67 Zur Armut vgl. Erasmus, Enchiridion, 121, zur Beharrlichkeit vgl. a. a. O.,72, zur Demut vgl. a. a. O. 49; zur (christlichen) Einfalt vgl. a. a. O., 121; zur Enthaltsamkeit vgl. ebd.; zur Mässigkeit vgl. a. a. O., 172; zur Sanftheit vgl. a. a. O., 49 und zur Wahrhaftigkeit vgl. a. a. O., 121.

Armut	vs.	Verschwendungssucht, Habsucht, Schlemmerei, Neid, Missgunst
Beharrlichkeit	vs.	Trägheit und Verschlafenheit, Niedergeschlagenheit und Verbitterung
Demut	vs.	Eitelkeit, Tollkühnheit
Einfalt	vs.	Ehrsucht
Enthaltsamkeit	vs.	Wollust
Mässigkeit	vs.	Zorn, Trotz und Schmähsucht
Sanftheit	vs.	Rachsucht, Nachrede,
Wahrhaftigkeit	vs.	Filzigkeit, Griesgrämigkeit

Das sind die Tugenden, die in der unmittelbaren Lebenssituation zur Anwendung kommen. Sie sollen und müssen aber alle getragen sein durch die Kardinaltugenden: Glaube, Liebe und Hoffnung.

Es ist von übergeordneter Bedeutung, dass Erasmus bei dieser Trias nicht stehen bleibt. Das Schema der Tugenden ist nämlich (wie bei Aristoteles) auf das Erreichen eines Ziels, eines Gutes hin ausgerichtet.

Erasmus verquickt auf unmittelbar einleuchtende Weise einen tugendethischen und einen güterethischen Ansatz. Das Grundgerüst der Ethik sind die beschriebenen Tugenden. Aber der Vollzug der Tugenden dient dazu, wieder ein Gut zu verwirklichen. Und es liegt ganz auf der Linie des erklärt christlichen Denkens des Erasmus, wenn vor dem Hintergrund der Kampfes- und Kriegsmetaphorik gewissermassen selbstverständlich der Frieden als das Gut aufgerufen wird, auf das der Vollzug der Tugenden hinausläuft.

Der Frieden ist das Gut, auf das der christliche Kampf abzielt. Und diese Dialektik von Kampf und Frieden wird von Erasmus höchst geistreich bearbeitet. Der Kampf des christlichen Kämpfers hat einen Sieger; und dieser Sieger ist der Frieden. Und Frieden meint an dieser Stelle deutlich mehr als die pure Abwesenheit militärischer Auseinandersetzungen. Befriedet werden in erster Linie der ethische Kampf und die inneren Gefechte des hin- und hergerissenen Agenten. Der äussere Friede als soziales Gut ist erst die Folge des inneren, individuellen Friedensgewinns. Erasmus selbst bildet ein ethisches

Integral: «Frieden ist also das höchste Gut. […] Gott [ist] unser Friede […], da er seinem Wesen nach die Tugend selbst ist, der Vater und Urheber aller Tugenden.»[68]

Dieser Friede als inneres Ziel von Glauben, Liebe und Hoffnung kann urbildhaft an Jesus von Nazareth angeschaut werden. Mit dem Christus haben sich die Einzeltugenden, haben sich Glaube, Liebe und Hoffnung, kurz: hat sich der Friede in diese Welt hineingesenkt. Unablässig betont Erasmus: «Er allein ist das Urbild.»[69] Und ausdrücklich wird gleichzeitig der Vorbildcharakter betont: «Unser Vorbild ist Christus […]. Ihm muss man rückhaltlos nachfolgen.»[70] Jesus Christus ist der, auf den sich das ganze Leben ausrichten muss, will es den ethischen Kampf im Frieden aufheben.[71] Wieder Erasmus:

> «Christus sei das einzige Ziel deines Lebens; auf ihn richte sich all dein Streben, all dein Wagen, all dein Tun und Lassen. [Er ist] nichts anderes als Liebe, Einfalt, Geduld, Reinheit, kurz alles, was er gelehrt hat. Nach Christus strebt, wer allein nach der Tugend strebt.»[72]

Das, was Erasmus an dieser Stelle etabliert, ist nichts anderes als das, was als reformatorisches Fanal bekannt geworden ist: *solus Christus*, «allein Christus». Das *solus Christus* des Erasmus führt konsequent zur Einsicht, dass das höchste und alles Leben gut machende Gut nur und eben in Gestalt des Christus begegnet. Plakativ nennt Erasmus in dieser Sache Christus «das höchste Gut»[73]. Und es kommt alles darauf an – wie Erasmus seinen Lesern eindringlich nahelegt –, dass du «auf dem rechten Weg dem höchsten Gut als dem Endziel zustrebst»[74].

---

68 Erasmus, Enchiridion, 47.
69 Erasmus, Enchiridion, 119.
70 Erasmus, Enchiridion, 122.
71 Vgl. Erasmus, Enchiridion, 117.
72 Erasmus, Enchiridion, 82.
73 Erasmus, Enchiridion, 125.
74 Erasmus, Enchiridion, 83.

2.2.2 *Erasmus' «Expostulatio»*

Die hier ansatzweise erkennbare güterethische Zentrierung der Tugendlehre kommt eindrücklich zum Ausdruck in einem Lehrgedicht des Erasmus: der «Expostulatio»[75]. Zwingli hat dieses Gedicht gekannt und es hat offenbar stark auf ihn gewirkt.

In diesem Gedicht wird folgende Situation vorgestellt: Christus (als Inbegriff des höchsten Gutes und Summe aller Tugenden) schaut in die Welt. Und er sieht, dass dort – wie im «Enchiridion» dargestellt – ein sagenhafter Kampf zwischen Gut und Böse, zwischen Tugend und Untugend, zwischen Geist und Leib tobt. Und Christus wundert sich ob dieses Kampfes. Denn er, Jesus Christus selbst, als die Inkarnation des höchsten Gutes, repräsentiert ja die Lösung der weltlichen Verwerfungen. Doch die Menschen orientieren sich in ihrer alltäglichen Lebenswelt nicht an ihm, nicht an Jesus Christus, sondern begnügen sich mit einfacheren, mit egoistischen Alternativen. Und in diesem Lehrgedicht klagt (*expostuliert*) Christus in die Welt hinein, dass es himmelschreiend und traurig ist, wenn die Menschen ihre Verhaltensmuster ständig bei sich suchen und nicht bei ihm. Dies ist für Erasmus nichts anderes als Christusverachtung. In der deutschen Übersetzung von Leo Jud aus dem Jahr 1522 heisst es:

«Ein bildner ouch (luter rein	«Ein Bildner euch (lauter, rein
Und recht zu leben) ich allein /	Und recht zu leben) ich allein
Wie das ir mich veracht also	Wie das ihr mich veracht' also
Und nimpt üch *muster* anderßwo.»[76]	Und nehmt euch Muster anderswo.»[77]

Gegen diese Fehlorientierung an nichtchristlichen Mustern geht Erasmus konsequent an mit dem Einhämmern, dass *solus Christus*, dass Christus allein das höchste Gut ist. Jeder Versuch, die Lebens-

75 Z II, 217. vgl. dazu Haas, Zwingli, 52f. und Opitz, Zwingli, 14f.
76 Erasmus, Ein expostulation, 4 (Hervorhebung v. Vf.).
77 Übersetzung v. Vf.

orientierung anderwärts zu gewinnen, kann nur in die Irre führen. Wieder in dem von Leo Jud verantworteten deutschen Text heisst es (es spricht wieder der expostulierende Christus):

«Ich bin *das oberst gut* allein	«Ich bin *das oberst' Gut* allein
Und mach mich jederman gemein /	Und mach mich jedermann gemein
Ich bin der bronn / ich bin der fluß	Ich bin der Brunn', ich bin der Fluss,
Ich güß *min gueter* uß umb suß /	Ich giess' mein Güter aus umsonst
Was suchst du ußer mir die ding	Was suchst du ausser mir die Ding',
Die ich allein den menschen bring.»[78]	die ich allein den Menschen bring.»[79]

2.2.3 Zwinglis Auseinandersetzung mit Erasmus von Rotterdam

Zwingli hat auf die Begegnung mit dem Humanismus vor allem erasmischer Spielart auf seine Weise reagiert. In ethischer Hinsicht sind an dieser Stelle mehrere Momente von grossem Belang. Diese werden im zweiten Kapitel wesentlich ausführlicher zur Sprache kommen. An dieser Stelle sei jedoch schon auf *fünf* Sachverhalte hingewiesen.

Das Wichtigste und *Erste* ist: Zwingli entdeckt für sich selbst die Bedeutung des *solus Christus*. An dieser Stelle kann Zwingli sich ohne Vorbehalte dem Humanismus Erasmus' anschliessen. Und mit Recht gilt das *solus Christus* als das zentrale Fanal der Reformation. Es geht der Reformation um die Konzentration auf das Wesentliche. Und das Wesentliche ist die Begegnung mit Jesus Christus als Ausgang, Mitte und Ziel des Lebens. In der Begegnung mit Jesus Christus enthüllt der Christus dem Menschen den göttlichen Willen, der die alleinige Grundlage in allen Fragen der christlichen Lebensführung ist. Für Zwingli wird an dieser Stelle der Satz des Paulus aus 1Kor 3,11 wichtig:

78 Erasmus, Ein expostulation, 6 (Hervorhebungen v. Vf.).
79 Übersetzung v. Vf.

> «Niemand kann ein anderes Fundament legen, als das, welches schon gelegt ist: Christus Jesus.» (ZS I, 105)[80]

Zweitens kann Zwingli an dieser Stelle sein Menschenbild, seine theologische Anthropologie wiedererkennen und schärfen. Der von Erasmus beschriebene Grundkonflikt (der Kampf zwischen Gut und Böse, zwischen Tugend und Untugend, zwischen Geist und Leib) und das damit verbundene Menschenbild kommen seinen Vorstellungen entgegen. Zwingli kann dies als Theologe mühelos in Verbindung bringen z. B. mit der paulinischen Unterscheidung von fleischlichem und geistigem Menschen (1Kor 2,14f.) oder mit Aussagen des Johannesevangeliums (Joh 3,31–33) wie er es u. a. in seiner «Auslegung und Begründung der Thesen oder Artikel» von 1523 getan hat (ZS II, 22f.).

Allerdings – und das ist ein erster wichtiger Punkt, in dem sich der Reformations-Humanismus Zwinglis vom Renaissance-Humanismus Erasmus' unterscheidet – formt Zwingli die Unterscheidung von Fleisch und Geist *willenstheoretisch* um. Der ethische Kampf ist ein Kampf, der sich auf der Ebene des menschlichen Willens ereignet. Die Unterscheidung zwischen Geist und Fleisch ist für ihn keine Angelegenheit, die realkörperlich durch das Ineinander von Leibessäften, astronomischen Konstellationen, Herkunft, Veranlagung sowie korrespondierenden mentalen Zuständen zustande kommt. Ethischer Kampf, Krieg und Streit werden von Zwingli konsequent auf die Ebene des menschlichen Willens verlagert. Hintergrund und Kriterium dieser willenstheoretischen Umformung ist für Zwingli die Bibel, speziell ein Abschnitt aus dem Brief des Apostels Paulus an die Christinnen und Christen in Rom: das berühmte siebte Kapitel des Römerbriefes. An entscheidender Stelle heisst es dort:

80 Die Zürcher Bibel übersetzt: «Denn ein anderes Fundament kann niemand legen als das, welches gelegt ist; Jesus Christus.» (1Kor 3,11)

> «Wir wissen ja, dass das Gesetz zum Geist gehört; ich dagegen bin vom Fleisch bestimmt – und verkauft unter die Sünde. [...] [D]enn nicht, was ich *will*, treibe ich voran, sondern was ich hasse, das tue ich. [...] Denn nicht das Gute, das ich *will*, tue ich, sondern das Böse, das ich nicht *will*, das treibe ich voran.»[81] (Röm 7,14.15b.19)

Zwingli nimmt die willenstheoretische Rhetorik des Apostels Paulus auf und spricht mit Blick auf die ethische Grundsituation des Menschen klar und deutlich von einem «Willenskampf» (ZS I, 109). Die in Frage stehende Umformungsleistung wird besonders deutlich erkennbar in Zwinglis Schrift «Die Klarheit und Gewissheit des Wortes Gottes» von 1522, in der Zwingli betont, dass

> «die *Anfechtung des Fleisches* – die wir auch *Willen* nennen – dem *Willen der Vernunft* und der Seele widerstrebt, wie Paulus im Römerbrief 7,14–23 lehrt»[82] (ZS I, 109).

Der hier erkennbare Ansatz Zwinglis, den Humanismus des Erasmus konsequent vor das Gericht der Heiligen Schrift zu stellen, zeigt sich auch, wenn auf den humanistischen Aufruf zur Beschäftigung mit den (antiken) Quellentexten gesehen wird.

Das ist das *Dritte*. Zwingli teilt ohne Zweifel die humanistische Begeisterung für die Antike, die Sensibilität für Sprache, insbesondere die Kenntnis der alten Sprachen und das dadurch mögliche Studium von Quellentexten in der Originalsprache. Das 1516 von Erasmus herausgegebene «Neue Testament» im griechischen Urtext konnte Zwingli sich offenbar nicht anschaffen. Aber er hat die Briefe des Paulus im Original für sich entdeckt und auf Griechisch studiert.

Ganz auf dieser Linie liegt Zwinglis Beschäftigung mit den «alten Kirchenväter[n]» (ZS III, 176), die er nachweislich studiert hat. Beson-

81 Zit. nach der Zürcher Bibel von 2007 (Hervorhebungen v. Vf.).
82 Hervorhebungen v. Vf.

ders mit Augustinus, Cyprian, Cyrill, Hieronymos, Hilarius, Laktanz, Origines und Tertullian hat sich Zwingli befasst.[83] Und auch ganz im Sinne des erasmischen Humanismus hat sich Zwingli mit den grossen Autoren der nicht- und ausserchristlichen Antike auseinandergesetzt. Sichtbar werden Kenntnisse von Aristoteles, Homer, Platon und Seneca, nachweislich gibt es Randglossen zu Cicero und Livius.[84]

An dieser Stelle zeigt sich jedoch, wie Zwingli einmal Erasmus adaptiert, sich aber gleichzeitig von Erasmus' Renaissance-Humanismus unterscheidet. Wie es Erasmus empfiehlt, werden die Texte der kirchlichen Tradition und diejenigen der christlichen und nichtchristlichen Antike von Zwingli nicht um ihrer selbst willen studiert, sondern sie werden in Bezug auf den christlichen Glauben gelesen: *solus Christus*. Sie sind – im Sinne des Erasmus – keine eigenständige Alternative zu den biblischen Texten. Aber sie sind wichtig, und sie dienen dem besseren Verständnis der Bibellektüre.

Zwingli setzt hier bei aller Übereinstimmung einen anderen und wichtigen Akzent. Anders als es Erasmus vorgibt, ist das Wiederentdecken der christlichen Tradition und Antike nicht Voraussetzung, Hinführung und Schlüssel zum Verständnis der Heiligen Schrift, sondern umgekehrt wird für Zwingli die Heilige Schrift zum alleinigen Hintergrund, Massstab und Kriterium der Beurteilung von Antike und Tradition. Zwingli hat ein deutlich weniger euphemistisches Verhältnis zu den Texten der kirchlichen Tradition und denen der christlichen und nichtchristlichen Antike. Zwingli macht an dieser Stelle Ernst mit dem *sola scriptura* («allein die Schrift»). In einer Erasmus überbietenden Weise korreliert Zwingli das *solus Christus* mit dem *sola scriptura*.

Diesen Entdeckungszusammenhang hat Zwingli 1522 in einem autobiographischen Rückblick (in seiner Schrift «Die Klarheit und Gewissheit des Wortes Gottes») ausdrücklich festgehalten:

---

83 Vgl. Büsser, Zwingli und Laktanz, 376; Farner, Entwicklung, 12–14, Haas, Zwingli, 54 und Locher, Grundzüge der Theologie, 481 u. 483.

84 Vgl. Büsser, Zwingli und Laktanz, 398 u. 386 sowie Farner, Entwicklung, 14–16.

> «Ich bin wie andere in meiner Jugend in menschlicher Wissenschaft vorangekommen. Als ich nun aber vor sieben oder acht Jahren anfing, mich ganz an die Heilige Schrift zu halten, kam die Philosophie und Theologie der Kritikaster immer dazwischen. Da kam mir schliesslich, angeleitet durch Schrift und Wort Gottes, der Gedanke: Ich muss das alles liegen lassen und Gottes Willen unmittelbar aus seinem eigenen, eindeutigen Wort lernen! Ich bat Gott um Erleuchtung, und die Schrift begann mir viel klarer zu werden als nach dem Studium von zahlreichen Kommentaren und Auslegern, obwohl ich bloss die Bibel selber las.» (ZS I, 149)

Das *Vierte* ist: Zwingli adaptiert für sich die von Erasmus demonstrierte Verschränkung von Güter- und Tugendethik. Untugenden können nur durch Tugenden überwunden werden. Die Summe aller Tugenden ist für Zwingli Gott selbst als das höchste Gut. Dieses höchste Gut wird für uns in Jesus Christus anschaulich, der diese Tugenden nicht nur verkörpert, sondern auch verwirklicht. Und das innere Ziel der Verwirklichung des höchsten Gutes ist auch für Zwingli der Frieden. An dieser Stelle bleibt Zwingli weitgehend auf der Linie des erasmischen Humanismus.

Fünftens: Für Zwinglis ethisches Denken einschlägig ist die quasi selbstverständliche Konzentration auf die Lebenswelt. Zwingli ist eben von Anfang an Reformator in praktischer Absicht. Er hat ein Sensorium für soziale Ungerechtigkeiten, sittliche Verwahrlosung und moralische Zwickmühlen, kurz: für die praktische Verantwortung, die aus dem Christsein resultiert. Der grosse deutschsprachige Reformator der Schweiz steht auf seine Weise und eben auf diese Weise für den *ethischen* Brennpunkt der Reformation. Das Revolutionäre daran hat der grosse Theologe der zweiten Hälfte des 19. Jhs., Albrecht B. Ritschl, unnachahmlich auf den Punkt gebracht. Er hat aufgrund seines enormen und quellenkundigen Wissens mit Blick auch und v. a. auf Zwingli festgehalten, dass hier eine gewaltige «religiös-sittliche Erhebung über die Linie des Mittelalters»[85] vonstattengegangen ist.

85 Ritschl, Rechtfertigung und Versöhnung, I, 219.

An dieser Stelle spielt der Humanismus des Erasmus von Rotterdam eine nicht zu unterschätzende Rolle. Die ethische Stossrichtung, die in Erasmus' «Enchiridion» programmatisch ist, wird von Zwingli aufgenommen. Aber auch hier ist Zwingli keineswegs zu einem blossen Adepten von Erasmus geworden. Dafür sind zwei Momente ausschlaggebend.

Zum einen überbietet Zwingli den Individualismus der erasmischen Ethik durch die konsequente Rückbindung des Ethischen an die christliche Gemeinde. Erasmus richtet sich in seinem «Enchiridion» an eine Einzelperson, an ein Individuum. Zwingli wendet sich immer konsequent an die Gemeinschaft der Christen, an die Gemeinde. Zwinglis Reformation ist nicht die Selbstdarstellung eines Egomanen. Sondern er war im Gegenteil immer am Rückhalt der Gemeinde, an der Zusammenarbeit mit dem Rat und den Räten, am Austausch zwischen den Orten, an der Vermittlung zwischen Konfliktparteien und am gemeinsamen Festhalten an einem Ziel interessiert. An dieser Stelle war Zwingli ganz und gar sowie durch und durch (christlicher) Eidgenosse, wobei Christlich-Sein und Eidgenosse-Sein für Zwingli auf dasselbe hinausläuft.

Zum anderen hat Zwingli den im Denken des Erasmus enthaltenen Aufruf zur Bildung positiv aufgenommen, aber nicht so, dass der Glaube in die Bildung aufgelöst wird, sondern so, dass der Bildungsauftrag Bestandteil der Wirklichkeit des Glaubens wird.[86] In dieser

---

86 Vgl. Locher, Zwingli und Erasmus, 60: «*Zwingli* war Reformator – und ein Humanist. Der Einfügung des christlichen Glaubens- und Gehorsamslebens in ein umfassendes humanes System widersetzt er sich mit heiligem Zorn. Sie würde ihm die personale Herrschaft Jesu Christi antasten und die Freiheit des Gotteswortes verleugnen. Die historische Leistung Zwinglis besteht in einem doppelten. Einmal hat er dem Individualismus des Erasmischen Humanitätsideals das Gemeinschaftsleben als prinzipielles unabdingliches Realisierungselement aller Humanität an die Seite gestellt. Die Gewissensnot der sozialen Verantwortung war Hauptmotiv seiner Reformation. Sodann hat er mit seinem reformatorischen Protest das Bildungsziel und die Bildungsaufgabe keineswegs abgeschüttelt. Er hat sie aufgenommen und postuliert

Beziehung traut Zwingli den antiken Autoritäten im Allgemeinen und der Vernunft im Speziellen wieder weniger zu als Erasmus. Einen «herrlichen Platon» gibt es für ihn nicht mehr; nur einen «göttliche[n] Paulus» (ZS IV, 217).

Zusammenfassend ist festzuhalten: Zwingli nimmt den erasmischen Humanismus auf, formt ihn aber gleichzeitig reformatorisch um. Zwinglis Humanismus ist ein Reformations-Humanismus.

Aber nicht nur mit den gerade oben ausgeführten Positionen hat sich Zwingli von Erasmus emanzipiert. Die Eigenständigkeit von Zwinglis Reformations-Humanismus wird auch sichtbar in der Frage nach dem freien Willen.[87] Und damit wird eine weitere Station der ethischen Sensibilisierung Zwinglis erreicht: die Erfahrung der Pesterkrankung im Herbst 1519.

3. Zürich: Die Erfahrung der Pestkrankheit

Die Pest – oder auch der Schwarze Tod, wie die Krankheit seit dem späten Mittelalter genannt wurde – gehörte bis in die Neuzeit hinein in Europa zu den grossen Bedrohungen der Bevölkerung. Die hochansteckende Infektionskrankheit verbreitete sich zum Teil rasend schnell. Handelskontakte und militärische Auseinandersetzungen trugen zur Verbreitung der Seuche bei. Besonders Städte waren betroffen, aber auch auf dem Land kam es zu Massenerkrankungen. Aufgrund der hohen Sterberate von 40–60 % hatte ein Pestausbruch mitunter katastrophale Folgen und entvölkerte beinahe ganze Regionen und Städte. Es konnte mehrere Jahrhunderte dauern, bis eine solche Dezimierung der Bevölkerung kompensiert war.

---

nunmehr umgekehrt die Integration der Bildung in den christlichen Glauben.» (Hervorhebung i. Orig.)

87 Vgl. dazu ausführlich unter II, 3.

Bereits in der Antike kam es zu verheerenden Epidemien wie zur Antoninischen Pest (165 bis 180 n. Chr.) oder zur Cyprianischen Pest (250 bis 271 n. Chr.), die jeweils im gesamten Römischen Reich grassierten. Ab 746 n. Chr. breitete sich die Pest von Konstantinopel ausgehend im östlichen Mittelmeerraum aus.

Ende des 8. Jhs. n. Chr. verschwand die Seuche auf ungeklärte Weise für knapp 600 Jahre aus Europa, um im 14. Jh. wieder aufzutauchen. Sie verbreitete sich rasch bis nach Skandinavien und suchte bis ins 18. Jh. hinein in regelmässigen Abständen immer wieder ganze Landstriche Europas heim.

Der grossen Pandemie ab 1347 fielen in ganz Europa etwa 50 % der Bevölkerung zum Opfer. In Nordeuropa wütete die Krankheit noch einmal besonders stark in den Jahren 1448/1449. Zwischen 1517–1525 war wieder ganz Europa von einer schweren Pestwelle betroffen. 1665/66 kam es zur grossen Pest von London, die allein in der Stadt 70 000 Todesopfer forderte. Der letzte grosse Ausbruch der Pest ist für Europa mit der Pest von Moskau für 1771 belegt.

Die grosse Pandemie Mitte des 14. Jhs., der später sogenannte «Schwarze Tod», wurde theologisch interpretiert, wenn nicht überhöht. Die Pestwelle galt als Ausdruck der Strafe Gottes. Grund der Strafe war in dieser Sichtweise der Verfall der Sitten und das gottlose Leben des Grossteils der Bevölkerung. Es ertönte der Aufruf zur Busse und Umkehr. Bekannt geworden sind die sogenannten Flagellanten (Geissler), die sich selbst geisselnd von Stadt zu Stadt zogen, um ein Zeichen der Busse und Umkehr zu setzen.

Zwingli lebte in einer Zeit, in der die Erinnerungen an vergangene Epidemien und die Bedrohung durch mögliche Ausbrüche allgegenwärtig waren.[88] Pestkreuze, Pestkapellen und Pestsäulen erinnerten an vergangene Krankheitswellen und dienten als Orte, um die Pestheiligen (St. Ägidius, St. Sebastian, St. Rochus u. a.) anzurufen. Und die hintergründige Bedrohung wurde für Zwingli real. Ab 1517 erreichte

---

88 Zum Folgenden vgl. Schneider, Mensch als Gefäss, 5ff.

eine Pestwelle rheinaufwärtskommend die Schweiz und breitete sich nach und nach in der gesamten Eidgenossenschaft aus. Im August 1519 brach die Seuche in der Stadt Zürich aus und erreichte Mitte September ihren Höhepunkt. Anfang Februar 1520 ebbte die Krankheit ab. Die Folgen waren immens: Die Angaben der Opfer schwanken zwischen 2100 und 3500, was bei einer Einwohnerzahl von geschätzt 7000–9000 Menschen einem Bevölkerungsschwund von (je nachdem) 23 % bis 48 % entspricht.[89] Heinrich Bullinger (der Nachfolger Zwinglis) hat im Rückblick das Grassieren der Krankheit in der Stadt Zürich folgendermassen beschrieben:

> «Dieses Jahr 1519 war in der Eidgenossenschaft der grosse Tod, in dem an der Pest gleich viele Leute in Städten und auf dem Land starben. In Zürich fing er (sc. der grosse Tod) im August an, um Laurenti (sc. 10. August), nahm am heftigsten zu um den 12. September, und dauerte bis nach Weihnachten, gegen Lichtmess (sc. 2. Februar). Und es starben in den drei Pfarreien an die 3500 Menschen in Zürich.»[90]

Zwingli selbst war beim Ausbruch der Pest nicht in der Stadt. Er war auf einem Kuraufenthalt in Bad Pfäfers. Seinen Amtsvorschriften folgend, brach Zwingli seinen Kuraufenthalt ab und kehrte in die Stadt zurück. Enge Mitarbeiter (darunter seinen Bruder Andreas) schickte er zu ihrem eigenen Schutz aus der Stadt. Er selbst stand Kranken und Sterbenden als Seelsorger zur Seite. Dies hatte zur Folge, dass sich Zwingli selbst mit der Krankheit infizierte. Ende September er-

---

89 Hans Füssli gibt 2100 Opfer an; Bullinger 3500 (vgl. Egli, Pest von 1519, 378).

90 Zit. n. Egli, Pest von 1519, 377. Im frühneuhochdeutschen Original lautet der Abschnitt: «Dises jars 1519 was in der Eidgnoschaft der gross todt, in welchem an der pestelenz fast vil lüten in stetten und uff dem land abstarbend. Zuo Zürich huob er an im Augsten, um Laurentii, nam am häftigisten zuo um den 12. Septembris, und wäret bis nach Wynächten, gägen der Liechtmäss. Und sturbend in den dryen pfarren in die dritthalb tusend menschen zuo Zürich.»

krankte er. Die klassischen Symptome (hohes Fieber, Kopf- und Gliederschmerzen, Schüttelfrost, Schwindel, eitrige Beulen v. a. unter den Achseln und in der Leistengegend) dürften auch bei ihm aufgetreten sein. Die Krankheit traf Zwingli schwer; in Basel und Konstanz kursierten wohl schon Gerüchte über sein Dahinscheiden.[91]

Gegen Ende des Jahres besserte sich jedoch Zwinglis Zustand, und es wurde erkennbar, dass er zu denen gehören würde, die die Krankheit überlebten. Am 30. Dezember 1519 entfernte er das letzte Pestpflaster, klagte aber auch später noch über Fieberanfälle, Müdigkeit, Schwindelgefühle, Konzentrations- und Gedächtnisprobleme.[92]

Es ist umstritten, welches Gewicht der Krankheit zuzumessen ist. Hier wird davon ausgegangen, dass Zwinglis Erkrankung *keine* theologische Wende oder gar ein Bekehrungserlebnis im Sinne des späteren Pietismus darstellte.[93] Vielmehr: Zwinglis reformatorische Initialzündung erfolgte bereits vor dem Durchleidenmüssen der lebensbedrohlichen Krankheit. Peter Opitz notiert zu dieser Sache:

> «Wenn von einer ‹reformatorischen Wende› Zwinglis gesprochen werden kann, dann war es das Überzeugtwerden von der erhellenden und erklärenden Kraft des göttlichen Wortes, das in der Bibel begegnet.»[94]

Und diese Überzeugung war *vor* der Pesterkrankung da. Zwingli selber war sich dessen bewusst, wenn er rückblickend von sich sagt, dass er bereits «im Jahre 1516 das Evangelium Christi zu predigen» begann (ZS II, 172).

Aber die Pesterkrankung ist für die ethische Entwicklung Zwinglis durchaus bemerkenswert. Zwingli musste die Zufälligkeit und Will-

---

91 Vgl. Farner, Reformator Zwingli, 34.

92 Vgl. Farner, Reformator Zwingli, 34; Haas, Zwingli, 85; Köhler, Zwingli, 72; Schneider, Mensch als Gefäss, 6 (Schneider führt alle einschlägigen Stellen aus Z VII auf).

93 Vgl. Gäbler, Zwingli, 48 und Haas, Zwingli, 74.

94 Opitz, Zwingli, 30.

kürlichkeit des Wütens der Krankheit miterleben. Die Pest war eine tödliche Macht, die den einen trifft und den anderen nicht, die die eine überlebt und der andere nicht. Sein Bruder Andreas starb 1520 an der Krankheit, die er selber überlebt hatte. Der Verlust des Bruders hat ihn stark getroffen. Die Pest kümmerte sich nicht um Gut und Böse. Die Guten wurden dahingerafft wie die Ungerechten.

Noch wichtiger für Zwingli war jedoch etwas anderes, nämlich der im eigenen Durchleiden der Krankheit erfahrene Zustand. Wie heutige Menschen, die an einem lebensbedrohlichen Leiden erkranken, so hat auch Zwingli seine Krankheit als eine existenzielle Erschütterung erlebt. Zwingli erlebte in diesem Zusammenhang einen Zustand des völligen Ausgeliefertseins. Sein Zustand war kritisch, sein Leben stand auf der Kippe; eigene Entscheidungen waren ihm hier nicht mehr möglich. Und diese mit der Krankheit verbundene existenzielle Erfahrung des Ausgeliefertseins wurde von Zwingli theologisch interpretiert. Denn diese Erfahrung war für Zwingli gleichzeitig verbunden mit dem Wissen, dass auch dies etwas mit Gott und seinem unergründlichen Willen zu tun hat. Zwingli hat sich nicht der Krankheit ausgeliefert gesehen, sondern zum Schluss Gott selbst. Wie der Zwingli-Biograph Walther Köhler treffend bemerkt hat: «Zwingli hat in dieser Krankheit vor dem Angesicht Gottes gestanden»[95].

In seinem (wohl nach seiner völligen Genesung entstandenen) «Pestlied» findet sich ein eindrückliches Beispiel, wie Zwingli seine Krankheit theologisch verarbeitet hat.[96] Besonders auffällig ist das

---

95 Köhler, Zwingli, 74.

96 Thomas Brunnschweiler ist der Ansicht, dass das «Pestlied» Zwinglis gerade *nicht* der Ausdruck der Verarbeitung von Zwinglis Pesterkrankung ist. Er hält fest: «Die Krankheitserfahrung ist im Gegenteil ganz ins Allegorische überhöht. Im Bild des Durchgangs durch die schwere Prüfung der Krankheit stellt Zwingli den Kampf um seine Berufung zum Reformator und die tödliche Bedrohung des gesamten Reformationswerkes durch seine Feinde dar.» (Brunnschweiler, Einleitung Pestlied, 4)
Dieser Ansicht kann hier nicht gefolgt werden. Vgl. dazu auch Opitz, Zwingli, 23: «Sein [sc. Zwinglis] Pestlied, das er vermutlich im Rückblick auf die Krank-

hier vernehmbare vollkommene Aufgehen des Eigenwillens im Willen Gottes:

«Zuo dir ich gilff:	«Zu dir ich schrei:
Ist es dein *will*,	Ist es dein *Will'*,
züch uß den pfyl,	zieh aus den Pfeil,
der mich verwundt!»[97] (Z I, 67)	der mich verwund't!»[98]

Oder die berühmte Stelle:

«*Wilt du* dann glych	«*Willst* du denn gleich
tod haben mich	tot haben mich
in mitz der tagen min,	inmitten meiner Tage,
so sol es *willig* sin.	so soll es *willig* sein.
Thuo, wie du wilt;	*Tu, wie du willst*;
mich nüt befilt.	mir ist nichts zu viel.
Din haf bin ich.	Dein Krug bin ich.
Mach gantz ald brich.»[99] (Z I, 67)	Mach ganz oder brich.»[100]

heit verfasst hat, zeugt von dieser existenziellen Grenzerfahrung [sc. der Krankheit] und den Konsequenzen, die er daraus zog.» Vgl. auch Schneider, Mensch als Gefäss, 6: «Wenn Zwingli sich über seine eigene Gefühlswelt auch kaum direkt äusserte, so kann man es sich doch nur schwer vorstellen, dass die schlimme Pestwelle 1519/20, die grosse Zahl der Opfer, die eigene lebensgefährliche Erkrankung, die aussergewöhnliche, ja geradezu wunderbare Genesung und der tragische Tod des Bruders zu einem Zeitpunkt, als alles schon überstanden schien, ihn nicht zutiefst aufwühlten und nachhaltig beeindruckten. Das Thema Pest hat Zwingli in seinem Gebetslied literarisch eindrucksvoll verarbeitet und auch die Melodie dazu komponiert.»

97 Hervorhebung v. Vf.

98 Übersetzung v. Vf.

99 Hervorhebungen v. Vf.

100 Übersetzung v. Vf.

Hier wird sichtbar: Subjekt des ganzen Geschehens ist Gott, der göttliche Wille. Das entspricht faktisch einem Aufgeben der Vorstellung eines menschlichen freien Willens und stattdessen der Etablierung eines starken Glaubens an die göttliche Vorsehung, ein «Sich-Gott-Ergeben» (Glauben). Zwingli sagt im Pestlied nicht: «Ich will gesund werden», sondern er sagt «Thuo, wie du wilt! – Tu (du Gott), wie du willst!», eine Formulierung, die stark an die dritte Bitte des Unservaters – «Dein Wille geschehe!» – erinnert. Dies geht einher mit dem konsequenten Eingeständnis der eigenen Unvollkommenheit und Endlichkeit und der Verabschiedung des Selbstvertrauens zugunsten des Gottvertrauens.

Die hier sichtbar werdende starke Vorordnung des göttlichen Willens und das Zurücknehmen des menschlichen Eigenwillens sind in der folgenden Zeit ein durchgehendes Merkmal der gesamten Ethik Zwinglis. Und dies tritt zutage bei einem Mann, der offenkundig einen starken und auf Veränderung drängenden Willen besitzt.

Zwei Dinge sind also an dieser Stelle von Belang: Das eine ist, dass Zwingli mit der Vorstellung eines freien Willens, wie sie etwa Erasmus betont hat, nichts anfangen kann. Zwingli wird später schreiben:

> «Wer vom freien Willen und vom rechten Verdienst redet, zeigt damit, dass er noch nicht bis zur rechten Erkenntnis gelangt ist; doch diejenigen, die zum Verständnis der Vorsehung Gottes durchgedrungen sind, halten von solchem Gerede nicht viel.» (Z III, 843)

Der göttliche Wille ist Inbegriff des durch und durch Guten und darauf dürfen, können und müssen wir auch in den kritischsten Situationen unseres Lebens vertrauen.

Das andere ist: Sicher nicht nur, aber auch die Erfahrung der Pestkrankheit hat Zwingli zu der theologischen Grundeinsicht geführt, dass das Zurücknehmen des Eigenwillens und das bewusste Anheimstellen des eigenen Willens an den Dienst des unendlich guten göttlichen Willens, den eigenen Willen eben nicht vernichtet, sondern im Gegenteil unendlich positiv verstärkt. Dieser Grundgedanke bildet fortan die Basis seines Verständnisses der Sündenlehre. Deshalb wird Zwingli in der Zukunft die (Erb-)Sünde konsequent als Krankheit bezeichnen. Im zweiten Kapitel wird darauf zurückzukommen sein.[101] Jedenfalls: In seiner eigenen Krankheitserfahrung ist Zwingli in eminenter Weise eine theologische Dimension des Menschseins anschaulich und sinnlich spürbar geworden, die sein ethisches Denken mitbeeinflusst hat.

101 Vgl. dazu unter II, 3.

II Theologische und philosophische Grundlagen der Ethik Zwinglis

Für Zwingli als Reformator ist die entscheidende Grundlage der Ethik das Evangelium von Jesus Christus, wie es in der Heiligen Schrift bezeugt ist. Und der Inhalt des Evangeliums ist die Versöhnung des Menschen mit Gott, seine Erlösung durch Jesus Christus.[102]

Der grundlegende theologische Gedankengang ist folgender: Gott hat den Menschen seinen unendlich guten Willen durch die Heilige Schrift mitgeteilt. Doch die Menschen vermögen es (ob ihres endlichen Menschseins) nicht, diesem Willen zu genügen, und entfernen sich in ihrer Lebensführung regelmässig von Gott und seinem Willen. Das stürzt sie in Verzweiflung und führt zu individuellen und sozialen Krisen. Weil Gott aber das Gute selbst ist, hat er mit Jesus Christus nicht nur eine sichtbare Verkörperung des unendlichen Guten in dieser Welt ermöglicht, sondern es wurde mit Jesu Lebensopfer auch eine ausreichende Genugtuung für die ethische Gebrechlichkeit des menschlichen Geschlechts vollzogen. Das Lebens- und Leidenswerk Jesu Christi steht für eine umfassende Rechtfertigung, eine erschöpfende Versöhnung des ethisch unvollkommenen Menschen mit Gott.

Das heisst: Wie schon der grosse Theologe der zweiten Hälfte des 19. Jhs. – Albrecht B. Ritschl (1822–1889) – festgehalten hat, kulmi-

102 Vgl. ZS II, 277: «Die […] gnädige, von Gott durch seinen Sohn bewirkte Erlösung nennt man ‹Evangelium›.»

niert die Versöhnungslehre Zwinglis im Artikel 22 seiner «Auslegung und Begründung der Thesen oder Artikel» von 1523 in dem Kernsatz «Christus ist *unsere* Gerechtigkeit»[103] (ZS II, 270). Zwinglis Ethik als ganze steht im Grunde genommen für nichts anderes als die systematische Entfaltung dieses Satzes.

Die systematische Entfaltung dieses Satzes ist eingebettet in eine ganze Reihe von philosophischen und theologischen Zusatzannahmen, die das Gottes- und Menschenbild Zwinglis, seine Gotteslehre und seine Anthropologie betreffen. In ethischer Hinsicht ist es in diesem Zusammenhang wichtig, festzuhalten, dass bezüglich der Gotteslehre primär der güterethische Ansatz greift und die tugendethische Prägung seines Ansatzes in erster Linie im Rahmen der Anthropologie zum Tragen kommt. Das bedeutet nicht, dass die Gotteslehre für sich genommen eine reine Güterlehre darstellen würde und die Lehre vom Menschen eine strikte Tugendlehre und beides voneinander getrennt sei. Das ist nicht der Fall. Güter und Tugenden gehören für Zwingli zusammen. Deshalb steht zwischen beiden Polen Zwinglis Lehre vom Werk und Verdienst Jesu Christi, seine Christologie. Sie vermittelt zwischen Zwinglis Lehre vom höchsten Gut und seiner Tugendlehre, so wie Christus selbst zwischen Gott und Mensch vermittelt.

Im Folgenden werden zunächst die Grundlagen und der systematische Aufbau von Zwinglis ethischem Gottesbild nachvollzogen. Im Zentrum steht hier seine These: *Gott ist das höchste Gut*. Sodann wird auf die Grundlagen und den inneren Aufbau seiner Tugendlehre ein-

---

103 Hervorhebung i. Orig.
Vgl. dazu Ritschl, Rechtfertigung und Versöhnung, I, 153: «[M]it dem 22. Artikel, dass Christus unsere Gerechtigkeit und dieselbe nicht auf unsere Werke gegründet sei, – wird die Höhe der ganzen Darstellung erreicht.» Vgl. dazu auch einen Brief Ritschls an Ludwig Diestel vom 29. März 1868, in dem Ritschl mit Blick auf Zwingli bemerkt: «Für ihn [sc. Zwingli] steht der [...] Gedanke in der Mitte: Christus allein ist unsere Gerechtigkeit. Sieh Dir die Reihenfolge seiner 67 Artikel von 1523 an, das Muster eines Glaubensbekenntnisses und Art. 22 mit jenem Inhalt die Höhe desselben!» (Ritschl, O., Ritschls Leben, II, 52 [i. Orig. z. T. hervorgehoben]).

gegangen. Dabei wird zunächst auf den Menschen und seinen Hang zur Untugend gesehen und dann auf Jesus Christus als Inbegriff und Urbild der (christlichen) Tugend. Ein Blick auf Zwinglis Stellungnahmen zur Frage des freien Willens rundet das Bild ab.

1. Gott und das Gute

Wie für jeden Ethiker und jede Ethikerin stellt sich auch für Zwingli die Frage, was gut und schlecht, was Inbegriff des Guten und Inbegriff des Schlechten ist. Und für Zwingli als Theologen ist es das denkbar Naheliegendste, Gott als Inbegriff des Guten ins Zentrum seiner ethischen Gedankenentwicklungen zu stellen. Seinem vorwiegend ethisch geprägten Naturell entsprechend denkt Zwingli Gott konsequent als sittliche Macht.

In Übereinstimmung mit seinem güterethischen Ansatz, der ein höchstes Gut durchgängig in den Mittelpunkt seiner Ethik stellt, gilt für Zwingli deshalb von Anfang an, dass Gott ein «vollkommenes *Gut*» ist (ZS I, 169), resp. dass «Gott ein allgemeines *Gut* ist» (ZS I, 183) – und nicht nur das. Vielmehr gilt: «Gott ist das höchste, vollkommene Gut» (ZS I, 210), «Gott ist das wahrhaft gnädige, vertrauenserweckende *höchste* Gut» (ZS I, 287).[104] Zwingli spricht von der «göttlichen Güte» (ZS II, 44) und sagt: «[E]r [sc. Gott] ist das höchste Gut, von dem alles Gute kommt» (ZS II, 262). Gott ist ihm «das Gute» (ZS III, 62), das «höchste Gut» (ZS III, 64.69.94 u. ö.). Für Zwingli ist deutlich, «dass es ein einziges und eines [sic!] höchstes Gut gibt» (ZS IV, 143).

Diese Vorstellung eines höchsten Gutes – eines *summum bonum*, wie es auf Lateinisch genannt wird, oder wie es auf Griechisch heisst, eines «ἄριστον ἄγαθον» oder eines «ἄριστον τέλειόν»[105] –, bildet

---

104 Hervorhebungen v. Vf.

105 Aristoteles, Nikomachische Ethik, 1097b u. 1097a.

das eine entscheidende Gravitationszentrum der Ethik Zwinglis. Im Folgenden werden die wichtigsten Nuancen von Zwinglis Gottesbild, von seiner Gottesvorstellung herausgestellt werden. Zunächst: Wie kommt Zwingli zu der Einsicht, dass Gott das höchste Gut ist und wie begründet er seine Überzeugung, dass Gott das höchste Gut sei?

1.1 «Dass Gott ist» und «Was Gott ist»

Der zunächst auf Lateinisch erschienene «Kommentar über die wahre und falsche Religion» von 1525, (im lateinischen Original: «Commentarius de vera et falsa religione») ist eine der systematischsten Schriften Zwinglis. Der im Titel auftauchende Ausdruck *commentarius* ist dabei keinesfalls misszuverstehen. Meint *commentarius* im klassischen Latein Aufzeichnungs- und Haushaltlisten bzw. Berichte über Feldzüge, wie die «Commentarii de bello Galici» von Gaius Julius Caesar, so hat *commentarius* im Mittel- und Renaissance-Latein u. a. die Bedeutung von Versuch; Versuch in dem Sinne, dass jemand *versucht* einen Sachverhalt systematisch zu entwickeln und zu entfalten.

Letzterem entsprechend hat Zwingli in seinem «Commentarius» sein Gottesbild ausführlicher zu entfalten und zu entwickeln *versucht*. Insgesamt geht es ihm dabei um ein Zweifaches. Einmal will er sein ethisches Verständnis des Christentums umfassend zur Darstellung bringen. Und das ist das Verständnis, das er als richtig erachtet. Das ist die *wahre* Religion. Das andere Mal will Zwingli gewissermassen als Kontrastfolie auch die sogenannte *falsche* Religion vor Augen führen. Und das, was als *falsche* Religion in den Blick gerückt wird, das sind nicht nur die Erscheinungen der vorchristlichen Religionen (des sog. Heidentums). Vielmehr ist es Zwingli darum zu tun, Zerrbilder, Selbstmissverständnisse und Verirrungen des christlichen Glaubens selber klar zu benennen.

Insofern ist der «Commentarius» eine durch und durch echt reformatorische Schrift. Denn die subtile Analyse von Verirrungen, Selbstmissverständnissen und Zerrbildern des christlichen Glaubens geht

Hand in Hand mit der Etablierung der Vision eines reformierten Christentums, das sich auf seine Grundlagen besinnt: die Heilige Schrift und das Evangelium von Jesus Christus.

Und im Zuge dieses Projektes ist Zwingli auch und vor allem darum bemüht, der Leserschaft sein Gottesbild, sein Verständnis des Göttlichen nahe zu bringen. Nach einer kurzen Erörterung, was unter Religion zu verstehen ist, schärft Zwingli seinen Lesern am Anfang seines Buches ein, dass das Verständnis dessen, was *wahre* Religion ist, mit der Klärung von zwei Fragen einzusetzen hat.

Die erste ist die Frage der Gotteserkenntnis, also, wie und in welchem Umfang der Mensch Gott erkennen kann. Und die zweite Frage ist die nach der Selbsterkenntnis, also, wie und in welchem Umfang der Mensch sich selber erkennen kann.[106]

Die erste Frage nach der rechten Erkenntnis Gottes wird von Zwingli noch einmal zweigeteilt. Die Frage nach der wahren Gotteserkenntnis umfasst einerseits die Frage nach der Existenz Gottes, also, inwieweit und in welchem Umfang der Mensch erkennen kann, «*dass* es einen Gott gibt»[107] (ZS III, 56). Die zweite Teilfrage bezieht sich nicht auf die Existenz oder das Dasein Gottes, sondern fragt nach dem Wesen und den grundlegenden Eigenschaften Gottes, also danach, «*was* Gott ist»[108] (ZS III, 58).

---

106 Diese Exposition erinnert stark an die Anfangspartien von Calvins «Institutio», die auch mit Gottes- und Selbsterkenntnis einsetzt: «All unsere Weisheit, sofern sie den Namen Weisheit verdient und wahr und zuverlässig ist, umfasst im Grunde eigentlich zweierlei: Die Erkenntnis Gottes und unsere Selbsterkenntnis. Diese beiden aber hängen vielfältig zusammen; und darum ist es doch nicht so einfach zu sagen, welche an erster Stelle steht und die andere aus sich bewirkt.» (Calvin, Unterricht/Institutio, 23 [I, 1,1]) Vgl. dazu auch Opitz, Zwingli, 110.

107 Hervorhebung v. Vf.

108 Hervorhebung v. Vf.

1.1.1 Dass Gott ist

Die Frage von Gottes- und Selbsterkenntnis bewegte die humanistische Bewegung. Hier herrschte die Vorstellung vor, dass der Mensch von sich aus, durch seine natürlichen Veranlagungen, vor allem durch seine Vernunft zumindest partiell zur Erkenntnis Gottes kommen könne. Zwingli richtet sich mit seinem «Commentarius» an humanistisch gesinnte Leser und behandelt akribisch die Frage einer sogenannten natürlichen Gotteserkenntnis. Regiert wird die komplexe Argumentation Zwinglis in gut reformatorischer Manier durch ein Bibelwort, wieder aus dem Römerbrief des Apostels Paulus (Röm 1,19f.), das Zwingli ausdrücklich als die «Grundlage all[er] Gotteserkenntnis» (ZS III, 55) bezeichnet:

> «Sie hätten ja vor Augen, was von Gott erkannt werden kann; Gott selbst hat es ihnen vor Augen geführt. Denn was von ihm unsichtbar ist, seine unvergängliche Kraft und Gottheit, wird seit der Erschaffung der Welt mit der Vernunft an seinen Werken wahrgenommen; es bleibt ihnen also keine Entschuldigung.»[109]

Wie gesagt: Natürliche Gotteserkenntnis bezeichnet die Vorstellung, dass Menschen ohne die (Selbst-)Offenbarung Gottes von sich aus zur Erkenntnis gelangen können, dass es Gott gibt. Und Zwingli sieht, dass die Frage nach der Existenz, nach dem Dasein Gottes, Menschen seit jeher *von sich* aus zu beantworten versucht haben. Die Grundeinsicht, *dass* Gott existiert ist, – wie Zwingli festhält – deshalb selbst bei den Heiden aufgeschienen. Zwar ist es den Nichtchristen und Nichtchristinnen nicht möglich gewesen, Gott im Sinne der *wahren* Religion zu enthüllen. Aber zur Ahnung, *dass* es einen Gott gibt, sind im Grunde alle ernstzunehmenden Autoren der Antike vorgedrungen. Allerdings ist diese Ahnung immer nur äusserst unzureichend an den Tag getreten.

---

109 Zit. nach der Zürcher Bibel von 2007.

Zwingli unterscheidet bezüglich der benannten Unzulänglichkeit *drei* Varianten: Bei der *ersten* Variante ist die Existenz Gottes in vorchristlicher Zeit zwar anerkannt worden, aber auf diese Erkenntnis folgte keine entsprechende Kultur der Gottesverehrung und Lebensgestaltung. Das Anerkennen des Göttlichen blieb losgelöst vom menschlichen Leben, es verblieb im Zustand des Äusserlichen. Im strengen Sinne ist Gott zwar *an*erkannt, aber nicht *er*kannt worden. Die Erkenntnis Gottes hat keine entsprechende Praxis nach sich gezogen.

Im Zusammenhang der *zweiten* Variante ist auch anerkannt worden, *dass* Gott existiert. Aber es gelang nicht, dieses Anerkennen einheitlich zu konzeptualisieren. So wurde das Göttliche auf unterschiedliche Träger und Funktionen verteilt. Das Ergebnis war der klassische griechische oder römische Polytheismus, mit seinem Götterhimmel. Auch in einer solchen Anerkennung ist Gott nicht erkannt worden.

Die *dritte* Variante besteht darin, dass die Existenz Gottes zwar ins Bewusstsein trat, dass anerkannt wurde, dass es nur einen Gott gibt und dass es zu einer entsprechenden Kultur der Gottesverehrung und der Lebensgestaltung kam. Allerdings wurden diese Lebensgestaltung und Kultur der Gottesverehrung durch und durch den menschlichen Bedürfnissen und Interessen angepasst. Es dienten sich die Menschen selbst mehr, als dass sie Gott auf rechte Weise durch ein gottgefälliges Leben verehrten. Um eine wahre Erkenntnis Gottes handelt es sich auch bei dieser Anerkenntnis nicht.

Alle diese Anerkennungen Gottes sind für Zwingli deshalb Ausdruck der *falschen* Religion. Denn *wahre* Religion besteht im Gegensatz dazu in der Erkenntnis, dass es nur *einen* wahren Gott gibt und dass im Vertrauen zu diesem Gott eine entsprechende Kultur der Gottesverehrung und der Lebensgestaltung gründet; kurz – wie Zwingli sagt – darin, «dass es einen wahren alleinigen allmächtigen Gott gibt und dass [wir] ihm allein vertrauen» (ZS III, 57). Und diese Erkenntnis Gottes kann zum Schluss nicht aus dem menschlichen Verstand geschöpft werden, sondern sie präsentiert sich dem Menschen erst im Zustand des Glaubens, der durch die Offenbarung Gottes in der

Heiligen Schrift geweckt wird und ein Geschenk der Gnade Gottes ist. Eine natürliche Gotteserkenntnis gibt es für Zwingli streng genommen deshalb nicht. Zwingli im «Commentarius»:

> «Es ist offenbar, dass die Frommen darum glauben, dass es einen Gott gibt und dass die Welt sein Werk ist usw., weil sie es *von Gott* so gelehrt worden sind. Also ist es einzig *Gottes Werk*, sowohl dass du glaubst, dass ein Gott ist, als auch dass du diesem Gott vertraust.»[110] (ZS III, 58)

Es ist vor allem das *Gottvertrauen* und alle aus diesem folgenden sittlichen Konsequenzen, die die *wahre* Religion von der *falschen* Religion unterscheidet. Denn was Zwingli unter der *wahren* Religion versteht, erschliesst sich eben nicht bereits in der Anerkennung, *dass* es einen Gott gibt. Sondern in dieser Beziehung spielt die oben angesprochene zweite Teilfrage eine ausserordentliche Rolle, nämlich die Frage, «*Was* Gott ist» (ZS III, 58).

1.1.2 Was Gott ist

Genauso wie die Erkenntnis, *dass* ein Gott ist, *dass* Gott also existiert, ist die andere Erkenntnis, *was* Gott ist, *was* sein Wesen und seine Natur ausmacht, dem Menschen von Natur aus nicht möglich. Wie Zwingli mit einem eindrücklichen Beispiel festhält: «*Was* aber Gott ist, das wissen wir ebensowenig, wie ein Käfer weiss, was der Mensch ist.»[111] (ZS III, 58) Auch an dieser Stelle sind wir Menschen auf die Selbstoffenbarung Gottes angewiesen.

Allerdings: So wie Zwingli den Nichtchristen und Nichtchristinnen eine vage Ahnung einräumt, zu wissen, *dass* Gott ist, so gesteht er zu, dass Menschen auch Ahnungen darüber entwickeln können, *was* Gott ist. In dieser Hinsicht steht Zwingli dem Kirchenvater Augusti-

---

110 Hervorhebung v. Vf.
111 Hervorhebung v. Vf.

nus nahe und dessen *vestigia*-Lehre.[112] Das lateinische Wort *vestigium* steht für Fusssohle, Fussabdruck oder Spur. Augustinus verwendet diesen Ausdruck, um deutlich zu machen, dass das eigentlich unergründliche Göttliche in der Lebenswelt der Menschen Spuren und Fussabdrücke hinterlassen hat und hinterlässt.

Besonders bekannt geworden ist in dieser Beziehung seine Lehre von den sogenannten *vestigia trinitatis*, den Spuren der Trinität.[113] Dieses Lehrstück meint, dass sich die logisch nicht vermittelbare Lehre von der Dreifaltigkeit Gottes (Vater, Sohn und Heiliger Geist = Trinität) spurenhaft in der Lebenswelt erkennen lässt. Figuren der Dreiheit sind die Familie als Dreiheit von Vater, Mutter und Kind(ern) oder der Aufbau des menschlichen Vermögensapparates von Erinnerung (*memoria*), Verstand (*intellectus*) und Willen (*voluntas*).[114]

Exakt diese Dreiheit von Willen, Verstand und Erinnerung wird von Zwingli aufgerufen, um zu zeigen, dass ahnende Vorstellungen darüber, *was* Gott ist, dem Menschen möglich sind. Allerdings spricht er zunächst nicht von «Spuren», sondern von «Zeichen»:

> «Die Wirkungen oder Kräfte der Seele, nämlich *Wille*, *Verstand* und *Gedächtnis*, sind nichts anderes als Zeichen des wahren Bildes, das wir erst sehen werden, wenn wir Gott selber und uns in ihm recht erkennen werden.»[115] (ZS I, 109)

---

112 Diese entwickelt Augustinus v. a. in seiner Schrift «De trinitate».

113 Vgl. dazu ausführlich Schmaus, Trinitätslehre Augustinus, 201–285. Vgl. dazu auch Oberdorfer, Trinität/Trinitätslehre, 608.

114 Augustinus selbst hat das so ausgedrückt, dass es möglich sei, «in der Seele des Menschen, das heisst in der Verstandeserkenntnis oder der Vernunfterkenntnis fähigen Seele, das Bild des Schöpfers [zu] finden.» (Augustinus, De trinitate, 190f. [XIV, 3.6])
Daneben diskutiert Augustinus noch die Dreiheiten von Geist, Wissen von sich und Liebe zu sich (*mens*, *notitia* und *amor*). Vgl. dazu Schmaus, Trinitätslehre Augustinus, 235–264.

115 Hervorhebung v. Vf.

Zwingli steht der augustinischen *vestigia*-Idee des Weiteren nahe, wenn er davon spricht, dass die «Natur [...] und die Ordnung aller Dinge [auf] das stetige und unaufhörliche Wirken Gottes» hinweisen (ZS III, 55), oder – und hier taucht die *vestigia*-Rhetorik ausdrücklich auf – wenn explizit von «Abbilder[n] und *Fussspuren* [...] des Göttlichen»[116] die Rede ist (ZS III, 58). Für Zwingli ist es weiterhin auch möglich, dass

> «die sichtbare Welt zur Erkenntnis Gottes hinleite[t], zum Beispiel wenn wir uns den ganzen Riesenbau der Welt vor Augen halten, indem wir alles einzelne mit dem Finger aufzeigen, dass alles der Veränderung unterliegt, dass aber derjenige etwas Unveränderliches und Unbewegtes sein muss, der alles, was so verschieden ist, in einer so festen und bewundernswerten Harmonie zusammengefügt hat» (ZS I, 244).

Mit dem letztzitierten Votum wird deutlich, dass Zwinglis stark an Augustinus' *vestigia*-Lehre erinnernde Argumentationsmomente zusätzlich verknüpft werden mit einer weiteren bekannten Theorie über den Zusammenhang von Welt und Gott. Und zwar ist dies die berühmte aristotelische Theorie vom unbewegten Wesen, das alles bewegt, die wirkmächtige Vorstellung vom *unbewegten Beweger*.

Im 12. Buch seiner «Metaphysik» hat Aristoteles die Frage nach einem ersten Grund und Prinzip der Wirklichkeit gestellt. Und indem Aristoteles von der Welt als Inbegriff des Bewegten immer weiter zurückschliesst, zunächst auf allgemeine Bewegungsursachen (z. B. die Kreisbewegung), stösst er vor zu seiner berühmten Vorstellung von einem *unbewegten Beweger*, dass es also etwas geben müsse, «das selbst wesenhaft und ewig unbewegt ist»[117], dass aber dieses Unbewegte gleichzeitig dasjenige ist, das alle Bewegung verursacht,

---

116 Hervorhebung v. Vf.

117 Aristoteles, Metaphysik, 252, (Met. Λ, 1072a25): «tina aidion ousian akineton» / «τινα ἀΐδιον οὐσίαν ἀκίητον».

Abb. 7: Der griechische Philosoph Aristoteles (384–322 v. Chr.)

dabei aber selbst unbewegt bleibt.[118] Aristoteles bezeichnet dieses Unbewegte, das alles bewegt, ausdrücklich als «Prinzip» (*arche*/ ἀρχή)[119], und zwar als das Prinzip, von dem der Himmel und die Natur abhängen.[120] Dieses unbewegte Prinzip der Bewegung wird von ihm schliesslich mit Gott identifiziert: «Dies ist der Gott»[121], der selbst unbewegt die Ursache aller Bewegung ist: der berühmte *unbewegte Beweger*.

---

118 Aristoteles, Metaphysik, 254, (Met. Λ, 1072b11): «ti kinoun auto akineton» / «τι κινοῦν αὐτὸ ἀκίνητον» Vgl. auch a. a. O., 1072a25: «ho ou kinoumenon kinei» / «ὃ οὐ κινούμενον κινεῖ».

119 Aristoteles, Metaphysik, 254, (Met. Λ, 1072b11).

120 Aristoteles, Metaphysik, 254, (Met. Λ, 1072b14): «ek toiautes ara arches ertetai ho ouranos kai he physis» / «ἐκ τοιαύτης ἄρα ἀρχῆς ἤρτηται ὁ οὐρανὸς καὶ ἡ φύσις».

121 Aristoteles, Metaphysik, 257, (Met. Λ, 1072b30): «touto gar ho theos» / «τοῦτο γὰρ ὁ θεός».

Zwingli kann diesem Argumentationsmuster einiges abgewinnen. Entsprechend ist es für Zwingli auch so, dass Gott das erste und wahrhafte Sein darstellt, das sein Sein nur aus sich und aus keiner anderen Quelle bezieht. Und es ist gleichermassen klar, dass Gott als das ewige und unbewegte Sein gleichermassen Ursache allen endlichen und bewegten Seins ist. Für Zwingli steht fest:

> «Gott [ist] Quelle und Ader allen Seins», ist «aller Dinge Wesen und Leben» (ZS III, 61). Gott ist «das Sein aller Dinge, [er] ist [...] das Wesen aller Dinge» (ZS III, 59f.). Gott ist der, «der Kraft seiner eigenen Natur ist, und der so ist, dass er das Sein aller Dinge ist» (ZS III, 60). Von Gott gilt, «dass er der ist, der von Natur ist, der selbst ist, und der von keinem anderen das Sein empfängt» (ZS III, 61). Und: «Gott [ist] der erste und letzte Beweggrund aller Dinge, selber aber unbewegt und [bringt] alles in Bewegung» (ZS I, 228). Es gilt, «dass Gott die erste bewegende Ursache ist und nicht von einer anderen bewegt wird; es würde ja sonst unendlich so weitergehen, wenn man für jede Ursache wieder eine andere angeben müsste» (ZS II, 217).

Gott ist für Zwingli das höchste Sein, er ist das Wesen aller Dinge, er ist der Beweggrund alles anderen Seins. Doch damit ist das Gottesbild Zwinglis noch nicht vollständig erschlossen. Denn für Zwingli als Reformator in praktischer Absicht kommt es darauf an, in Bezug auf das Was-Sein Gottes auch die ethischen Qualitäten Gottes herauszustellen. Dadurch kann der Charakter Gottes als des höchsten Seins noch näher bestimmt werden.

1.2 Gott als das höchste Gut

Gott ist das höchste Sein, er ist das Wesen aller Dinge, er ist der Beweggrund alles anderen Seins. Als dieses erste, höchste und wahrhafte Sein ist er gleichzeitig auch das ethisch erste, höchste und wahrhafte Sein: Er ist das *höchste Gut*.

> «Dieses Sein ist ebenso das Gute wie es das Sein ist. Denn wie es [sc. dieses Sein] allein ist und durch sich selbst ist, so ist auch allein das Gute, das Wahre, das Rechte, das Gerechte, das Heilige, denn es ist durch sich selbst gut, wahr, recht usw.» (ZS III, 61) «Gott [...] ist das höchste Gut; nur er ist ohne jede Einschränkung vollkommen gut.» (ZS IV, 46) «[D]as höchste Gute [ist] die höchste und daher unendliche Macht.» (ZS IV, 143)

Diese Einsicht kann allerdings weder in Ansätzen von der natürlichen Vernunft erkannt werden, noch anhand von Spuren in der Lebenswelt abgelesen werden. Dass Gott das höchste Gut ist, ist eine Erkenntnis, die sich zum Schluss nur der freien und gnadenhaften Selbstoffenbarung Gottes verdankt. Denn Gott ist nicht nur ein Gott, der sich offenbart, sondern – wie Zwingli mit Rückgriff auf Jes 45,15 sagt – «ein verborgener Gott» (ZS III, 58). Versuche seitens des Menschen, zu vollständiger Erkenntnis Gottes zu kommen, sind zum Scheitern verurteilt. Denn damit versuchte der Mensch, sich gleichsam auf eine Stufe mit Gott zu stellen. Aber das ist laut Zwingli nicht möglich.

Zwingli ruft als Negativbeispiele aus dem Alten Testament Luzifer und aus der Antike Prometheus auf. Luzifer (lat. = Lichtträger = Morgenstern) ist im Alten Testament ein allegorischer Name für den König von Babel. Und wie es dort heisst, wollte Luzifer, seinen Thron «aufrichten [... und sich] dem Höchsten gleichmachen» (Jes 14,13f.). Aber er scheiterte.[122] Und Prometheus wurde für seinen Raub des Feuers von den Göttern bestraft.

Beide geschilderten Gestalten, Luzifer und Prometheus, sind für Zwingli in herausragendem Sinne Vertreter der *falschen* Religion. Denn in beiden Fällen passiert in den Augen Zwinglis nichts anderes, als dass sich der Mensch auf die Position Gottes hinaufschwingen will. Einmal (Luzifer) durch seinen unbändigen Machtwillen, mithilfe

---

122 «Wie bist du vom Himmel gestürzt, du Morgenstern, Sohn der Morgenröte! Wie bist du zu Boden geschmettert [...]! Doch du wirst ins Totenreich hinabgestürzt, in die tiefsten Tiefen der Gruft.» (Jes 14,12.15 [Zit. nach der Zürcher Bibel von 2007])

dessen er sich zum universalen Herrscher akklamiert (ein Gedanke, mit dem später Nietzsche mit seiner Theorie des «Herrenmenschen» Ernst machen wird). Und das andere Mal (Prometheus), indem er den Göttern das Feuer – Hoheitsrecht und Inbegriff göttlicher Macht – stiehlt und die Menschen mit quasi göttlicher Macht ausstattet.

1.3 Der ethische Charakter des höchsten Gutes

Zwingli macht konsequent Ernst mit seinem ethischen Gottesgedanken. Gott ist nicht nur Inbegriff und Summe des Seins, sondern Gott ist auch *das Gute selbst*. Den schlagendsten Beweis für diese Aussage, dass «Gott, die Quelle alles Guten» (ZS III, 73) resp. «die Fülle des Guten» (ZS III, 74) ist, findet Zwingli in gut reformatorischer Manier in der Bibel selbst. Und zwar rückt für ihn der bekannte Satz aus dem

---

Und Prometheus war derjenige, der der griechischen Mythologie zufolge die Menschen aus Ton schuf, und er war der, der ihnen auch das Feuer gab. Die Kenntnis und der segensreiche Nutzen des Feuers waren den Menschen entzogen und verboten worden. Dies, weil die Menschen mit ihrer Feuerkenntnis zwei Opfer zugunsten der Götter darbrachten: einmal ein Opferfeuer mit Knochen und Eingeweiden und das andere Mal ein Feueropfer mit gutem Fleisch. Beide Opfer wurden mit Tierfell abgedeckt. Der griechische Göttervater Zeus nahte sich den Opfern und zog zunächst das Fell vom Opferfeuer mit Eingeweiden und Knochen. Er verachtete das Opfer und nahm den Menschen ob des unwürdigen Opfers das Feuer wieder weg. Prometheus war es dann, der vom Wagen des Sonnengottes Helios Feuer stahl. Und er brachte es den Menschen wieder, die daraufhin wieder Gewalt und Kontrolle über dieses mächtige Element besassen.
Der deutsche Dichter Johann Wolfgang von Goethe (1749–1832) hat mit seinem Jugendgedicht «Prometheus» dem von Zwingli aufgerufenen Vorgang ein unvergleichliches Denkmal gesetzt: Der die Götter anklagende Prometheus verachtet selbstbewusst die Götter, stellt die Götter (wie der biblische Luzifer) neben sich, ja: macht sich ihnen gleich. Selbstbewusst verlacht der goethesche Prometheus die Götter: «Ich kenn nichts Ärmer's / Unter der Sonn' als euch Götter. / Ihr nähret kümmerlich / Von Opfersteuern / Und Gebetshauch / Eure Majestät.» (Goethe, Prometheus, 45 [13–18])

ersten Schöpfungsbericht ins Zentrum: «Und Gott sah alles an, was er gemacht hatte, und siehe, es war *sehr gut.*»[123] (Gen 1,31)

Zwingli etabliert an dieser Stelle einen klassischen Kettenschluss, der eine unmittelbare Verknüpfung von Schöpfer – Schaffen – Geschaffenem herstellt.[124] Das heisst: Wenn der Schöpfer selbst gut ist, dann ist auch das Schaffen des Schöpfers gut. Und wenn das Schaffen des Schöpfers gut ist, dann ist folgerichtig auch das Geschaffene gut. Bestätigt findet Zwingli diesen Gedankengang zusätzlich und analog im Neuen Testament, wo es in Lk 18,19b heisst: «Niemand ist gut ausser Gott allein»[125]. Gott als das höchste Gut bezieht sein Gutsein nicht aus einer anderen Quelle, sondern da er selbst wahrhaft und wesenhaft gut ist, ist Gott ein aus sich selbst und in sich selbst suffizientes, ein omnisuffizientes Gut:

> «[E]in solches Gut hat er sein müssen, das von niemand anders herstammt, sondern durch sich selbst besteht, und das wie aller Dinge Kraft und Wesen, so auch alles Guten Quelle und Brunnen ist.» (ZS III, 61) «Das allein ist Gott, was vollkommen, d. h. absolut ist, dem nichts mangelt und das alles hat, was dem höchsten Gut zusteht.» (ZS III, 65)

Das goethesche Gedicht erreicht seinen wort- und thesenreichen Höhepunkt allerdings erst in der Schlusspartie, in der der fiktive Prometheus nicht nur die Götter hinterfragt und verachtet, sondern sich selbst in die Position Gottes hineinbegibt, in der er selber eine gottgleiche Schöpferposition eingenommen hat. Der goethesche Prometheus spricht nämlich: «Hier sitz' ich, und forme Menschen / Nach meinem Bilde, ein Geschlecht, / das mir gleich sei, / Zu leiden, weinen, / Und dein nicht zu achten, / Wie ich.» (Goethe, Prometheus, 46 [52–58]) Prometheus wurde bestraft, wie auch Luzifer bestraft wurde. Dem Mythos zufolge war es Prometheus' Los, an einen Felsen des Kaukasus angekettet zu werden. Und jeden Abend kam ein Adler, riss dem Prometheus die Seite auf und nährte sich an dessen Leber. Seine Leber wuchs zwar nach, wurde aber an jedem neuem Tag Raub des Greifs.

123 Zit. nach der Zürcher Bibel 2007 (Hervorhebung v. Vf.).

124 Zu Zwinglis diesbezüglicher Interpretation von Gen 1,31 vgl. ZS III, 61 u. ZS IV, 142.

125 Zit. nach der Zürcher Bibel 2007.

Diese Güte Gottes, sein Gutsein wird von Zwingli eindrucksvoll illustriert in drei seiner Schriften; in «Göttliche und menschliche Gerechtigkeit» von 1523, im «Commentarius» von 1525 und in seiner Spätschrift «Die Vorsehung» von 1530. Im zuerst genannten Text heisst es z. B.:

> Gott ist «der unversehrte Brunnen aller Unschuld, Untadeligkeit, Gerechtigkeit und alles Guten [...]; denn er ist selbst wesenhaft Gerechtigkeit, Untadeligkeit und alles Gute, so dass nichts untadelig, gerecht oder gut ist, als was aus ihm kommt». Aus «seinem Herzen [fliesst] nichts als Gutes». Es ist «Gott, der allein gut ist» (ZS I, 162). Gott ist ein «vollkommenes Gut [...] rein, [...] gerecht, [...] untadelig» (ZS I, 169).[126]

Um dies noch weiter auszuführen, greift Zwingli auf das berühmte Bild vom guten Baum und den guten Früchten beziehungsweise vom schlechten Baum und den schlechten Früchten zurück (Mt 7,17–20). Wie es nämlich nur ein guter Baum sein kann, der gute Früchte hervorbringt, so kann aus Gott als dem Guten selbst nur Gutes hervorgehen.

Das Bild vom Baum und den Früchten macht darauf aufmerksam, dass Gott als das höchste Gut nicht in sich ruht und gewissermassen nur für sich allein gut ist. Das Gegenteil ist der Fall. Es ist charakteristisch für Gott als dem höchsten Gut, dass er eben nicht in sich ruht und sich in seiner Güte gefällt und dass er nicht sparsam mit sich selbst umgehen muss. Das wäre irdisch, begrenzt und menschlich. Und Zwingli weist diesen Kontrast explizit auf. Schonungslos ist seine Analyse.

Irdische und begrenzte Güter, die «schmutzig und schäbig» (ZS III, 69f.) sind, unterliegen der Logik der Knappheit der Güter. Weil jedes irdische Gut nur in begrenztem Umfang zur Verfügung steht, ist es zwangsläufig so, «dass man mit ihm sparsam umgeh[t]» (ZS III, 70).

---

126 Vgl. auch ZS III, 106: Gott ist «gerecht, gut und barmherzig» oder ZS III, 127: Gott ist «Licht, Reinheit, Unschuld, Güte».

Im Gegenteil: Gott als das höchste Gut unterliegt dieser Logik der Knappheit der Güter nicht. Sondern Gott als das höchste Gut strömt über, es verströmt, verteilt und verschenkt sich selbst. Zwingli selbst:

> «Jenes göttliche Gute strömt über, dass es mehr als ausreicht, die Anliegen aller Menschen zu erfüllen; denn es ist unendlich und will gerne ausgeteilt werden.» (ZS III, 70)

Es liegt im Wesen und in der Natur dieses höchsten Gutes, dass es sich mitteilen, verströmen, ja eben verschenken will. Gott als das höchste Gut verschenkt sich selbst; er ist der «Schenkende[ ], der sich umsonst hergeben will» (ZS III, 74). Er verschenkt sich und will dabei «nützen» (ZS III, 69). Gott «schenkt sich und verschwendet sich» (ZS III, 73). Zwingli spricht in dieser Beziehung von «Gottes schenkende[r] Liebe» (ZS III, 95) oder auch von seiner «schenkende[n] Barmherzigkeit» (ZS III, 73). Als Beispiele und Belegstellen für diesen sich-selbst-verschenkenden Charakter des höchsten Gutes führt Zwingli aus dem Alten Testament Kyros und aus dem Neuen Testament die Fusswaschung sowie Jesu Tod am Kreuz an.

Unter dem Persischen König Kyros II. (ca. 585–530 v. Chr.) expandierte Persien zu einem Grossreich und wurde zur beherrschenden Macht im vorderen und hinteren Orient. Kyros' Sieg über die Babylonier führte dazu, dass die sogenannte Babylonische Gefangenschaft, also die Verschleppung eines grossen Teils des jüdischen Volkes nach Babylon, zu einem Ende kam. Und Kyros verfolgte dabei eine moderate Religionspolitik. Es gab kaum Einschränkungen der lokalen Religionsausübung, im Gegenteil: Offenbar gestattete es Kyros den Juden, in Jerusalem wieder einen Tempel zu errichten.

In der Sichtweise des alttestamentlichen Propheten Jesaja (auf den sich Zwingli in diesem Zusammenhang bezieht) erscheint Kyros als Werkzeug Gottes und wird mit dem Messias verglichen. An der von Zwingli aufgerufenen Stelle in Jes 45 heisst es:

> «45,1 So spricht der HERR zu seinem Gesalbten, zu Kyros, den ich bei seiner Rechten ergriffen habe, um Nationen vor ihm zu unterwerfen – und Königen werde ich den Gürtel von den Hüften reissen –, um Türen vor ihm zu öffnen, und Tore werden nicht verschlossen bleiben: 2 Ich selbst werde vor dir herziehen, und bergiges Gelände mache ich flach, Türen aus Bronze zerbreche ich, und eiserne Riegel schlage ich in Stücke. 3 Und ich werde dir Schätze aus der Finsternis geben und versteckte Reichtümer, damit du erkennst, dass ich es bin, der HERR, der dich bei deinem Namen ruft, der Gott Israels.
> [...] 22 Wendet euch zu mir, und lasst euch retten, alle Enden der Erde, denn ich bin Gott und keiner sonst. 23 Bei mir selbst habe ich geschworen, von meinem Mund ist Gerechtigkeit ausgegangen, ein Wort, und es wird nicht rückgängig gemacht: Mir wird sich jedes Knie beugen, jede Zunge wird mir schwören: 24 Nur beim HERRN – er hat es mir gesagt – ist die Fülle von Gerechtigkeit und die Stärke.»[127]

Gottes sich selbst verschwendendes und verschenkendes Gutsein wird für Zwingli in zweierlei Hinsicht deutlich. Zum einen kommt Gottes schenkende Güte bei Kyros selbst zum Zuge. Obwohl Kyros Gott gar nicht kannte, hat Gott ihn ohne allen Grund mit Siegen und Reichtümern überhäuft. Zum anderen wird Gottes sich grundlos verschenkende Güte auch für das Volk Israel sichtbar. Denn ohne alle Vorleistung macht in dieser Sichtweise Gott selbst Kyros zu seinem Werkzeug, um das geknechtete Volk zu befreien und ihm einen Neuanfang zu gewähren.

Das zweite Beispiel, das Zwingli heranzieht, um den verschenkenden Charakter der Güte Gottes sichtbar zu machen, ist die berühmte Szene der Fusswaschung Jesu. Das Johannesevangelium berichtet im Kap. 13 davon, dass den Jüngern am Abend vor Jesu Kreuzigung von ihrem Herrn und Meister selbst die Füsse gewaschen wurden:

127 Zit. nach der Zürcher Bibel 2007.

> «13,2 Während eines Mahls [...] 4 da steht er vom Mahl auf und zieht das Obergewand aus, nimmt ein Leinentuch und bindet es sich um; 5 dann giesst er Wasser in das Becken und fängt an, den Jüngern die Füsse zu waschen und sie mit dem Tuch, das er sich umgebunden hat, abzutrocknen. [...] 12 Nachdem er ihnen nun die Füsse gewaschen hatte, zog er sein Obergewand wieder an und setzte sich zu Tisch. Er sagte zu ihnen: Versteht ihr, was ich an euch getan habe? 13 Ihr nennt mich Meister und Herr, und ihr sagt es zu Recht, denn ich bin es. 14 Wenn nun ich als Herr und Meister euch die Füsse gewaschen habe, dann seid auch ihr verpflichtet, einander die Füsse zu waschen. 15 Denn ein Beispiel habe ich euch gegeben: Wie ich euch getan habe, so tut auch ihr.»[128]

In diesem freiwilligen und auch völlig voraussetzungslosen Akt der Zuwendung, Hingabe und des Dienens kann Zwingli nichts anderes erkennen als eine «tief sich herabneigende Güte» (ZS III, 73). Jesus gibt dem Charakter der Güte Gottes mit seiner Handlung einen sichtbaren und verständlichen Ausdruck.

Doch nicht nur die Fusswaschung im Einzelnen, sondern das Auftreten, die Predigt und das Schicksal Jesu im Allgemeinen sind für Zwingli das deutlichste Zeichen für den durch und durch ethischen Charakter des höchsten Gutes. Gottes verschenkende und verschwendende Güte wird erkennbar darin, dass er seinen einzigen Sohn in die Welt sandte, der stellvertretend dort das Schicksal der Menschen erlitt.

Hier wird das sich verschwendende und verschenkende Gutsein wieder in einer doppelten Hinsicht erkennbar: einmal in der Tatsache, dass Gott seinen Sohn in diese Welt sandte. Gott gab das Wertvollste, das er hatte – eben seinen eigenen und einzigen Sohn –, in diese Welt. Und dieser sein Sohn musste leiden und sterben. Damit hat Gott den Menschen in ethischer Hinsicht sein wahres Wesen und seinen wahren Charakter weitgehend enthüllt, nämlich, dass er so gut ist, dass ihm nichts für die Mitteilung seiner Güte gut genug ist. Und

---

128 Zit. nach der Zürcher Bibel 2007.

das zweite Mal wird Gottes verschwendende und verschenkende Güte sichtbar dadurch, dass Gott seinen einzigen Sohn *umsonst* gab, dass «Christus [...] Gottes freie Gabe» (ZS III, 72) ist. Deutlicher kann für Zwingli kaum gemacht werden, dass Gott als das höchste Gut durch und durch «freigiebig und schenkfreudig» (ZS III, 72) ist.

Und ein Letztes ist noch mit Blick auf den ethischen Charakter Gottes als des höchsten Gutes anzufügen. Das Gute, das sich mit Gott als höchstem Gut verschwendet und verschenkt, verschenkt sich, um *genossen* zu werden. Wie Zwingli ausführt, ist Gott «die Quelle alles Guten [und] er schenkt sich und verschwendet sich, damit man ihn geniessen könne» (ZS III, 73). Wie Augustinus geht es Zwingli darum, dass das Gute nicht *benutzt*, sondern *genossen* wird.

Augustinus hatte in seiner Ethik unterschieden zwischen dem *Benutzen* einer Sache (*uti*) und deren *Geniessen* (*frui*).[129] Das *Benutzen* einer Sache (*uti*) bedeutet, dass eine Sache oder ein Ding erstrebt wird, um etwas anderes zu erreichen, kurz: als Mittel zum Zweck. Um das *Geniessen* einer Sache (*frui*) handelt es sich hingegen, wenn etwas nur um seiner selbst willen erstrebt wird. Wie Rochus Leonardt es auf den Punkt gebracht hat, wird von Augustinus

> «*frui* bestimmt als ein von Liebe getragenes Verbundensein mit einer Sache um ihrer selbst willen»[130].

In der Fluchtlinie dieser augustinischen Gedanken bewegt sich Zwingli mit seinen Vorstellungen von Gott als dem höchsten Gut. Denn Gott als das höchste Gut ist nicht etwas, was für den Menschen noch um etwas anderen willen gut wäre. Gott ist für ihn etwas, das nur um seiner selbst willen erstrebt und also *genossen* werden kann. Insofern hat Gott als das sich verschwendende und verschenkende höchste Gut auf der menschlichen Seite das Pendant, dass es auf ge-

---

129 Vgl. Leonardt, Glück als Vollendung, 87.

130 Leonardt, Glück als Vollendung, 87 (Hervorhebung v. Vf.).

wissermassen ganz natürliche Weise um seiner selbst willen erstrebt wird. Denn was anderes als das höchste Gut würde ein Mensch *wollen* wollen? Diesen Gedanken, der in Augustinus' Schrift «De beata vita» («Vom glücklichen Leben») durchgeführt wird, hat Zwingli in seinen «Schlussreden» aufgenommen und geäussert:

> «Schau, so hoch und kostbar ist Gott, das höchste Gut, dass all unser Verlangen sich nach ihm verzehren *muss*.»[131] (ZS II, 44)

Damit sind wesentliche Grundmomente von Zwinglis ethischer Gotteslehre genannt. Gott ist für Zwingli Ursache und Ausgangspunkt allen Seins. Und als diese Ursache ist Gott nicht ethisch neutral, sondern im Gegenteil Inbegriff des Guten selbst: das höchste Gut. Und dieses höchste Gut ist etwas, was nur um seiner selbst willen erstrebt werden, also genossen werden kann. Mit dem Letzteren ist der Übergang zum folgenden Kapitel erreicht, das mit der Tugendlehre genauer den Weg in den Blick nimmt, wie Gott als das höchste Gut genossen werden kann.

2. Allgemeine Untugend und christliche Tugend

2.1 Allgemeine Untugend

Das menschliche Leben vollzieht sich in ethischer Hinsicht für Zwingli nicht in gewissermassen hölderlinscher Klarheit, Stetigkeit, Integrität und Vollkommenheit.[132] Sondern gerade mit Blick auf die Hand-

---

131 Hervorhebung v. Vf.

132 Gemeint ist die unnachahmliche Beschreibung von göttlicher Voll-

lungsdimension des Lebens gilt, dass es durch Unvollkommenheiten, Unstetigkeiten, Korruptionen und Unklarheiten gekennzeichnet ist. Das menschliche Leben vollzieht sich immer zwischen beiden Polen: dem Wunsch nach Klarheit, Stetigkeit, Integrität und Vollkommenheit und dem Erleben von Unvollkommenheit, Unstetigkeit, Korruption und Unklarheit.

Die Grundsituation des Menschen ist für Zwingli deshalb ein Kampf, ein Krieg oder ein Streit. Bereits im «Pestlied» spricht Zwingli mit Blick auf sein eigenes Ringen mit der Krankheit selbstbezüglich von «min stryt» (Z I, 69) beziehungsweise «meinem Kampf» (ZS I, 9). Und dieser Kampf ist für den Reformator immer auch ein ethischer «Kampf» (ZS III, 162), ein sittlicher «Krieg» (ZS III, 164) zwischen Gut und Böse, zwischen Untugend und Tugend, zwischen Leib und Geist. Für Zwinglis Darstellung wird vor dem Hintergrund seines Studiums der Paulusbriefe primär die letztere Differenz prägend, die er in Anlehnung an die paulinische Redeweise als Differenz von Fleisch und Geist beschreibt. Und diese Differenz ist für Zwingli eine Differenz, die sich auf der Ebene des menschlichen Willens abspielt.[133]

Der menschliche Wille ist immer zwischen Fleisch und Geist «hin- und hergerissen» (ZS III, 163). Zwingli stellt nüchtern fest: «Zwischen diesen beiden wirst du immer Krieg finden» (ZS III, 164). Es ist deshalb ein «dauernde[r] Kampf» (ZS III, 164), «ein immerwährender Kampf» (ZS III, 164) und es «ist zweifellos auch keiner frei von diesem Kampf» (ZS III, 165).

Diese beiden Bestimmtheiten des Willens kann Zwingli auch als den *äusseren* und den *inneren* Menschen bezeichnen. Der äussere Mensch ist der fleischliche, der leibliche, der untugendhafte und der

---

kommenheit, Stetigkeit, Integrität und Klarheit in Hölderlins berühmtem Schicksalslied aus dem «Hyperion». Vgl. Hölderlin, Hyperion, 143: «Schicksallos, wie der schlafende / Säugling, athmen die Himmlischen; / Keusch bewahrt / In bescheidener Knospe, / Blühet ewig / Ihnen der Geist, / Und die seeligen Augen / Bliken in stiller / Ewiger Klarheit.»

133 Vgl. dazu unter I, 2.2.

böse Mensch. Der innere Mensch hingegen ist der geistige, der tugendhafte und der gute Mensch. Der «alte und äussere Mensch [...] ist beherrscht von seinen Leidenschaften» (ZS I, 115). Im Gegensatz dazu gilt, dass der «innere oder neue Mensch viel zielstrebiger nach Gott trachten und viel gottähnlicher leben» (ebd.) will, «dass den inneren Menschen kein Gesetz oder Wort mehr erfreuen kann als das Wort Gottes» (ZS I, 118). Es geht für Zwingli in der Ethik also v. a. darum, dass «der alte und äussere Mensch erniedrigt und zerbrochen wird, damit der innere seine Gestalt zurück gewinne» (ZS I, 115f.).

Kennzeichen des äusseren Menschen, des Fleisches oder der fleischlichen Seite des Menschseins ist die «Selbst- oder Eigenliebe» (ZS III, 85) beziehungsweise die «Selbstsucht» (ZS III, 160). Selbst- oder Eigenliebe beziehungsweise Selbstsucht bedeuten, dass der Mensch stets darum bemüht ist, ein ruhiges Leben zu führen. Es heisst, dass der Mensch sich selbst von Natur aus liebt. Damit ist gemeint, dass der Mensch immer will, dass es ihm besser geht als den anderen. Mit Selbstsucht beziehungsweise Eigen- oder Selbstliebe wird zum Ausdruck gebracht, dass der Mensch sich selbst immer mehr als irgendetwas anderes (vor allem als Gott) will und dass sein Denken und Handeln nur um ihn selbst kreisen (vgl. ZS I, 236; ZS III, 78f., 82 u. 89). Mit der Eigen- oder Selbstliebe resp. mit der Selbstsucht ist also kurz v. a. eines gemeint: *der unausrottbare menschliche Egoismus.*[134]

Mit dem fleischlichen Willen meldet sich die Eigenliebe und mit der Eigenliebe die Untugenden, die Zwingli als «verdorbene Affekte» (ZS II, 227) oder «Laster» (ZS I, 241; ZS III, 107) bezeichnen kann. An verschiedenen Stellen seines Werkes hat Zwingli diese Untugenden zur Sprache gebracht, einzeln erörtert oder auch – nach paulinischem Vorbild – zu Untugendkatalogen zusammengefasst. Die von Zwingli

134 Vgl. dazu die Formulierung aus Zwinglis «Eine freundschaftliche und ernste Ermahnung der Eidgenossen» von 1524, wo es heisst: «Deshalb, ehrenhafte, gute etc., treue, liebe Eidgenossen, hört auf mit solch aufgeblasenem und egoistischem Getue, besonders mit dem *Eigennutzdenken, eurem grössten Feind.*» (ZS I, 313 [Hervorhebung v. Vf.])

für am schädlichsten erachteten und immer wieder auftauchenden Untugenden des Menschen sind:

> «Heuchelei» (ZS I, 127), «Eitelkeit, d. h. sein Hochmut und sein Prahlen» (ZS I, 87), «Ehrsucht, Habgier und sinnliche[...] Leidenschaften» und «Ungehorsam» (ZS I, 150), «Leichtfertigkeit, Herrschsucht und Kriegslust», die «Gewinnsucht», die «Schwatzhaftigkeit», das «Übermass an Wein», die «Fresslust», der «Irrsinn der Liebe», die «Geldgier», die «Ruhmsucht», der «Zorn», die «Verleumdung», das «Spiele[n] mit Würfeln», «List oder Lüge» (ZS I, 228–339)[135], «Gewinnstreben [und] Habsucht» (ZS I, 395), «Unwahrheit» (ZS II, 23), «Lästerung» (ZS II, 49), «Hochmut» (ZS II, 154,), «Eigennutz» (ZS II, 210), «eitle Ruhmsucht» (ZS II, 210), «Selbstüberschätzung» (ZS II, 215), «Habsucht» (ZS II, 293), «[s]chamlose[r] Ehebruch, öffentliche Gotteslästerung, Verführung von Jungfrauen, Völlerei, üble Nachrede, Müssiggang, Streitsucht, Kuppelei» (ZS II, 331), dass «er nach Ehre, Lust, Reichtum begierig ist» (ZS III, 81), «Ehrsucht und Eigennutz» (ZS III, 86), «Genusssucht» (ZS III, 156) und «Geld- und Ehrsucht» (ZS III, 416).

Grösste Untugend ist es, «keinen Glauben an Gott» (ZS III, 174) zu haben: *Unglaube*. Unglaube äussert sich in vielen Hinsichten und Facetten. Grundsätzlich handelt es sich um Unglauben, wenn der Glaube verweigert wird oder der Mensch einfach nicht glauben will. «Der Unglaube [ist] ‹Verweigerung von Vertrauen› oder ‹Nichtglaubenwollen›.» (ZS III, 175) Von Unglauben kann Zwingli auch sprechen, wenn Menschen nicht auf das Wort Gottes vertrauen, sondern äusserliche

---

135 Diese Kompilation stammt aus Zwinglis Schrift «Wie Jugendliche aus gutem Haus zu erziehen sind» von 1530. Die Stellen im Einzelnen sind: «Leichtfertigkeit, Herrschsucht und Kriegslust» (ZS I, 228), «Gewinnsucht» (ZS I, 230), «Schwatzhaftigkeit» (ZS I, 231), «Übermass an Wein» (ZS I, 232), «Fresslust» (ZS I, 233), «Irrsinn der Liebe» (ZS I, 234), «Geldgier» (ZS I, 234), «Ruhmsucht» (ZS I, 236, ZS III, 85), «eitle Ruhmsucht» (ZS II, 210), «Zorn» (ZS I, 238), «Verleumdung» (ZS I, 238), «Spielen[n] mit Würfeln» (ZS I, 239), «List oder Lüge» (ZS I, 239).

Zeichen und menschliche Beglaubigungen fordern. Unglauben liegt für Zwingli vor, wenn die Hoffnung auf endliche Güter gerichtet wird. Unglaube äussert sich darin, dass Eide geschworen oder Gelübde abgelegt werden. Unglauben heisst, auf Schutzpatrone zu vertrauen. Unglaube wird sichtbar, wenn Menschen nur nach eigenem Nutzen, nach Reputation oder Ehre streben. Und Unglaube wird erkennbar, wenn Menschen ein unreines Leben führen. Ungläubig ist, wer Gott und Christus verleugnet.[136]

Im Anschluss an Röm 1,28–31 hat Zwingli in seiner «Göttlichen Ermahnung der Schwyzer» von 1522 seinen grössten geschlossenen Untugend-Katalog präsentiert. Er umfasst:

> «Ungerechtigkeit, Unkeuschheit, Bosheit, Habgier, Schlechtigkeit, Hass, Eifer, Mordgier, Streitlust, Verschlagenheit, (sittliche) Haltlosigkeit, Ohrenbläserei, Verleumdung, Gottesfeindschaft, Lästerei, Protzerei, Prahlerei, Verschlagenheit, Ungehorsam (gegen Mutter und Vater), Unvernunft, Disziplinlosigkeit, Feindseligkeit, Unfriedfertigkeit und Unbarmherzigkeit.» (ZS I, 84)

Diese Untugenden säumen den «schmutzigen Weg dieses Lebens» (ZS III, 108). Und sie gehören unvermeidlich zu jedem Menschenleben dazu. Sich überhaupt auch nur einzubilden, man führe ein tugendhaftes Leben oder man sei dazu wenigstens von sich aus in der Lage, ist bereits Ausdruck von Untugend: Eitelkeit, Hochmut und Selbstüberschätzung.

---

136 Zur Forderung nach äusserlichen Beglaubigungen und menschlichen Zeugnissen vgl. z. B. ZS II, 23; zum Hoffen auf endliche Güter vgl. z. B. ZS II, 319; zu Eid und Gelübde vgl. ZS II, 321 u. 449; zu Schutzpatronen vgl. ZS III, 344; zum Streben nach Nutzen, Reputation und Ehre vgl. ZS II, 26; zum Abfall von der Kirche und unreinem Leben vgl. ZS III, 256 und zur Verleugnung Gottes und Christi vgl. ZS II, 449.

2.2 Christliche Tugend

Aber der Mensch ist der Macht der zahllosen und ihn stets anfechtenden Untugenden nicht schutzlos ausgeliefert. Der Christ kann und soll sich dem sittlichen Kampf stellen. Und um diesen Kampf siegreich zu bestreiten, kommt alles darauf an, dass sich der Christenmensch in diesem Krieg konsequent an den «Führer und Hauptmann [...] Christus Jesus» (ZS II, 59) hält.[137] Denn Jesus Christus ist die Verkörperung derjenigen Tugenden, mit denen der Mensch im sittlichen Streit über die Untugenden triumphieren kann. Zwingli ist sich sicher: Nur «Christus [ist] das vollkommenste Vorbild jeglicher *Tugend*»[138] (ZS I, 231). Und «alles Wissen und alle *Tugenden* sind in ihm»[139] (ZS IV, 53).

Zwingli betont dabei immer wieder, dass die wahre Tugend beziehungsweise die wahren Tugenden *allein aus Christus* geschöpft werden können. Zum Schluss kommen Alternativen – wie etwa die aris-

137 Zur Titulierung Christi als Hauptmann vgl. Locher, Christus unser Hauptmann, bes. 134f.: «‹Hauptmann› ist Christus, weil es sich beim Christentum um eine Sache handelt, für die man sterben können muss. Hauptmann ist Christus, weil rechter Glaube ein Treuegelöbnis in sich fasst: bis in den Tod – wie beim Militär. Hauptmann ist Christus, weil er Zeiten des Aufgebotes kennt, da es Ernst gilt (‹da ir erfordret werdend›). Hauptmann ist Christus, weil er mit seinem Gericht droht und seine Gnade verheisst, je nach dem wir uns in der Entscheidung verhalten (‹inn bekennend›). Hauptmann ist er, weil er unsere Sache beim obersten König vertritt, beim Vater für uns eintritt. Unser irdisches und unser künftiges Leben hat er in seine Fürsorge genommen; es liegt alles bei ihm in den besten Händen. Er sorgt für uns. Hauptmann ist er, weil er uns führt und insbesondere in den Entscheidungsstunden, Entscheidungskämpfen unseres Lebens oder unserer Kirche zugegen ist. Und weil er uns nicht verlässt, niemals. Und weil er stark und mächtig ist. Und weil wir ihm vertrauen (‹imm truwend›). Und es wundert uns nach dem Vernommenen nun auch nicht, dass in Verbindung mit dem Bild des Hauptmanns immer die Mahnung zum absoluten Gehorsam, und das heisst in christlichem Sinne zur Selbstverleugnung, erscheint.»

138 Hervorhebung v. Vf.

139 Hervorhebung v. Vf.

totelische Ethik – eben nicht ernsthaft in Frage.[140] Denn wie Zwingli es unter anderem im frühneuhochdeutschen Original von «Die freie Wahl der Speisen» von 1522 klar benannt hat, werden diejenigen in puncto Sittlichkeit immer Klage führen, «die das zuonemmen der tugenden uß dem Aristotele und nit uß Christo gelernet» (Z I, 126) – die das Zunehmen der Tugenden aus dem Aristoteles und nicht von Christus gelernt haben.[141] Bei den Tugenden, die als christliche Tugenden «unsere Tugenden» (ZS IV, 233) sein sollen, die Zwingli immer wieder anführt, handelt es sich vor allem um:

> «Demut und Sanftmut, unentwegte[ ] Nachsicht» (ZS I, 83), «Einigkeit durch das Band des Friedens» (ZS I, 83), «Einigkeit in Christus» (ZS I, 106), «Gerechtigkeit, Glauben, Barmherzigkeit» (ZS I, 228), «Gehorsam […] gegenüber Gott, dann aber auch gegenüber den Menschen, denen zu gehorchen Gott befohlen hat» (ZS II, 317), «Gottesfurcht» (ZS III, 363), «Freundschaft» (Z II, 370) «Mässigung, Geduld, Freude» (ZS IV, 45), «Standhaftigkeit» (ZS IV, 85) und «Reinlichkeit» (Z I, 233)[142].

Ein weiterer Katalog mit explizit als Tugenden bezeichneten Eigenschaften findet sich in der Erziehungsschrift von 1526 «Wie man die Jugend in guten Sitten und christlicher Zucht erziehen und lehren soll». Hier werden von Zwingli als Tugenden aufgerufen: Frömmigkeit, Gerechtigkeit, Treue, Glauben, Wahrheit und Standhaftigkeit. Sie alle sind Tugenden, mit denen der sittlich handelnde Christ dem Vaterland und auch jedem einzelnen Sünder dienstbar ist und reiche

---

140 Vgl. dazu unter I, 2.2.

141 Die hochdeutsche Übersetzung von ZS ist hier missverständlich und gibt – die tugendethische Note ausblendend – wieder: «Wer zur Pflege und Förderung guter Sitten bei Aristoteles und nicht bei Christus in die Schule gegangen ist […].»

142 «Reynigheit ist on zwyfel gar ein kluoge gab unnd tugend.» (Z I, 233) Vgl. auch a. a. O., 227, die «tugend der reynigheit».

Frucht schafft.[143] Neben diesen Einzeltugenden, die von Zwingli immer wieder aufgerufen werden, scheinen besonders drei Tugenden immer wieder auf. Und zwar betrifft das die klassisch christliche Tugendtrias von Glaube, Liebe und Hoffnung. Und genau im Herzen der Ethik Zwinglis steht (wie bei Erasmus) die neutestamentliche Trias von Glaube, Liebe und Hoffnung.

2.2.1 Die Trias von Glaube, Liebe und Hoffnung

Von herausragender Bedeutung innerhalb der christlichen Tugenden sind für Zwingli die klassisch christlichen Kardinaltugenden Glaube, Liebe und Hoffnung. Die Trias von Glaube, Liebe und Hoffnung begegnet bereits im Neuen Testament. Im 13. Kapitel seines 1. Briefes an die Christinnen und Christen in Korinth hatte der Apostel Paulus diese Dreiheit etabliert (1Kor 13,13)[144].

Bei Zwingli begegnet diese Trias von Glaube, Liebe und Hoffnung zum Beispiel in seiner «Kurze[n] und gemeinen Form, Kinder zu taufen» von 1528. Dort bittet die taufende Gemeinde, dass der Täufling ein christliches Leben führen möge. Und das bedeutet, ein Leben zu führen mit wahrem *Glauben*, steifer *Hoffnung* und inbrünstiger *Liebe* («mit warem *glouben*, styffer *hoffnung* und ynbrünstiger *liebe*» [Z 6.5, 428]).[145] Und entsprechend der Voraussetzung, dass Gott das höchste Gut und die Summe aller Tugenden ist, kommt bei Gott selbst die Dreiheit von Glaube, Liebe und Hoffnung zum Stehen, wie Zwingli u. a. in seinen Schlussreden von 1523 geäussert hat:

143 Vgl. Z V, 442: «frombkeyt, gerechtigkeit, trüw, glouben, warheit und standhaftigkeyt trachten und stellen, darinnen sich ueben; dann *mit sölichen tugenden* mag er gmeiner Christenheyt, gmeinem nutz, sinem vatterland, ouch allen und yedem insunders nütz sin unnd frucht schaffen.» (Hervorhebung v. Vf.)

144 Vgl. auch 1Thess 1,3.

145 Hervorhebungen v. Vf.

> «Schau, wo der wahre *Glaube* ist – ein Glaube, der nicht von der *Liebe* abgetrennt ist, weil es ohne zuversichtliche *Hoffnung* und Liebe keinen Glauben gibt –, da ist Gott.» (ZS II, 48)

Die Trias von Glaube, Liebe und Hoffnung wird von Zwingli aber nicht systematisch entfaltet, sondern Glaube, Liebe und Hoffnung erscheinen mitunter als austauschbare Wechselbegriffe.[146] Dennoch lassen sich in Bezug auf die Beschreibung der einzelnen Tugenden von Glaube, Liebe und Hoffnung gewisse spezifische Nuancen erkennen und herausarbeiten.

a) Glaube

Für Zwinglis Verständnis des Glaubens sind wenigstens *zwei* Dinge von zentraler Bedeutung. Das *Erste* ist, dass Glauben es mit Vertrauen zu tun hat. Glauben bedeutet Vertrauen. Und Vertrauen steht für ein unbedingtes Sich-auf-etwas-Verlassen. Und das, worauf sich der Christenmensch nach Zwingli unbedingt verlassen kann, ist Gott. Gott hat sich dem Menschen in seinem Wort und in seinem Sohn Jesus Christus gezeigt und mitgeteilt. Jesus Christus steht dabei nicht nur für die Repräsentation der vollkommenen Tugenden, sondern auch dafür, dass er mit seinem Lebensopfer für die Menschen eingetreten ist. Durch seinen Kreuzestod hat Christus die Makel der menschlichen Tugend ausgeglichen und so den Menschen wieder Zugang zu Gott verschafft.[147] Und darauf dürfen, können und sollen Christinnen und Christen unbedingt vertrauen. Glauben bedeutet für Zwingli also kurz, dass

> «wir [...] unser ganzes Vertrauen auf sein Wort und seine Verheissung setzen und uns auf sie verlassen, [... dass] sich ein jeder Christ mit seinem

146 Vgl. auch ZS III, 363: «Wer aber nicht versteht, dass *Glaube*, *Hoffnung* und *Liebe* dasselbe sind, nämlich das Vertrauen auf Gott, dem werden viele Knoten in der Bibel ungelöst bleiben.» (Hervorhebungen v. Vf.)

147 Vgl. dazu ZS II, 215: «Der Glaube ist nichts anderes als das sichere Unterpfand, mit dem sich der Mensch auf das Verdienst Christi verlässt.»

> ganzen Herzen und seinem ganzen Glauben allein auf Christus verlassen und seinem Wort vorbehaltlos vertrauen [soll]» (ZS I, 28).[148]

Besteht Glauben darin, dass der Mensch sich ganz auf Gott, sein Wort und Jesus Christus verlässt, heisst dies – und das ist das *Zweite*, was wichtig ist –, dass der Mensch sich nicht auf sich selbst verlassen kann, darf und soll. Der Mensch neigt nach Zwingli allerdings notorisch dazu, zuallererst sich selber zu vertrauen, sich nur auf sich selbst zu verlassen. Am liebsten macht der Mensch sich selbst zum Grund unbedingten Vertrauens.[149] Doch vor dem Hintergrund der menschlichen Untugend ist der Mensch selbst für Zwingli freilich ein denkbar schlechter Vertrauensgrund. Der Mensch neigt dazu, nicht nur seinen Mitmenschen, sondern auch und vor allem sich selbst mit Unwahrheit, Heuchelei, Hochmut, Überheblichkeit etc. zu begegnen. Das führt zu dem – für Zwingli aussichtslosen – Versuch, aus sich selbst ein tugendhaftes Leben führen zu wollen beziehungsweise zu meinen, dies sei möglich. Doch das ist (wie oben gesehen) Unglaube.

Um Glauben im strengen Sinne handelt es sich also erst dann, wenn der Mensch sich eingesteht, dass er unter der Macht und dem Einfluss der Untugenden steht und dass er von sich aus eben nicht in der Lage ist, ein tugendhaftes Leben zu führen. Der Mensch muss zur Einsicht kommen, dass er dem höchsten Gut, so wie es durch Gott dargestellt und repräsentiert wird, nicht genügen kann. Der Mensch muss sich eingestehen, dass er trotz aller Anstrengungen dem höchs-

148 Vgl. auch ZS IV, 228: «Der Glaube ist die wahre und von der Gottheit bestehende Sache, auf die allein zu Recht gehofft wird, die dem Menschen gegeben ist, durch die er gewiss und fest auf den unsichtbaren Gott vertraut.» Vgl. auch ZS IV, 228: «So ist der Glaube ferner die volle Überzeugung, das heisst die offenbare und feste Erkenntnis Gottes und die Hoffnung auf ihn.» Und vgl. auch ZS IV, 229: «So ist der Glaube Licht und Sicherheit der Seele, mit dem sie zu erkennen weiss, dass jener einzige und wahre Gott allein ihr Heil und Füllhorn ist.»

149 Zu den verschiedenen Formen des Vertrauens (Selbst-, Welt- und Gottvertrauen), vgl. Neugebauer, (Erschüttertes) Gottvertrauen, v. a. 26ff.

ten Gut nicht gerecht wird und nicht gerecht werden kann. Der erste und wichtigste Akt des Glaubens ist daher, dass der Mensch «*sich selbst aufgibt* und der Barmherzigkeit Gottes anvertraut und täglich von neuem sich aufrafft, ein christliches Leben zu führen» (ZS II, 268)[150] oder mit anderen Worten Zwinglis: «Glauben ist [...] der Verzicht, *seinem* Verdienst etwas zuzuschreiben.» (ZS II, 216)[151]

Diese Einstellung des Glaubens, dass der Mensch sich seine ethische Unvollkommenheit eingesteht und im Vertrauen auf Gott und Jesus Christus ein tugendhaftes Leben anstrebt, kann Zwingli mit Rückgriff auf die kirchliche Tradition auch als *Busse* beschreiben. Der kirchliche Bussgedanke geht zurück auf das Neue Testament. Dieser Überlieferung zufolge war es zunächst Johannes der Täufer, der am Jordan seine Zeitgenossen zur Umkehr aufrief. Sie sollten ihr bisheriges, unvollkommenes Leben hinter sich lassen und eben «umkehren». Mit der Taufe wurde das alte Leben zeichenhaft abgewaschen und die Getauften gingen gewissermassen gereinigt in ein neues Leben. Genau das war der ursprüngliche Sinn der Taufe: die «Taufe zur Umkehr», die «Taufe zur Busse» von der das Markusevangelium berichtet (Mk 1,4).[152] Nachdem Jesus von Johannes dem Täufer getauft worden war, zog er als Wanderprediger durch Galiläa, predigte das Anbrechen des Reiches Gottes und rief dementsprechend zur Busse auf:

> «Erfüllt ist die Zeit, und nahe gekommen ist das Reich Gottes. *Kehrt um* und glaubt an das Evangelium!» (Mk 1,15)[153]

---

150 Hervorhebung v. Vf.

151 Hervorhebung v. Vf. Vgl. auch ZS II 215f.: «Der Glaube ist kein Werk [...], sondern Ruhe und Gewissheit angesichts des Verdiensts Christi.» Vgl. auch ZS II, 217: «Der Glaube lehrt uns, dass Gott alles wirkt und wir nichts.» Und ebd.: Es ist der Glaube, «dass Gott alle Dinge wirkt».

152 Gemeint ist die im Markusevangelium aufgerufene «βάπτισμα μετανοίας» («baptisma metanoias»), also die Taufe, die für eine substantielle Veränderung der Einstellung und des Lebenswandels steht.

153 Zit. nach der Zürcher Bibel 2007 (Hervorhebung v. Vf.).

Exakt diese Einstellung des bewussten Umkehrens und des Sich-Einlassens auf das Evangelium von Jesus Christus ist für Zwingli Busse. Und diese Busse ist für ihn Kennzeichen des *ganzen* christlich-gläubigen Lebens, wie es pointiert im lateinischen Original des «Commentarius» von 1525 heisst: «Est ergo *tota* Christiani hominis vita poenitentia»[154] (Z III, 695) – «Darum ist das *ganze* Christenleben eine Busse»[155] (ZS III, 135).

b) Liebe

Die christliche Tugend der Liebe ist für Zwingli ebenfalls eine zentrale Tugend. Und wie sich das Verständnis des Glaubens erschliesst vom Phänomen des Unglaubens her, so zeichnen sich die Konturen der christlichen Tugend der Liebe deutlicher ab vor dem, was Zwingli zur Selbstliebe sagt. Die christliche Tugend der Liebe meint allgemein zunächst das strikte Gegenteil der beschriebenen Äusserungsformen der Selbstliebe: Selbstsucht, Selbstbezogenheit, Ruhe des eigenen Lebens etc., kurz: *des unausrottbaren menschlichen Egoismus*.

Die Liebe als christliche Tugend ist aber nicht nur das Gegenteil all dessen, sondern sie kann darüber hinaus auch positiv qualifiziert werden. Hilfreich ist hier die moderne Unterscheidung zwischen Individual- und Sozialethik. Individualethik meint eine ethische Fragehinsicht, bei der es primär um das Individuum und die ethischen Einstellungen der einzelnen Person geht. Sozialethik hingegen richtet den Fokus nicht nur auf die einzelnen Personen und ihre ethischen Einstellungen, sondern fragt in erster Linie danach, wie das gemeinschaftliche Miteinander, wie Soziabilität gelingen kann.

Beide Perspektiven kommen in dem, was Zwingli unter der christlichen Tugend der Liebe versteht, überein. In individualethischer Hinsicht ist die Liebe als christliche Tugend eben nicht Selbstliebe, sondern Gottesliebe, Liebe zu Gott im Sinne unbedingten Vertrauens auf

154 Hervorhebung v. Vf.
155 Hervorhebung v. Vf.

ihn, sein Wort sowie Wort und Werk seines Sohnes Jesus Christus. Darum erscheinen Glaube und Liebe mitunter als Austauschbegriffe. In sozialethischer Hinsicht (also, wenn es darum geht, die Gemeinschaft der Menschen, das Sozialwesen, die Soziabilität mit in den Blick zu nehmen) ist die christliche Tugend der Liebe Nächstenliebe.

Was Nächstenliebe ist, illustriert Zwingli vor dem Hintergrund der sogenannten goldenen Regel. Die goldene Regel besagt, dass man das, was man wünscht, das es einem selbst getan werden soll, auch den anderen tut. Und umgekehrt: Die goldene Regel gibt vor, dass man das, von dem man will, das es einem nicht getan werden soll, anderen auch nicht tut. Zwingli bezeichnet dies als das «Gesetz der Natur» oder als «Gebot der Natur» (ZS I, 180)[156]. Und von diesem natürlichen Gesetz gilt, dass «Christus es mit der Liebe durchsüsst hat. [...] Dieses Gesetz macht Christus mit der Liebe süss» (ZS I, 180). Das Ergebnis ist das Gebot der Nächsten*liebe*, dass man also seinen Nächsten lieben solle wie sich selbst. Das ist der Kern der Bergpredigt.

Wie bereits festgehalten, kommen beide Hinsichten (das individuelle Moment der Gottesliebe und das soziale Moment der Nächstenliebe) überein. Dabei ist es so, dass das eine die Voraussetzung des anderen bildet. Konkret heisst das, dass aus dem Standpunkt der Liebe zu Gott die Liebe zum Nächsten resultiert. Zwingli selbst:

> «Wo Liebe zu Gott ist [...] da entspringen *jene Tugenden*, die Paulus im Galaterbrief 5,22 aufzählt: ‹Liebe, Freude, Nachsicht oder Geduld, Freundlichkeit oder Dienstfertigkeit, Güte, Treue oder Zuverlässigkeit, Sanftmut und Mässigung›. *Dies sind die rechten christlichen Tugenden.*» (ZS II, 54)[157]

---

156 Vgl. zum «Gesetz der Natur» auch ZS II, 372ff.
157 Hervorhebungen v. Vf.

c) Hoffnung

Die christliche Tugend der Hoffnung wird bereits im «Pestlied» Zwinglis aufgerufen.[158] Von den grossen Tugenden der Trias Glaube, Liebe und Hoffnung ist die Hoffnung die einzige, die ausdrücklich in diesem frühen Text auftaucht. Und die Hoffnung, die im «Pestlied» zur Geltung gebracht wird, ist ganz klar eine Hoffnung auf Gott. Die leidende Kreatur spürt, wie alle Bezugspunkte von Vertrauen (Vertrauen in die eigene Stärke, in die eigenen Heilungskräfte, in die Kunst der Ärzte etc.) mehr und mehr an Relevanz und Bedeutung verlieren. Die Hoffnung auf Gott wird in dem Moment zum entscheidenden Bezugspunkt, in dem physischer Schmerz und der damit verbundene psychische Druck uferlos werden. So schreibt Zwingli selbst im «Pestlied»:

«Die Kranckheit wachßt;
Wee und angst faßt
min seel und lyb.
Darumb dich schyb
gen mir, einiger trost, mit gnad,
die gwüß erlößt
ein yeden, der
sin hertzlich bgär
und hoffnung setzt
in dich, verschetzt
darzuo diß zyt all nutz
und schad.» (Z I, 68)[160]

«Die Krankheit wächst;
Weh und Angst fasst
mein Seel' und Leib.
Darum dich schieb
zu mir, einig' Trost, mit Gnaden,
die g'wiss erlöst
ein' jeden, der
sein herzlich B'gehr
und Hoffnung setzt,
in dich, abschätzt[159]
dazu d'er Zeiten Nutz' und
Schaden.»[161]

Wie auch im Zusammenhang der Erörterung der christlichen Tugend des Glaubens sind an dieser Stelle *zwei* Sachverhalte wichtig. Für den

158 Vgl. dazu unter I, 3.

159 Der Ausdruck «abschätz» ist zu verstehen im Sinne von «sich abschätzig, verachtend zu etwas verhalten».

160 Hervorhebung v. Vf.

161 Übersetzung und Hervorhebungen v. Vf.

ersten sind gerade die letzten drei Zeilen des oben stehenden Auszugs aus dem «Pestlied» einmal mehr aufschlussreich. Von ethisch übergeordnetem Interesse sind hier die spezielle Rücksicht und der spezifische Blick des Kranken auf «diß zyt all nutz und schad» also «dieser Zeiten Nutzen und Schaden».

Allein das ist ungemein interessant. Denn das besagt: Es kommt bei der Hoffnung *nicht* darauf an, eine nüchterne Nutzen-Schaden-Abwägung durchzuführen. Das ethische Konzept, auf das Zwingli (in abgrenzender Hinsicht) abhebt, ist heutigentags wohlvertraut: Hoffnung ist ein Nutzen-Kalkül. Ich setze meine Hoffnungen auf das, was den grössten Erfolg verspricht. Der nachmalige Utilitarismus hat diese Sichtweise später in die Form einer rationalen Philosophie überführt. Und in der Neuzeit (und offenbar schon davor) hat dieses Konzept eine beinahe atemberaubende Dynamik entwickelt.

Allerdings: Davon ist Zwingli weit entfernt. Denn Hoffnung, die sich der Logik von «nutz und schad» einzeichnet, ist keine echte Hoffnung. Sie gibt sich allein einem abstrakten Traum hin: dem Traum und der Illusion, dass eine Nutzen-Schaden-Abwägung das Fundament gelingenden Lebens darstellen könne.

Das *Zweite* und die Konsequenz ist, dass das Objekt, auf das sich die Hoffnung im strengen Sinne richtet, im christlich verstandenen Sinne kein profanes Objekt sein darf. Eine solche Hoffnung wäre in den Augen Zwinglis falsche und trügerische Hoffnung. Um trügerische und falsche Hoffnung handelt es sich, wenn die Hoffnung auf endliche und vorläufige Güter gesetzt wird. Dies ist zum Schluss nichts anderes als Götzendienst, als (Selbst-)Betrug oder Abgötterei. Zwingli ist sich sicher,

> «dass es verdammenswert ist, seine Hoffnung auf ein Geschöpf zu setzen» (ZS II, 202). Und: «[D]ie Hoffnung, […] in die Geschöpfe zu setzen [ist] reiner Betrug, Falschheit und Abgötterei.» (ZS II, 233) Und weiter: «[A]lles nämlich, was seine Hoffnung auf ein Geschöpf setzt, ist Götzendienst. So tadelt auch Paulus die Habsucht zu Recht als Götzendienst, weil der Habsüchtige seine Hoffnung allein auf die Habe setzt.» (ZS II, 110f.)

Das alles ist der von Zwingli so genannte «Betrug der falschen Hoffnung» (ZS II, 202). Recht verstandene christliche Hoffnung darf sich nicht in einer Schaden-Nutzen-Analyse erschöpfen. Sie darf auch nicht krampfhaft an endlichen Gütern festhalten. Der Bezugspunkt, auf den sich christliches Hoffen richtet, ist für Zwingli allein Gott als das höchste Gut und die Summe aller Tugenden, sein ewiges Wort und Jesus Christus als der Sohn, der den Zugang zu diesem Gut gewährt. Es geht Zwingli nur und allein darum, «*alle* Hoffnung auf Gott zu setzen»[162] (ZS II, 337). Er will davon überzeugen, «dass wir alle Hoffnung auf einen Mittler setzen» (ZS II, 193), um Hoffnung als Zuversicht, also «zuversichtliche Hoffnung» (ZS II, 43) geniessen zu können.

2.3 Der «innere Frieden» als der Lohn der Tugend

Der sittliche Streit, der ethische Kampf oder die moralischen Auseinandersetzungen, die in jedem Menschen toben, können in der Orientierung an Christus siegreich gemeistert werden. Das Ziel, das jeder Christ und jede Christin vor Augen hat, ist die Beilegung des sittlichen Kampfes: *Frieden*.

Dieser Frieden ist zunächst ein *innerer* Frieden. Zwingli teilt an dieser Stelle einmal mehr die Unterscheidung von innerem und äusserem Menschen. Diese Unterscheidung ist von grosser Relevanz und betrifft wieder Zwinglis Menschenbild, seine Anthropologie. Gemeint ist mit dieser Unterscheidung nichts anderes, als was bereits oben dargelegt wurde, nämlich, dass der menschliche Wille ein Ineinander von Fleisch und Geist, von Böse und Gut ist, dass er sich in Spannung befindet zwischen Untugend und Tugend. Triumphiert der äussere Mensch, also das Fleisch, das Böse, die Untugend oder der Leib, dann herrscht Krieg. Die Untugenden äussern sich mit all ihrer Macht. Gewinnen hingegen der Geist, das Gute oder die Tugend die Oberhand,

162 Hervorhebung v. Vf.

so kehrt Frieden ein. Frieden ganz im Sinne eines zufriedenen Zustands der Seele.[163]

Der Frieden, der im gewonnenen Kampf des Christenmenschen eine Rolle spielt, ist deshalb zunächst ein *innerer* Frieden. Zwingli spricht in diesem Kontext auch von «Trost und Ruhe» (ZS III, 90), «Ruhe und Frieden» (ZS III, 98), «Ruhe und Ergötzung» (ZS III, 99) oder «Ruhe […] und Sabbat» (ZS II, 217). Und das entspricht nach Zwingli Gottes unendlich gutem Willen, weil für ihn gilt: «Gott hat uns nämlich berufen, *im Frieden zu leben*.»[164] (ZS II, 393) Denn Gott ist nicht «ein Gott des Streites und der Zwietracht, sondern der Einigkeit und des Friedens» (ZS III, 221).

Dieser *innere* Frieden des einzelnen Christen ist sodann unterschieden vom *falschen* Frieden. In seiner Schrift «Der Hirt» von 1524 spricht Zwingli vom *falschen* Frieden der *falschen* Hirten. Inbegriff des falschen Hirten ist für Zwingli der Papst. Den Hintergrund bildet hier das Renaissance-Papsttum. Als Zwingli seine Schrift «Der Hirt» verfasste, war Clemens VII. Papst.

Clemens VII. war ein Medici (Giulio de' Medici) und unehelicher Sohn des einflussreichen Florentiners Giuliano di Piero de' Medici. Clemens VII. ist im kollektiven Gedächtnis seiner Zeitgenossen haften geblieben vor allem aufgrund seiner unrühmlichen Rolle im Zuge des *Sacco di Roma*, also der verhängnisvollen Plünderung der Stadt Roms hauptsächlich durch deutsche Landsknechte (6. Mai 1527). Hier hatte er sich so feige wie erfolglos in der Engelsburg verschanzt. Der grösste Teil der Schweizergarde kam dabei ums Leben. Und die Stadt Rom war nach diesem gigantischen Raubzug mit seinen Tötungen,

163 Dieser Gedanke erinnert auch an Augustinus. Vgl. dazu den berühmten Satz aus dem ersten Buch der «Bekenntnisse» («Confessiones») des Augustinus: «[D]enn auf dich hin hast du uns gemacht, und unruhig ist unser Herz, bis es ruht in dir.» (Augustinus, Bekenntnisse, 33 [I, 1]) Im lat. Orig.: «[F]ecisti nos ad te et inquietum est cor nostrum, donec requiescat in te.» (Augustinus, Confessiones, 3 [I, 1])

164 Hervorhebung v. Vf.

Kunstvernichtungen und Vergewaltigungen nicht mehr die gleiche. Und weil Clemens VII. zuvor aus Kostengründen das Militär drastisch verkleinert hatte, wurde ihm ein grosser Teil der Schuld an der Katastrophe angelastet.

Genauso wichtig wie diese schlimme Episode ist jedoch die Rolle Clemens' VII. als Vertreter des epochemachenden italienischen Renaissance-Papsttums. Weil die Päpste der Renaissance politisch, das heisst insbesondere fiskal und militärisch die Geschicke Europas mitbestimmten, trat das genuin Christliche als Gestaltungskraft fatal in den Hintergrund. Die Päpste der Renaissance waren von profanen politischen Akteuren kaum mehr unterscheidbar. Sie feierten Orgien, gaben sich der Promiskuität hin, häuften Besitztümer an, praktizierten Vetternwirtschaft, machten Politik und führten Kriege. Speziell die Päpste aus dem Umfeld der Medici-Familie haben hier ein trauriges und nie wirklich aufgearbeitetes Erbe hinterlassen.

Und hier knüpft Zwingli an. Leidenschaftlich prangert er theologische und ethische Verirrungen an. Der Papst wird nachgerade zum Gegenbild des Hirten, also zum *oppositum* des Führers und Leiters der Christenheit stilisiert. Der Papst ist kein Hirt mehr, sondern er hat sich der Herde und v. a. ihren schlimmsten Auswüchsen gemein gemacht. Deshalb ist dieser Hirt ein *falscher* Hirt. Falsch ist er, weil er alle Untugenden in sich vereint, wenn er in «Saus und Braus [lebt und] sich nur auf seine Vernunft und seine Träume» (ZS I, 306) stützt.

Und ein falscher Hirt bringt falschen Frieden hervor. Falsch ist dieser Frieden, weil es sich bei dem durch den falschen Hirten hergestellten Frieden um einen gekauften und nur von aussen hergestellten Frieden handelt. Der Papst nimmt teil am europäischen Wettbewerb der Kräfte und bedient sich dabei der gleichen Mittel wie die Mitbewerber. Und im Zuge dieses Machtgerangels wird auch der Papst und mit ihm das Papsttum zerrieben. Die (vorläufige) fast völlige Vernichtung der Schweizergarde im Zuge des *Sacco di Roma* ist nur *ein* bezeichnendes Beispiel.

Ein falscher Hirt bringt also falschen Frieden hervor. Der Friede wird *ab extra,* also *von aussen* an- und ausgerufen. Und dieser äussere

Frieden hält nicht. Es ist an dieser Stelle etwa genauso wie mit dem Baum und seinen Früchten. Und Zwingli erinnert in diesem Zusammenhang an die friedensethisch hochrelevante Stelle aus dem Buch des Propheten Jeremia:

> «Und nur scheinbar geheilt haben sie den Zusammenbruch meines Volks, als sie sagten: *Friede! Friede! Doch da ist kein Friede.*» (Jer 6,14)[165]

Die Beschwörung des Friedens allein reicht eben nicht. Sie ist – wie Zwingli im Anschluss an den Propheten Jeremia klipp und klar sagt – *scheinbar*. Sie hat den Charakter des Unwirklichen und zum Schluss Unrealistischen. Der Frieden von aussen, *pax ab extra*, ist eine Fehlkonstruktion. Er ist aufgebaut auf missverstandenen Diktats- und Interessensphantasien. Der Frieden *ab extra* ist gespeist aus den Quellen der Untugend. Dieser falsche Frieden bedient nur die menschliche, allzu menschliche Selbstbezogenheit und Selbstliebe. Und das ist kein Frieden, sondern allenfalls ein Zerrbild desselben.

Echter Frieden hingegen, das wirklich Friedvolle kommt von innen. Er ist ein Produkt des inneren Menschen. Denn wenn der einzelne Mensch sich zum Durchgangspunkt des göttlichen Guten macht, dann er- und entsteht Frieden. Wenn das göttliche Gute im menschlichen Unguten Platz greift, entsteht Frieden. Denn dann werden die aus der menschlichen Selbstliebe geborenen Untugenden zum Schweigen gebracht und in Stillstand versetzt. Frieden ist die Abwesenheit aller Egoismen. Frieden ist unbedingtes Vertrauen auf Gott, sein Wort und seinen Sohn: Jesus Christus.

Deshalb ist dieser echte, innere Frieden nur erreichbar in der Orientierung an Christus selber. Denn Christus selbst – und nur er selbst – steht für die Abwesenheit aller Egoismen. Und mehr noch: Jesus Christus steht für den erfolgversprechenden Versuch, ein inwendig und auswendig friedliches Leben zu führen. Der Hauptpunkt

---

165 Zit. nach der Zürcher Bibel 2007 (Hervorhebung v. Vf.).

der christlichen Religion heisst «Frieden schliessen, das heisst, die Künste des christlichen Friedens rein und recht kennen» (ZS IV, 140). Und der innere Frieden ist Ausgangspunkt und Grund des äusseren Friedens. Das führt Zwingli zu einer denkbar einfachen Tugendregel, nämlich,

> «dass in jeder Handlung oder in jeder Entscheidung wenigstens teilweise die *Tugend* Christi nachzuahmen versucht [wird], so weit dies der menschlichen *Tugend* möglich ist» (ZS I, 231), damit «wir selbst etwas *Gutes* hervorbringen»[166] (ZS II, 101).

Und spätestens hier wird der innere Zusammenhang von Tugenden und dem höchsten Gut mehr als deutlich. Der Vollzug der christlichen Tugenden dient zu nichts anderem als der Hervorbringung des Guten, des höchsten Guts. Es ist die Gabe und Aufgabe der (gebrochenen) Kreatur, *momentum* (Moment, Durchgangspunkt) des Guten zu sein. Und Moment des Guten zu sein heisst, Gott in Jesus Christus zu vertrauen.

Selbstvertrauen ist hingegen eine fragile Struktur. Die der Wiederholung von Vertrauen auf sich selbst unendlich überlegene Struktur ist Gottvertrauen. Aus der Position des Gottvertrauens ergibt sich die Einsicht, dass der Grund unbedingten Vertrauens nicht der Mensch selbst sein kann, sondern an diese Stelle nur Gott selbst treten kann. Vertrauen ist deshalb konsequent Glauben und Glauben folgerichtig unbedingtes Vertrauen, wie Zwingli mit einem seiner häufig wiederkehrenden Kettenschlüsse deutlich macht. Der oben benannte innere Frieden ist zum Schluss nichts anderes als die Konsequenz der Haltung des Glaubens. Und aus diesem Glauben keimen die entsprechenden Taten und Handlungen.

> «Dieser Glaube, dass Gott alle Dinge wirkt, nimmt zu und wächst, jedoch allein durch Gottes Wirken. Und je mehr der Glaube wächst, desto mehr

---

166 Hervorhebungen v. Vf.

nehmen auch die guten Werke zu; denn je grösser der Glaube wird, desto grösser ist Gott in dir. Je grösser Gott in dir ist, desto grösser ist auch die Wirkung des Guten in dir. Denn Gott ist die Kraft alles Guten und ein unwandelbares Wirken; denn wenn er zu wirken aufhörte, wäre er wandelbar.» (ZS II, 217)

Die christlichen Tugenden werden im gebrochenen menschlichen Leben nicht so realisiert, wie sie an Jesus Christus gesehen und abgelesen werden können. Sondern im Vollzug des menschlichen Lebens kann der Christenmensch es allenfalls versuchen, sich der vollendeten Tugendhaftigkeit Christi anzunähern. Im wirklichen Leben wird es immer Rückfälle, Untugend und unvollkommene Ausübung der christlichen Tugenden geben.

Ein Paradebeispiel, an dem Zwingli dies im Einzelnen durchbuchstabiert hat, ist die Tugend der *Gerechtigkeit*. In seiner 1523 erschienenen Schrift «Göttliche und menschliche Gerechtigkeit» – die zu den wichtigen ethischen Texten Zwinglis gezählt werden darf –[167] hat Zwingli klar unterschieden zwischen der menschlichen und der göttlichen Gerechtigkeit. Die Tugend der Gerechtigkeit ist gewissermassen Exempel und Prüfstein zugleich.

2.4 Prüfstein und Exempel: Gerechtigkeit

In der Theologie- und Philosophiegeschichte ist *Gerechtigkeit* gewissermassen ein Dauerthema. Alle grossen Theologen und Philosophen haben sich ihr zugewandt. Das Spektrum reicht an dieser Stelle von Platon über Aristoteles, Augustinus, Thomas von Aquin über Kant bis zum amerikanischen Philosophen John Rawls, um nur einige prominente Beispiele zu nennen.

---

167 Peter Opitz bezeichnet diesen Text ausdrücklich als «Grundsatzschrift» (Opitz, Zwingli, 50).

Für Platon bedeutete Gerechtigkeit, dass ein jeder nach seinen Fähigkeiten die entsprechende Stellung im Staat einnimmt, dass also jemand mit landwirtschaftlichen Fähigkeiten Landwirt, einer mit handwerklichen Fähigkeiten Handwerker, ein Mensch mit körperlichen und taktischen Fähigkeiten Krieger und eine Person mit philosophischen Fähigkeiten Politiker wird. Gerechtigkeit ist also, dass *jeder das Seinige tut*.[168] Als ungerecht galt es Platon umgekehrt, wenn z. B. ein Bauer Politiker oder ein Handwerker Soldat werden wollte.

Für Aristoteles bestand die Tugend der Gerechtigkeit in der Fähigkeit, eine Mitte zu finden zwischen zu viel und zu wenig. Dabei unterschied er zwischen einer Gerechtigkeit, die allen das Gleiche zuteilt und einer Gerechtigkeit, die beim Verteilen das Verdienst und das Bedürfnis berücksichtigt (Verteilungs- und Anerkennungsgerechtigkeit = *iustitia distributiva et coercitiva*).

Augustinus' Verständnis der Gerechtigkeit ist klar eingezeichnet in sein Konzept der Rechenschaft. Gerecht ist es, wenn Menschen für ihre Ungerechtigkeit «verdiente Strafen erhalten» und für ihr gerechtes Tun den «verdienten Lohn empfangen»[169].

Bei Thomas von Aquin ist die Gerechtigkeit auch eine Tugend im aristotelischen Sinne. Die Darstellung der Gerechtigkeit ist bei Thomas geleitet durch die Vorstellung des sogenannten allgemeinen Gutes (*bonum commune*).[170]

> «*Bonum commune est finis singularum personarum in communitate existentium*» – «Das gemeinsame Gute ist das Ziel der einzelnen in einer Gemeinschaft existierenden Personen.»[171]

---

168 Das ist das bekannte «Jedem das Seine» (*suum cuique*). Im gr. Orig.: «δικαιοσύνη εἶναι τὸ αὑτοῦ πράττειν» («dikaiosyne einai to autou prattein») – «Gerechtigkeit ist, dass Jeder das Seine tut.» (Platon, Staat, 433b)

169 Augustinus, Unterricht, 83.

170 Vgl. dazu Arnold, Vertrag und Verteilung, 56ff.

171 Thomas v. Aquin, Summa Theologica, II-II, q. 58, a 9 ad 3 [Hervorhebung v. Vf.]. Vgl. dazu Arnold, Vertrag und Verteilung, 56.

Mit dem *bonum commune* ist bei Thomas ein allgemeines Gut, das Gemeinwohl, bezeichnet. Dieses Gemeinwohl ergibt sich aber nicht nur aus der Addition von guten Taten zur Mehrung des Gesamtnutzens (das wäre Utilitarismus). Sondern Thomas' *bonum commune* meint bereits immer auch die moralische Einstellung des Einzelnen, das Gute zu tun (*ratio*).[172] Gerecht zu handeln, heisst also bei Thomas, seine individuellen – und aus sich heraus gut motivierten Handlungen –, mit den Interessen des Gemeinwohls (*bonum commune*) abzugleichen. Ungerecht ist im Gegenteil, dies zu unterlassen.

Für Immanuel Kant ist zentral die Unterscheidung von Legalität und Moralität. Gerecht im Sinne der Legalität ist jemand, der sich an Recht und Gesetz hält. Und ungerecht ist einer, der das nicht tut:

> «Was nach äusseren Gesetzen recht ist, heisst gerecht (*iustum*), was es nicht ist, ungerecht (*iniustum*).»[173]

Doch die blosse Legalität entspricht nicht immer der Moralität. Denn ob die von einem Handelnden praktizierte Gerechtigkeit nur legal oder auch moralisch ist, entscheidet sich am kategorischen Imperativ: «[H]andle nach einer Maxime, die zugleich als allgemeines Gesetz gelten kann.»[174] Jede Handlung ist demnach darauf hin zu überprüfen, ob sie der Handelnde in ein für alle geltendes Gesetz überführen könnte. Der Sache nach ist dies nichts anderes als eine präzise philosophische Übersetzung der goldenen Regel.

Der amerikanische Philosoph John Rawls schliesslich hat mit seinem Buch «Theory of Justice» (1971) den Gedanken der Gerechtigkeit mit grossem Nachhall ins öffentliche Bewusstsein der jüngeren Zeit gebracht. Rawls war der Überzeugung, dass Gerechtigkeit primär *Gleichheit* ist. Angenommen, wir hätten die Möglichkeit die

172 Vgl. Arnold, Vertrag und Verteilung, 57.
173 Kant, Metaphysik der Sitten, B 23 (Hervorhebungen v. Vf.).
174 Kant, Metaphysik der Sitten, B 27.

menschliche Gesellschaft von Null, von einem Urzustand aus aufzubauen – das ist der berühmte (hypothetische) Schleier des Unwissens (*veil of ignorance*) –, dann würde Gerechtigkeit bedeuten, alle Ungleichheiten in Bezug auf Freiheit, Vermögen und Chancen etc. auszugleichen.[175]

Der Zürcher Reformator hat seine eigene Position in dieser Reihe. Und wie die grossen Denker vor und nach ihm hat Zwingli ein differenziertes Verständnis von Gerechtigkeit. In seiner Schrift «Göttliche und menschliche Gerechtigkeit»[176] von 1523 grenzt Zwingli die göttliche Gerechtigkeit scharf ab von der menschlichen Gerechtigkeit. Die göttliche Gerechtigkeit ist (entsprechend seiner Vorstellung von Gott als dem höchsten Gut) eine in Gott existierende und durch Jesus Christus repräsentierte *ethische Qualität*. Am Ort der göttlichen Gerechtigkeit gilt:

> «Sie [sc. die Gerechtigkeit Gottes] ist so rein, so erhaben und von allen Flecken frei.» (ZS III, 106) Sie ist «lautere, reine unvermischte Gerechtigkeit» (ZS I, 162). Sie ist «seine hochheilige Gerechtigkeit» (ZS III, 105).

Göttliche Gerechtigkeit ist über alle Zweifel und über jeden Konflikt erhaben. Sie ist in sich, durch sich und für sich *reine Gerechtigkeit*. Die vollkommene Struktur der Gerechtigkeit ereignet sich mit dem Göttlichen und nur mit dem Göttlichen selbst.

Und diese seine vollkommene Gerechtigkeit hat Gott den Menschen gezeigt. Jesus Christus ist die sinnenfällige, die für Menschen wahrnehmbare Ausdrucksgestalt der göttlichen Gerechtigkeit geworden. Insofern stellt Zwingli bei der Illustration dessen, was göttliche Gerechtigkeit ist, konsequent auf Jesus Christus ab. Denn mit Jesus Christus hat sich die makellose und streitfreie göttliche Gerechtigkeit

175 Rawls, Theorie der Gerechtigkeit, 162ff.

176 Vgl. zu diesem Text, seinem Kontext und Hintergrund: Haas, Zwingli, 122–130.

in diese unsere Welt hineingesenkt. Und damit wurden die menschlichen Massstäbe der Gerechtigkeit kritisch wie wohltuend in Frage gestellt.

In den Vordergrund rückt in diesem Zusammenhang bei Zwingli die Bergpredigt Jesu. Denn hier findet Zwingli vorbildhaft durch Jesus Christus selbst die göttliche Gerechtigkeit zur Darstellung gebracht. Zwingli hat – offenbar vor dem Hintergrund der mittelalterlichen *lex-Christi*-Vorstellung (die *lex Christi* sind der Dekalog und die Bergpredigt)[177] – die 10 Gebote und die Bergpredigt zusammengezogen und zu einem Neuen Dekalog (*novus decalogus*) zusammengesetzt. Gesetz und Evangelium verschmelzen.

Das bedeutet im Einzelnen, dass die göttliche Gerechtigkeit den Menschen ethisch eminent herausfordert. Sie verlangt etwas vom Menschen. Die göttliche Gerechtigkeit verlangt vom Menschen ein Mehrfaches:

> «1. Sie heisst uns verzeihen, wie auch wir wollen, dass Gott uns verzeihe. [...]
> 2. Gott befiehlt uns nicht allein, nicht zu töten, sondern gar nicht erst zornig zu werden [...].
> 3. Gott befiehlt uns, nicht zu rechten und zu streiten [...].
> 4. Gott befiehlt uns nicht allein, nicht die Ehe zu brechen, sondern niemandes Ehegatten zu begehren [...].
> 5. Gott verbietet alles Schwören und befiehlt uns, so zuverlässig zu sein, dass das Ja Ja und das Nein Nein sei [...].
> 6. Gott befiehlt uns, unsere Habe denen zu geben, von denen wir nichts erhoffen und die uns keine Gegenleistung bringen können [...].
> 7. Gott befiehlt, Gutes zu tun [...] auch den Feinden [...].
> 8. Gott befiehlt uns nicht allein, nicht zu stehlen, sondern des anderen Gut gar nicht erst zu begehren [...].

---

177 Zwingli spricht ganz im Sinne der Tradition vom «Gesetz Christi» (ZS I, 31) und das ist im 16. Jh. ein Terminus technicus. Zur *lex Christi* vgl. Holl, Neubau der Sittlichkeit, 155f.

> 9. Gott will, dass wir nicht nur nichts Übles reden oder verleumden, sondern kein unnützes Wort reden […].
>
> 10. Gott will […], dass wir den, der gerade unser nächster Mensch ist, so lieben wie uns selbst.»[178]

Die Erfüllung dieser Forderungen der Gerechtigkeit entspräche einem idealen Gemeinwesen: dem *Reiche Gottes*.

Doch es ist nun einmal so, dass Menschen diesem Super-Dekalog im echten Leben nicht genügen können. Vielmehr gleitet das alltägliche Handeln leicht, viel zu leicht in die abgründigen Zustände der Unkenntnis, der Ignoranz, der Tugendlosigkeit, Gesetzlosigkeit und Unsittlichkeit ab. Das Wort Gottes wird verkannt, ignoriert, verachtet, entwertet, sittenwidrig und machtbesessen okkupiert und in seiner Ernsthaftigkeit brüchig gemacht. Menschen sind nicht dauerhaft in der Lage, sich dem Guten entsprechend zu verhalten.

Und exakt in dieser ethisch undurchsichtigen Gemengelage kommt die menschliche Gerechtigkeit ins Spiel.

Die menschliche Gerechtigkeit hat eine wichtige Funktion. Denn die menschliche Gerechtigkeit (soziale Normen, aber v. a. positives, gesatztes Recht: Verfassungen, Zivilgesetzbücher, Strafgesetzbücher, Verfahrensregeln, kurz: kodifiziertes Recht, Gerichtswesen und Rechtsvollzug) ist in den Augen Zwinglis nur ein Substitut (Ersatzmoment). Es dient dazu, das Scheitern der Menschen an der göttlichen Gerechtigkeit zumindest teilweise zu kompensieren und menschliches Leben unter den Bedingungen des moralischen Scheiterns an der göttlichen Gerechtigkeit zu ermöglichen. Das bedeutet zwar auch, dass die menschliche Gerechtigkeit in sich eine unvollkommene und fragmentarische Gerechtigkeit ist und sein muss. Allerdings macht das die weltlichen Regelwerke nicht weniger wichtig. Sie sind bleibend notwendig mit ihrer Aufgabe, dem völligen Überhandnehmen des Bösen zu wehren. Wichtig ist und wird von Zwingli betont:

---

178 ZS I, 166–168.

Der Sinn der menschlichen Gerechtigkeit erschliesst sich nur von der göttlichen Gerechtigkeit her.[179]

Denn göttliche Gerechtigkeit ist eine vollkommene, unfragmentarische und in jeder Hinsicht *gerechte* Gerechtigkeit. Und menschliche Gerechtigkeit ist eben dadurch gekennzeichnet, dass sie im Ungerechten, Fragmentarischen und Unvollkommenen verbleibt. Zwingli kontrastiert überdeutlich die wesentlichen Momente von göttlicher und menschlicher Gerechtigkeit:

Göttliche Gerechtigkeit	*Menschliche Gerechtigkeit*
1. Man verzeiht	Recht und Gesetz
2. Man tötet nicht	Auge um Auge, Zahn um Zahn
3. Man streitet nicht	[...][180]
4. Man bricht die Ehe nicht	Zuchtmeisterung[181]
5. Man lügt nicht	Festlegung des Eides
6. Man ist nicht egoistisch	Steuer- und Zinswesen
7. Man tut dem Feind Gutes	Nichtschaden
8. Man stiehlt und begehrt nicht	Strafe auf «Morden, Raub und Stehlen»[182]
9. Man redet nicht übel nach	Blossstellen[183]
10. Den Nächsten lieben wie sich selbst	[...][184]

179 Göttliche und menschliche Gerechtigkeit sind «aufeinander bezogen, da sie als innerlicher und äusserlicher Aspekt des ein und desselben in der Schrift geoffenbarten göttlichen Willens interpretiert werden» (Hodler, Widerstandsrecht, 433).

180 3. wird von Zwingli in der Argumentation ausgelassen.

181 Vgl. ZS I, 176.

182 ZS I, 180.

183 «Sollte einer aber sich wirklich vergehen und so geredet und so geschmäht, gelogen oder falsch Zeugnis abgelegt haben, so befiehlt Gott, dem Falschen oder Lügner das anzutun, was er dem anderen antun wollte, dem sein Lügen oder sein fasch Zeugnis gegolten hat.» (ZS I, 180)

184 «An dieser Stelle lässt uns die menschliche Gerechtigkeit vollständig im Stich.» (ZS I, 181)

Das Schema macht deutlich, wie die menschliche Gerechtigkeit nur ein Kompensat, ein Lückenfüller ist und sein kann. Es ist nach Zwingli Aufgabe und Funktion der menschlichen Gerechtigkeit, das Scheitern an der göttlichen Gerechtigkeit wenigstens ansatzweise wettzumachen. Alle Phantasien, es wäre irgend möglich, einen Zustand der Gerechtigkeit in irdischen Belangen zu erreichen, werden aber als Irrtum entlarvt. Mehr noch: Die menschliche Gerechtigkeit ist nicht nur vor dem Massstab der göttlichen Gerechtigkeit, sondern bereits in sich ungerecht. Es ist das überaus harte Urteil, das hier gesprochen wird, dass Gerechtigkeit innerhalb menschlicher Bezüge nicht herstellbar ist.

Zwingli wird gerade in solchen Kontexten erkennbar als ein humanistisch geprägter Reformator, der von allen voreingenommenen und unreflektierten Gottgefälligkeits-Phantasien entschieden Abschied nimmt.

Es handelt sich bei der menschlichen Gerechtigkeit nicht einfach nur um eine billige Ermässigung der göttlichen Gerechtigkeit. Im Gegenteil: Es gilt, die menschliche Gerechtigkeit so weit wie möglich im Lichte der Forderungen der göttlichen Gerechtigkeit zu gestalten. Ziel ist eine strukturelle Veränderung der Gesellschaft, die v. a. eins ernst nimmt: die sittliche Forderung (der Bibel) und die menschliche Schwäche (hinsichtlich des Guten). Und das führt zum nächsten Thema: Zwinglis Verständnis des freien Willens.

3. Unfreier Wille und christliche Freiheit

3.1 Hintergrund

Wie gesehen, formt Zwingli die erasmische Ethik und Anthropologie im Sinne seines reformatorischen Ansatzes um.[185] In ethischer Hin-

185 Vgl. dazu unter I, 2.2.

sicht ist für Zwingli der menschliche Wille der primäre Adressat moralischer Inhalte. Und für Zwingli steht fest, dass der menschliche Wille ein komplexes Aggregat darstellt. Der menschliche Wille kann sich richten. Der Wille des Menschen ist in der Lage, sich auf verschiedenste Dinge einzustellen: auf Profanes und nicht Profanes, auf Zweckmässiges und Nichtzweckmässiges, auf das Gute und auf das Böse.

Im Hintergrund steht die Frage, ob der menschliche Wille dabei ein freier oder ein unfreier Wille sei, ob es so etwas wie einen freien menschlichen Willen überhaupt geben könne. Und dieser Streit durchzieht die gesamte Theologie- und Philosophiegeschichte wie ein roter Faden. Und Zwingli kennt diesen Faden, und er nimmt dezidiert Stellung zu diesem ethisch hochaktuellen und immer wieder und immer noch diskutierten Problem.

Zu bestimmten Zeiten der Entwicklung der christlichen Theologie und Philosophie gelangte die den freien Willen betreffende Debatte immer wieder an die Oberfläche. Und das wird auch so bleiben. Bekannt geworden ist die Diskussion um den freien Willen, die im 5. christlichen Jahrhundert leidenschaftlich geführt wurde. Regent der Debatte war zum Schluss Augustinus. Und die Frage nach einem freien Willen hat die Menschen schon dazumal nachhaltig bewegt und beeinflusst. Es ist exakt diese Debatte, die für Zwinglis eigene Position von Bedeutung wurde.

Bei Augustinus selbst ist in der Frage des freien Willens eine innere Entwicklung zu beobachten. In seinen frühen Schriften hatte Augustinus durchaus noch einen Sinn für die Freiheit des menschlichen Willens. In seiner Schrift «De libero arbitrio» («Vom freien Willen» – um 390 n. Chr.) liess der nachmalige Kirchenvater verlauten:

> «Denn obschon sie [sc. die menschliche Seele] mit Mangel an Einsicht und Kraft geboren ist, zwingt sie doch keine Notwendigkeit, in diesem Zustand zu verharren.»[186]

---

186 Augustinus, Vom freien Willen, 325 (III, 56). Im lat. Original: «Quam-

Vom unfreien Willen ist hier (noch nicht) die Rede. Vielmehr geht Augustinus davon aus, dass der Mensch seine Unfähigkeiten und sein Unwissen im Laufe seines Lebens kompensieren und verbessern kann. Es ist offensichtlich, dass es hier (noch) keinen Determinismus gibt, der den Menschen zum Tun des Bösen prädestiniert, vorherbestimmt. Was Augustinus in dieser Schrift allerdings eingesteht, ist die Tatsache, dass der menschliche Wille ein schwacher Wille ist. Der menschliche Wille ist schwach und träge, weil er lieber im Zustand der Unkenntnis und Schwierigkeit verbleibt, anstatt durch eifriges Suchen und Lernen und durch demütiges Bekennen und Beten, Wahrheit und Kraft zu erreichen:

> «[W]eil sie [sc. die Menschen] lieber in ihm [sc. im Mangel an Einsicht] verharren, als durch eifriges Suchen und Lernen und demütiges Bekennen und Gebet zur *Wahrheit* und zum *Kraftgewinn* gelangen wollten.»[187]

Diese Einschätzung hat sich bei Augustinus innert weniger Jahre komplett verändert. In seiner Schrift «De diversis quaestionibus ad Simplicianum» («Über verschiedene Frage an Simplician») von 396 n. Chr. begegnet ein denkerischer Neueinsatz: Das Böse ist nun nicht mehr Folge eines freien, aber geschwächten Willens, sondern das Böse geht nun jeglicher Willensäusserung voraus. Der menschliche Wille ist durch die – nun radikalisiert gedachte – Erbsünde korrumpiert. Der menschliche Wille ist unfrei. Augustinus hat das auf die bekannte und wirkmächtige Formel gebracht, dass für jeden Menschen gilt: *non posse non peccare* – es ist nicht möglich, nicht zu sündigen.

Die Menschheit selbst gilt ihm in der Folge als *massa peccati* (Sündenmasse). Erarbeitet und abgestützt hat Augustinus seine Erbsün-

---

quam enim in ignorantia et difficultate nata sit, non tamen ad permanendum in eo quod nata est aliqua necessitate conprimitur.»

187 Augustinus, Vom freien Willen, 328 (III, 58). Im lat. Original: «[Q]uia in eis potius permanere quam studio quaerendi atque discendi et humilitate confitendi atque orandi ad veritatem ac facilitatem pervenire voluerunt.»

denlehre an und mithilfe einer Schlüsselstelle aus dem Römerbrief des Apostels Paulus, die auf die «Sündenfallerzählung» aus dem ersten Buch der Bibel (1. Buch Mose = Genesis) reagiert. Im fünften Kapitel des Römerbriefes heisst es (und das ist ein extrem vieldiskutierter Auszug):

> «Darum: Wie durch *einen* Menschen die Sünde in die Welt kam und durch die Sünde der Tod, und so der Tod zu allen Menschen gelangte, weil alle sündigten ...» (Röm 5,12)[188]

Es kann an dieser Stelle nicht weiter auf die Fülle von Einzelheiten der Interpretationsgeschichte von Röm 5,12 eingegangen werden. Nur so viel: Entscheidend sind an dieser Stelle sowohl die Schlussfolgerung selbst als auch das logische Subjekt von Röm 5,12c «*weil* alle gesündigt haben» / «in quo omnes peccaverunt» / «ἐφ' ᾧ πάντες ἥμαρτον». Entscheidend für Augustinus' Interpretation ist das «weil alle» / «in quo» / «ἐφ' ᾧ».

Indem Augustinus einmal das logische Subjekt des Satzes auf die Sünde bezieht und sodann den Tod als deren Konsequenz etabliert, hat er nicht nur ein gutes Argument gegen den freien Willen, sondern er kann überdies eine ganze Reihe von theologischen Problemen lösen.

Augustinus stellt *erstens* eine massgebende Übersetzungsvariante zu Röm 5,12 zur Verfügung. Er löst ein schon zu seiner Zeit kritisches Übersetzungs- und Verständnisproblem. Sodann – *zweitens* – kann Augustinus die Frage des «Warum» des menschlichen

188 Zit. nach der Zürcher Bibel 2007 (Hervorhebung i. Orig.).
Im Griechischen lautet der fragliche Abschnitt: «Διὰ τοῦτο ὥσπερ δι' ἑνος ἀνθρώπου ἡ ἁμαρτία εἰς τὸν κόσμον εἰσῆλθεν καὶ διὰ τῆς ἁμαρτίας ὁ θάνατος, καὶ οὕτως εἰς πάντας ἀνθρώπους ὁ θάνατος διῆλθεν, ἐφ' ᾧ πάντες ἥμαρτον.» In der lateinischen Vulgata liest sich der fragliche Abschnitt folgendermassen: «propterea sicut per unum hominem in hunc mundum peccatum intravit et per peccatum mors et ita in omnes homines mors pertransiit in quo omnes peccaverunt.»

Sterbenmüssens beantworten. Denn es ist vor diesem Hintergrund ganz klar: Weil der Mensch Fehler macht beziehungsweise sündig wird, muss er sterben. Der Tod ist der Sünde Sold. Und das hat uns Adam eingebrockt. Dies gehört unhintergehbar zu den Bedingungen, unter denen die Menschen nach dem Fall (*post lapsum*) leben müssen. Des Weiteren – und das ist *drittens* –, kann Augustinus mit seiner Lehre von der Erbsünde die Kindertaufe legitimieren. Es war in den Frühzeiten der Kirche keineswegs üblich, Kinder zu taufen, sondern die Taufe war in der Regel mit dem bewussten Bekenntnis zum christlichen Glauben verbunden. Wenn der Mensch – wie Augustinus sagt – von Adam an grundverdorben ist, so bietet sich wie ganz selbstverständlich die Taufe als initiales Reinigungsritual an. Der *vierte* Punkt betrifft Augustins' Interesse an der christlichen Lebensführung. Auf Augustinus selbst geht eine Mönchsregel zurück. Die Augustiner waren bis ins späte Mittelalter eine prägende monastische Bewegung. Und die Augustiner-Regel ruht eben auch auf der Annahme, dass der Mensch wesenhaft verdorben, ja eben mit dem Makel der Erbsünde geschlagen ist. Das mönchische, das monastische Leben will ein Gegenbild, eine Gegenkultur etablieren. Sie will den Versuch wagen, der Erbsünde im Diesseits etwas entgegenzusetzen; eine Lebensform, die es ermöglicht, dem christlichen Tugendideal wenigstens annährend entgegenzukommen. Und schliesslich – *fünftens* – kann Augustinus die Gnade Gottes in Beziehung zur menschlichen Lebenswelt setzen. Der wesenhaften Verdorbenheit des Menschen korrespondiert die vergebende Gnade Gottes, der dem Menschen trotz seiner Verdorbenheit Zugang zu sich gewährt. Vor dem Hintergrund seiner Lehre von der Erbsünde nimmt Augustinus die göttliche Gnade ernst und bringt sie zum Leuchten. Nicht umsonst wurde er unter dem Ehrennamen *doctor gratiae* («Doktor der Gnade») bekannt und berühmt.

Es wäre unredlich, in diesem Zusammenhang zu verschweigen, dass Augustinus in der Frage der Erbsünde einen ernst zu nehmenden Opponenten hatte. Und einer dieser Opponenten war Pelagius. Man weiss nicht genau, wann Pelagius geboren wurde und woher er genau stammte. Es wird angenommen, dass Pelagius um 360 n. Chr. auf den britischen Inseln aufgewachsen ist. Jedenfalls tritt er um das Jahr 385 n. Chr. in Rom in Erscheinung. Hier sieht sich Pelagius, der den Ruf eines *vir sanctus* («heiliger Mann») geniesst, dem ausschweifenden Leben der Grossstadt gegenüber. Pelagius sucht die Diskussion und findet eine Öffentlichkeit, in der er sein moralisches Verständnis des Christlichen zur Darstellung bringen kann. Kernpunkt seiner Reden ist die Infragestellung der offenkundigen Sittenlosigkeit römischer Christinnen und Christen. Diese rechtfertigen sich nach dem Schema: *Das Fleisch ist eben schwach.* Und begründet wird dies mit Röm 5,12! Ein unmoralischer und nichtethischer christlicher Lebenswandel ist nach dieser Lesart die quasi unvermeidbare Konsequenz der Erbsünde.

Pelagius ist entsetzt ob dieses Habitus und der daraus resultierenden Lebenseinstellungen. Diese Interpretation von Röm 5,12 ist für ihn nichts anderes als eine wurzelhafte Zerstörung, Zersetzung und Infragestellung der christlichen Ethik insgesamt. Pelagius konfrontiert deshalb seine Zeitgenossen mit den sittlichen Idealen des Urchristentums: vor allem mit der Idee eines sündenfreien und bussfertigen Lebens. Und Pelagius geht hart ins Gericht mit der augustinischen Erbsündenlehre. Und er bringt gute Argumente vor:

1. Auch wenn Adam nicht gesündigt hätte, wäre er gestorben.
2. Adams (Einzel-) Sünde hat sich nicht auf die (ganze) Menschheit fortgepflanzt.
3. Unschuldige Kinder werden im gleichen Samen geboren wie Adam.
4. *Alle* sind nicht gleichzeitig durch Adam sündig und durch Christus erlöst.
5. Auch vor Jesu Geburt lebten einigen Menschen sündlos (alttestamentliche Väter / die Heiligen).[189]

---

189 Diese Argumente lassen sich aus den Einreden des Augustinus gegenüber Pelagius rekonstruieren.

Pelagius zieht aus seinen Überlegungen folgende Konsequenz: Gott hat dem Menschen die Fähigkeit gegeben, entweder Gutes oder Schlechtes zu wollen und zu tun. Die Realisierung dieser Fähigkeit liegt beim Menschen und allein beim Menschen. Der Mensch kann also von sich aus das Gute wollen und tun. Und Pelagius bringt dies auf die direkte Gegenformel zu Augustinus. Für den Menschen gilt das *posse non peccare* (das Vermögen, nicht zu sündigen).

Es gehört zu den grossen Irritationen der Kirchengeschichte, dass die Stimmen mancher Menschen verstummen und zum Verstummen gebracht werden. Dies gilt auch für Pelagius. Es existieren weder zusammenhängende Texte noch Bilder von ihm. Und Augustinus hat dazu einen beträchtlichen Anteil geleistet. Pelagius wurde auf verschiedenen Synoden als Irrlehrer verurteilt und der Pelagianismus als Irrlehre verworfen.

3.2 Zwinglis Position I: Kein freier Wille

Zwingli kennt die geschilderten Debatten. Und er hat eine klar entschiedene Position zur Frage des freien Willens. Zwingli hält sich bei der Begründung seiner diesbezüglichen Einsicht in reformatorischer Manier an die Bibel. Und für ihn gilt zunächst, dass der biblische Adam als der erste Mensch natürlich einen freien Willen gehabt haben muss.

> «Zuerst wurde Adam mit einem freien Willen geschaffen, so dass er sich nach Gottes und seinem Gebot richten konnte oder nicht, wie er wollte.» (ZS II, 35)

Doch hat Adam diesen freien Willen verspielt. Und das lag ganz in der Natur der Sache. Die Freiheit des Willens führt konsequent zur Unfreiheit des Willens. Denn indem Adam seinen freien Willen gebrauchte, geriet er in Unfreiheit. Denn die Artikulation des menschlichen Willens führt angesichts der Unendlichkeit der Aktionsmöglichkeiten und der Unüberblickbarkeit der Handlungskonsequenzen beim Menschen notorisch ins Reich des Misslingens. Dass eine menschliche Handlung also von sich aus eine durch und durch freie Handlung sein kann, hält Zwingli für so gut wie ausgeschlossen.

Der Grund dafür ist: Der Mensch als Mensch steht bereits immer in einem komplexen Geflecht von Bedingtheiten. Natürliche, soziale, lokale, fiskale und weitere Gegebenheiten repräsentieren Vorgaben, die jeder Phantasie von einem freien Willen das Wasser abgraben. Deshalb stellt Zwingli nüchtern, ja fast zynisch fest:

> «[D]ie Fähigkeit [...], in freier Wahl seine Hand auszustrecken, wohin er will; aber das ist dasselbe, wie wenn einer aus Sand ein Seil flechten oder aus Teufeln Engel machen will.» (ZS III, 84f.) Und: Es ist «ein vergebliches Unterfangen, wenn die Theologisten dem Menschen einen ungeschmälerten freien Willen zuschreiben.» (ebd.)

Deshalb kann Zwingli mit der augustinischen Lehre der Erbsünde etwas anfangen. Er stellt sie jedoch in einer eigenen und neuen Sichtweise ins Licht. Denn das Thema Freiheit und Unfreiheit wird eingezeichnet in die beschriebene menschliche Grenzsituation, die darin besteht, dass der menschliche Wille hin- und hergerissen ist zwischen Gut und Böse, zwischen Tugend und Untugend, zwischen Geist und Leib. Und da der Mensch eben der Macht der Untugenden, des Leibes und des Bösen ausgeliefert ist, verbietet sich wie fast von selbst die These eines freien Willens.

Und Zwingli wird nicht müde, das mit mehr als eindeutigen Vokabeln festzuhalten. Der Mensch führt trotz aller Freiheitsfantasien ein «Sklavendasein» (ZS III, 162), er trägt das «Sklavenjoch» (ZS III, 162), er ist «Sklave der Sünde» (ZS III, 105) und Knecht der «Urverdorbenheit» (ZS I, 211). Er, der Mensch, ist «von Natur aus böse und im Dunkeln», er vegetiert im «Grundübel» (ZS II, 42). Eindrücklich mahnt der Reformator:

> «Das bläue ich ununterbrochen ein, dass kein gutes Haar am Menschen übrig bleibt, den manche so hoch einschätzen.» (ZS III, 131) Der Mensch ist «eigennützig vom ersten Fall Adams her und begierig auf fleischliche Dinge» (ZS I, 211).

Für Zwingli gilt also deutsch und deutlich: *«Es gibt keinen freien Willen.»*[190]

Hervorzuheben ist in diesem Zusammenhang aber, dass Zwingli mit seinem Anschluss an das klassische Erbsündenparadigma dieses gleichzeitig relativiert. Denn (und es mag dahingestellt sein, ob die Pesterkrankung Zwinglis hier unmittelbar oder mittelbar Einfluss auf seine Position hat): Zwingli interpretiert die augustinische Erbsünde als *Krankheit*.

Die Erbsünde gilt Zwingli als Krankheit. Das ist eine bemerkenswerte Akzentverschiebung gegenüber der augustinischen Position. Dies ist bereits von Adolf Schlatter auf den Punkt gebracht worden, dem Zwinglis «Weigerung, das Ererbte Sünde zu heissen»,[191] aufgefallen ist.

Zwingli hat keinen Sinn dafür, den Menschen von Geburt an sündhaft zu denken. Aber jeder Mensch kann krank werden. Zwingli interpretiert die Erbsündenlehre also in dem Sinne, dass jeder Mensch mit der Veranlagung, schuldig zu werden, geboren wird. Das ist exakt das Verhängnis, das Grundübel oder das Sklavendasein. Diese Veranlagung wird über kurz oder lang in jedem menschlichen Leben zum Ausdruck kommen, so wie jeder in seinem Leben Krankheiten durchleiden wird. Aber das ist immer eine persönliche, eine individuelle Angelegenheit. Das heisst: Das Pauschale der augustinischen Erbsündenlehre stösst Zwingli ab. Sünde ist für ihn nicht etwas abstrakt Allgemeines, sondern etwas konkret Individuelles. Erbsünde ist kein Verhängnis oder Schicksal, sondern immer persönliche Schuld. Dies

---

190 Brunnschweiler, Einleitung Bd. II, 7 (Hervorhebung v. Vf.).
191 Schlatter, Dogma, 579.

hat der Berliner Theologe Julius Kaftan bereits Anfang des 20. Jhs. anerkennend auf den Punkt gebracht:

> «Zwingli hat schon den Gedanken der Erbschuld bekämpft. Er wollte die angeborene Schuld statt dessen als *Krankheit* gefasst wissen: zur Schuld werde sie erst durch das Verhalten des Einzelnen. Damit war er durchaus im Recht.»[192]

3.3 Zwinglis Position II: Christliche Freiheit

Dass der Mensch im Bannkreis permanenter moralischer Erschütterungen steht, ist für Zwingli mehr als deutlich. Wie Krankheiten das Leben bedrohen, so bedroht die Untugend die Tugend, das Böse das Gute, der fleischliche Wille den geistlichen Willen. Der von Zwingli mit grosser Eindringlichkeit umschriebenen Unfreiheit des Menschen steht jedoch auch die Vorstellung der christlichen Freiheit gegenüber. Der Kampf zwischen Gut und Böse, zwischen Tugend und Untugend, zwischen Geist und Leib ist eben auch ein Kampf der Freiheit und der Unfreiheit. Wie oben gezeigt, beschreibt Zwingli das Menschenleben als «Sklavendasein» (ZS III, 162), «Sklavenjoch» (ZS III, 162) oder «Sklave[rei] der Sünde» (ZS III, 105).

Im Gegenüber zu dieser Grundsituation des Menschen kann Zwingli aber auch von der Freiheit des Menschen sprechen; genauer von der «evangelische[n] Freiheit» (ZS I, 19) oder der «christliche[n] Freiheit» (ZS I, 20). In exakt diesen Zusammenhang gehört das bekannte Zürcher Wurstessen, das vermutlich am 9. März 1522 im Haus des Zürcher Buchdruckers Christoph Froschauer stattfand.

Hintergrund dieses viel Aufmerksamkeit auf sich ziehenden Wurstessens war die vorösterliche Fastenzeit, die Anfang des 16. Jhs.

---

192 Kaftan, Dogmatik, 321 (Hervorhebung v. Vf.).

noch allgemein üblich und verbindlich war.[193] Bereits im 3. christlichen Jahrhundert kam der Brauch auf, 40 Tage vor Ostern zu fasten: die sogenannte *Quadragesima*. *Quadragesima* kommt vom lateinischen *quadragesimus* («der Vierzigste») und bezieht sich auf das Neue Testament, in dem berichtet wird, dass Jesus in der Wüste 40 Tage und Nächte fastete (Mk 1,12f. par.).

Ursprünglich begann diese 40-tägige Fastenzeit am Mittwoch nach dem auf das Fest *Invokavit* folgenden Sonntag, wurde aber dann im 7. Jh. auf den Aschermittwoch vorverlegt, weil die Sonntage ausgenommen wurden. Die mittelalterlichen Fastenregeln erlaubten eine Mahlzeit am Tag (meistens am Abend). Verboten waren Fleisch- und Milchprodukte, Eier und Wein (*abstinentia*). Ausnahmen gab es für Kinder und Alte, Reisende, körperlich und geistig schwer arbeitende Menschen sowie Kranke. Das Fastengebot galt als verbindliche kirchliche Regel. Seine Nichteinhaltung musste gebeichtet werden und konnte gerichtliche Konsequenzen nach sich ziehen.

Wohl am Abend des 9. März 1522 wurde das Fasten in grösserem Kreise im Hause des Buchdruckers Christoph Froschauer gebrochen.[194] Froschauer bot seiner Belegschaft entgegen den Fastenauflagen Wurst an. Dabei berief er sich einerseits auf die Ausnahmeregelung für geistig und körperlich schwer Arbeitende, aber andererseits auch auf die christliche Freiheit, wie sie namentlich von Zwingli seit 1519 im Grossmünster gepredigt wurde. Auch Zwingli selbst war bei diesem Anlass zugegen, ass aber wohl selbst keine Wurst. Aber allein seine Anwesenheit und die Tatsache, dass er nicht einschritt, sorgten für grössere Aufmerksamkeit.

Denn die Sache zog sehr schnell grössere Kreise. Gegner und Befürworter positionierten sich. Die einen forderten eine Bestrafung durch den Rat, die anderen waren für eine grundsätzliche Diskussion der Fastenordnungen vor dem Hintergrund der evangelischen Predig-

---

193 Zum folgenden vgl. Schmidt, Fasten, 520f.

194 Vgl. dazu Lutz, Einleitung (zu «Die freie Wahl der Speisen»), 15.

ten Zwinglis. Und selbst eine Delegation des Bischofs von Konstanz sprach in dieser Sache vor dem Zürcher Rat vor, der den Fastenbruch denn auch verurteilte. Zu einer gerichtlichen Verurteilung kam es indes nicht.

Zwingli blieb in dieser Sache nicht stumm. Er ergriff einmal mehr auf der Kanzel das Wort. Am 29. März 1522 nahm er in einer Predigt zur Fastenthematik Stellung und predigte über die freie Wahl der Speisen. Wenig später erschien die überarbeitete Predigt im Druck (bei Froschauer) unter dem Titel: «Die freie Wahl der Speisen. Ärgernis und Anstoss. Ob Speiseverbote für bestimmte Zeiten erlassen werden dürfen, Stellungnahme Huldrych Zwinglis». In diesem Text geht es konkret um die christliche oder evangelische Freiheit. Für Zwingli ist es wichtig, dass er sich mit seinen Gedanken dazu ganz auf dem Boden des Evangeliums bewegt. Er hebt hervor:

> «Argumentiert habe ich dabei ausschliesslich mit dem heiligen Evangelium und der Lehre der Apostel». Und er fügt hinzu: «Das hat die meisten Zuhörer ausserordentlich gefreut und *befreit*.»[195] (ZS I, 21f.)

Die evangelische oder christliche Freiheit ist zunächst eine Freiheit in Bezug auf kirchliche Satzungen und Gebote, die beanspruchen, den Menschen das Heil zu garantieren.[196] Zwingli meint an dieser Stelle «Ordensregeln und -satzungen» (ZS I, 69), «menschliche

195 Hervorhebung v. Vf.

196 Vgl. dazu Opitz, Zwingli, 26: «[...] keine menschliche Instanz, auch keine kirchliche, hat das Recht, dem freien Christenmenschen Fasten- und andere religiöse Vorschriften zu machen. Was hier als ‹Freiheit von ...› formuliert ist, ist für Zwingli in einer ganz bestimmten ‹Freiheit zu ...› begründet: Es ist die Freiheit, den ‹leichten Weg zur Gnade Gottes durch Christus› zu gehen, im vertrauensvollen Hören auf den Christus, der die Menschen zu sich ruft, und ihnen ‹Ruhe› zu geben verspricht. Auf Christus ‹hören› oder ‹zu ihm gehen› meint nichts anderes als auf Christus allein zu *vertrauen* – und damit frei zu sein von allen zweifelhaften irdischen Heilswegen, Heilsmitteln und Heilsmittlern.» (Hervorhebung i. Orig.)

Vorschriften» (ebd.), «alle von Menschen erdachten Zeremonien und Sonderleistungen» (ZS I, 68) und eben «*Fastenvorschriften* und *Speiseverbote*»[197] (ZS I, 29). Diese sind «von Menschen erlassene Vorschriften» (ZS I, 30). Und in Bezug auf diese gilt: Allein wer sich an Christus hält und ihm und nur ihm vertraut, ist frei.

Im Hintergrund steht folgender Gedankengang. Entsprechend der Voraussetzung, dass Gott das höchste Sein und das oberste Gut darstellt, kann auch nur von Gott gesagt werden, dass er wirklich frei ist. Denn seine Güte und sein Sein sind unbedingt. Freiheit im strengen Sinne ist deshalb nur Gott möglich. Nur der unbedingte Wille Gottes ist ein wirklich freier Wille. Zwingli spricht in diesem Zusammenhang von der «Freiheit seines [sc. Gottes] Willens» (ZS I, 123).

Der menschliche Wille hingegen ist, wie oben gesehen, unfrei. Zwar kennt Zwingli auch eine menschliche Freiheit, eine «Freiheit, wo jeder tut, was ihn gelüstet» (ZS III, 408). Dies ist jedoch eine falsche Freiheit. Denn der menschliche Wille ist eben grundsätzlich unfrei. Der Mensch ist verstrickt in die Begierde nach endlichen Dingen und immer auf sich selbst zurückgeworfen.

Aber der menschliche Wille kann an der Freiheit des göttlichen Willens teilnehmen, indem der Mensch den göttlichen Willen zu seinem eigenen Willen macht und diesen verfolgt. Den Inhalt des göttlichen Willens hat Gott den Menschen durch sein Wort und in und mit Jesus Christus gezeigt. Gottes Wille ist ein unendlich guter Wille. Und dieser gute Wille Gottes repräsentiert sich für den Menschen zunächst in Form des göttlichen Gesetzes:

> «Das Gesetz ist also nichts anderes als die Lehre vom Willen Gottes, durch die wir erkennen, was Gott will, was er nicht will, was er fordert und verbietet.» (ZS III, 153)[198]

---

197 Hervorhebung v. Vf.

198 Vgl. auch ZS II, 279: «Der Wille Gottes will in Ewigkeit das Gerechte und das Gute.» Und vgl. auch ZS III, 152: «Wille Gottes [ist] ewig»; oder ZS II, 157: «[D]as Gesetz ist Gottes unwandelbarer Wille.»

Unter Gesetz versteht Zwingli – wie bereits erwähnt – ganz im Geist seiner Zeit die sogenannte *lex Christi*, «das Gesetz Christi» (ZS I, 31). *Lex Christi* ist zu dieser Zeit ein Terminus technicus und stellt eine zusammenfassende Bezeichnung für den Dekalog (die 10 Gebote) *und* die Bergpredigt dar. Und die *lex Christi* macht frei. Zu verstehen ist das in dem Sinne, dass der Mensch, der «das Gesetz Christi» (ZS I, 31) zum Grund seiner eigenen Willensäusserungen macht, an der göttlichen Freiheit teilhat. Wer seinen Willen auf die im Gesetz Christi bezeichneten Gegenstände oder Werte richtet, partizipiert im praktischen Sinne am göttlichen Willen. Wer die *lex Christi* annimmt, geniesst den Zustand der christlichen Freiheit. Zwinglis Position kommt also in der auf den ersten Blick paradox anmutenden Figur zum Stehen, dass christliche Freiheit bedeutet, sich dem Gesetz Christi unterzuordnen.[199]

Mehr noch: Die christliche Freiheit ist auch eine Freiheit vom Gesetz selbst. Und die christliche Freiheit ist nicht nur eine Freiheit von willkürlichen menschlichen Satzungen, sondern auch vom Gesetz im theologischen Sinne. Denn das Gesetz Christi ist das Gesetz der Liebe. Und hier unterscheidet Zwingli *zwei* Gestalten der Freiheit vom Gesetz. Die *erste* Form der Freiheit vom Gesetz besteht darin, dass das Gesetz (im Sinne des Dekaloges) seinen auffordernden und imperativischen Charakter verliert. Wer das Gesetz Christi zum Ausgangspunkt seines Wollens gemacht hat, tut das Gesetz *nicht*, weil er es tun muss, *sondern* weil die christliche Liebe ihn dazu treibt. Zwingli selbst:

> «Wenn die Liebe in uns brennt, dann tun wir nichts mehr gezwungen, sondern alles freiwillig und fröhlich. [... Die] «Befreiung vom Gesetz besteht also darin, dass wir aus Liebe das tun, wovon wir wissen, dass es Gott wohlgefällt.» (ZS III, 157f.)

---

199 Vgl. dazu ZS I, 192: «Wenn nicht Gott die Seele des Menschen *frei* macht, ist er nicht frei; sobald er aber *frei* ist, kann ihn niemand mehr gefangen nehmen.» (Hervorhebungen v. Vf.)

Die *zweite* Form der christlichen Freiheit besteht darin, dass das Gesetz den Menschen nicht mehr *per se* verurteilt und verdammt. Angesichts der Forderungen des Gesetzes müsste jeder Mensch eigentlich permanent verzweifeln. Denn niemandem gelingt es, den Forderungen des Dekaloges und der Bergpredigt immer und überall nachzukommen. Menschen versagen. Menschen sind moralisch eben unvollkommene Wesen. Zwingli spricht in dieser Beziehung davon, dass jeder Mensch angesichts des in sich guten göttlichen Gesetzes, angesichts der ethischen Herausforderungen von Gottes unendlich gutem Willen ständig in «Gewissensangst» (ZS III, 105) leben, immer wieder «in die Verzweiflung gestossen» (ZS III, 108) werden müsste. Nach Zwingli ist es so, dass jeder ernsthafte Mensch ein «im Abgrund der Verzweiflung steckende[s] Gewissen» (ZS III, 138) hätte und in dauerhafter «innere[r] Not» (ZS III, 173) leben müsste.[200]

Doch aus dieser inneren Not und Verzweiflung wird der Mensch durch die frohe Botschaft, durch das Evangelium von Jesus Christus befreit. Den Inhalt dieser frohen Botschaft bringt Zwingli wie folgt auf den Punkt:

> Der «Inbegriff des Evangeliums, [ist] nämlich, dass er [sc. Christus] aus dem Himmel gesandt worden sei, um für die armen Sterblichen den Tod zu leiden; diese Tatsache werde den armen Menschen derart heilbringend sein, dass jeder, der sich auf ihn verlasse, viel mehr gekräftigt werde und dass seine Seele sicherer werde als der Leib durch Brotgenuss» (ZS III, 140). – «Das ist das Evangelium, dass im Namen Christi die Sünden vergeben werden. Eine fröhlichere Botschaft hat nie ein Herz vernommen.» (ZS III, 130)[201]

200 Vgl. dazu auch ZS III, 94: «Daraufhin verzweifelt der Mensch ganz und gar»; und a. a. O, 105: «dass die Lage des Menschen so verzweifelt ist».

201 Vgl. auch die Zusammenfassung des Evangeliums aus den «Schlussreden», ZS II, 41f.: «Ich hoffe, wir haben nun genau ergründet, was das Evangelium ist, nämlich folgendes: Nachdem sich Adam vom Licht und der Leitung des göttlichen Geistes ab- und zu sich selbst hingewandt hatte, gestützt auf

Um Jesu Christi willen, um seines stellvertretenen Leidens und Sterbens willen, weiss sich ein Christenmensch *frei* von der anklagenden, verurteilenden und verdammenden Macht des Gesetzes. Genau das ist die von Zwingli so bezeichnete *zweite* Form der Freiheit vom Gesetz:

> «Die andere Form der Befreiung vom Gesetz besteht darin, dass das Gesetz nicht mehr verdammen kann.» (ZS III, 157)

Die christliche Freiheit, die Zwingli an dieser Stelle für jeden Christenmenschen reklamiert, ist keine radikale Freiheit. Zwingli ist in dieser Sache viel daran gelegen dass diese Freiheit nicht in einen fanatischen Gebrauch ihrer selbst umschlägt. Das heisst zum einen, dass die Freiheit so zu artikulieren ist, dass sie keinen Anstoss erregt. Es geht immer um einen verantwortlichen Gebrauch der christlichen Freiheit gerade denen gegenüber, die mit dieser besonderen Form der Freiheit (noch) nicht vertraut sind.

Und zum anderen bedeutet das, dass die Freiheit, z. B. gegenüber dem Fastengebot, den Gegenstand des Gebotes – das Fasten – nicht selbst für eine schlechte Sache erklärte. Fasten kann durchaus eine gute Sache sein. Fasten kann in psychischer und physischer Hinsicht eine geeignete autohygienische Massnahme darstellen, wenn – und dieses «Wenn» ist wichtig – es nicht kirchlich verordnet wird, sondern aus eigener Glaubensüberzeugung zustande kommt. So sagt Zwingli:

---

seinen Entschluss, gross und *gottgleich* zu werden, brachte er sich und uns durch diese Sünde unter die Herrschaft bzw. Knechtschaft des Gesetzes, der Sünde und des unerbittlichen Todes. Davon vermochten wir uns nicht zu befreien; denn wie wir es auch immer versuchten, waren wir doch Fleisch, Sünder und Tote, und keiner konnte unser Grundübel heilen ausser Gott allein. Daher erbarmte sich der barmherzige Gott unseres Elends und unserer Not so sehr, dass er uns nicht nur durch irgendeine Anordnung, sondern durch seinen eigenen, leiblichen Sohn erlösen und uns arme Menschen damit wieder mit sich versöhnen wollte, um durch Christus alle Auswirkungen des Grundübels voll und ganz zu tilgen, damit klar würde: Gott ist gerecht und barmherzig zugleich.» (Hervorhebung v. Vf.)

> «Ich will damit nicht sagen, die Enthaltung von Speisen sei eine schlechte Sache, im Gegenteil. Wenn Gottes Geist dazu anleitet und er einen Menschen innerlich dazu auffordert, dann ist es zweifellos eine gute Sache.» (ZS I, 64)

Zwinglis Lösung ist konsequent und moderat zugleich. Er bezieht mit seiner Lösung eine eigene und profilierte Position in der nicht abschliessend beantwortbaren Frage nach der Freiheit oder Unfreiheit des menschlichen Willens. Es gibt keinen freien Willen im strengen Sinne, wohl aber eine christliche Freiheit.

III Lebensweltliche Konkretionen der Ethik

Zwinglis Ethik hat ihre Grundlagen im Evangelium von Jesus Christus, so wie es in der Bibel begegnet. Seine Ethik geht davon aus, dass der Mensch (trotz seiner moralischen Gebrechlichkeit) am Tun des Guten nicht verzweifeln muss. Sondern ein jeder und eine jede kann sich im Glauben und in der Orientierung an Jesus Christus immer wieder dem ethischen Kampf stellen und auch immer wieder siegreich aus ihm hervorgehen.

Diese Grundeinsicht verbleibt bei Zwingli nicht im Abstrakten. Sondern er hat sie mit einer Fülle von Beispielen und auch in seinem eigenen Leben konkretisiert. Nicht selten bemüht Zwingli sein eigenes Leben als Beispiel, wenn es darum geht, moralische Konflikte und ethisches Scheitern zu illustrieren. Zwingli stand mit beiden Beinen auf der Erde, und das gibt seiner Ethik Bodenhaftung und Authentizität.

Im Folgenden wird auf die lebensweltlichen Konkretionen der Ethik Zwinglis eingegangen. Freilich können nicht alle davon berücksichtigt werden. Zum Zweck der Übersichtlichkeit wurden vier Schwerpunkte gebildet: Ehe und Familie, Arbeit und Müssiggang, Staat und Obrigkeit sowie Krieg und Frieden.

Diese Auswahl ist keinesfalls zufällig. Zum einen verdankt sie sich dem Befund, dass diese Themen von Zwingli selbst intensiv und an verschiedenen Orten seines Werkes ausführlich behandelt werden. Die Schwerpunkte sind also von Zwingli selbst vorgegeben. Zum an-

Abb. 8:
Ulrich Zwingli
(Stahlstich aus dem 19. Jh., Zwickau b. d. Gebr. Schuhmann)

deren ist es so, dass Zwingli damit ein sicheres Gespür hat für diejenigen Dimensionen des menschlichen Daseins, aus denen die meisten moralischen Konflikte und ethischen Dilemmata resultieren: Sexualität, Schaffensdrang, Macht und Gewalt.

1. Ehe und Familie

Zwingli begann seine berufliche Karriere als katholischer Priester, der Ehelosigkeit und Keuschheit gelobt hatte, also unter dem Zölibat stand, und beendete sie als verheirateter Ehemann und Vater von vier leiblichen Kindern (Regula, geb.1524, Wilhelm, geb. 1526, Huldrich, geb. 1528 und Anna, geb. 1530). Dazu hatte er drei Stiefkinder: Margaretha (geb. 1505), Agathe (geb. 1507) und Gerold (geb. 1509). Letzterer – dessen Ausbildung und Werden Zwingli offenbar sehr am

Herzen lagen – starb 1531 mit seinem Stiefvater zusammen auf dem Kappeler Feld.

Zwinglis Eheschliessung mit Anna Reinhart war vor dem Hintergrund seines Wirkens als Reformator nicht nur das Zusammenkommen zweier Menschen und die damit verbundene Gründung einer Familie. Es war auch eine bewusste reformatorische, eine ethische Entscheidung.

Anna Reinhart wurde (vermutlich) 1584 als Tochter des Zürcher Rössliwirts Oswald Reinhart geboren. 1504 heiratete sie den Junker Hans Meyer von Knonau. Die Eheschliessung erfolgte gegen den Willen des Vaters Meyer, der Hans eigentlich mit einer adligen Tochter aus dem Thurgau verheiraten wollte.[202] Weil der Sohn sich den Plänen des Vaters widersetzte und hinter dessen Rücken Anna Reinhart heiratete, wurde er enterbt.

Hans Meyer hat sich in der Folge mutmasslich als Reisläufer verdingt. Als erwiesen gilt, dass er bei der Schlacht von Novara 1513 als Schützenfähnrich dabei war.[203] Aus dieser ersten Ehe von Anna Reinhart, nunmehr Anna Meyer von Knonau, gingen drei Kinder hervor: Margaretha, Agathe und Gerold. Hans Meyer von Knonau starb vermutlich 1517 unter nicht bekannten Umständen, sodass seine Frau Anna bereits mit 33 Jahren Witwe wurde. Sie lebte weiter in Zürich im Höfli an der Münstergasse. Das war nicht weit weg von der Leutpriesterei des Zürcher Grossmünsters. Und da ihr Sohn Gerold Schüler in der Lateinschule des Stiftes war, ergaben sich mit der Zeit offenbar Kontakte mit dem nahezu gleichaltrigen Leutpriester Ulrich Zwingli:

> «Es lässt sich nicht bestimmt sagen, wann und wie Anna Reinhart und Zwingli aufmerksam auf einander wurden, aber da ihre Häuser nicht weit voneinander standen, werden sie sich eben vorerst als Nachbarn kennen gelernt haben. Das sie näher verbindende Glied mag dann Annas munterer

202 Vgl. Farner, Anna Reinhart, 199.
203 Vgl. Farner, Anna Reinhart, 202 und Farner, Reformator, 87.

> und gelehriger Sohn Gerold geworden sein, den wir uns wahrscheinlich unter Zwinglis ersten Zürcher Schülern denken dürfen. Schon anfangs 1521, also bereits zwei Jahre nachdem er nach Zürich gekommen war, sehen wir Zwingli mit dem erst zwölfjährigen Gerold Meyer von Knonau in einem ungewöhnlich vertrauten Verhältnis stehen. Das geht vor allem aus einem Brief hervor, den Gerold im Frühling 1521 von Basel aus an Zwingli schrieb.»[204]

Im Frühsommer des Jahres 1522 schlossen Anna Reinhart und Ulrich Zwingli heimlich den Ehebund. Zwingli stellte in diesem Zusammenhang (zusammen mit weiteren Geistlichen aus seinem Umfeld) beim Bischof von Konstanz ein Gesuch um Entlassung aus dem Zölibat. Da diesem Gesuch nicht entsprochen wurde, hielt Zwingli seine Ehe zwei Jahre lang geheim.

Der Zwingli-Biograph Oskar Farner vermutet, dass dieses Vorgehen noch *zwei* weitere Gründe hatte: Zum *einen* waren heimliche Eheschliessungen in den damaligen Zeiten grundsätzlich nichts Ungewöhnliches. Das heisst: Es bestand zunächst kein zwingender Grund, die Ehe öffentlich zu machen. Und *zweitens* wollte Zwingli mit seiner Hochzeit keinen Anstoss erwecken. Es entsprach seinem Naturell, in Bezug auf reformatorische Neuerungen nicht mit der Tür ins Haus zu fallen und die Mitchristen und Mitchristinnen durch vollendete Tatsachen zu überfahren. Demzufolge galt es abzuwarten, bis die Zeit gekommen war und die Hochzeit eines Geistlichen vor dem Hintergrund der evangelischen Predigt auf Verständnis stossen würde.[205]

Am 2. April 1524 machte Zwingli durch gemeinsamen Kirchgang mit Anna seine Ehe öffentlich. Diesen Schritt mag er selbst als Befreiung empfunden haben und dies entsprach auch seiner Auffassung von der christlichen Freiheit. Die Tatsache, dass Zwingli geheiratet hat, und dass er diese Heirat dann auch öffentlich machte, ist

---

204 Farner, Anna Reinhart, 206.

205 Vgl. Farner, Anna Reinhart, 206f.

Abb. 9: Zwinglis Tochter Regula Gwalther-Zwingli mit ihrer Tochter Anna (Gemälde von Hans Asper 1549)

ein deutliches Zeichen dafür, dass die Ehe als Ort des Ethischen von Zwingli völlig neu beurteilt wird. Dies betrifft im Einzelnen die Ehe als Sakrament, die Bedeutung des Zölibats und die sittliche Beurteilung der Ehe, wie sie dann in dem u. a. von Zwingli mit ins Leben gerufenen Ehegericht ihren Ausdruck gefunden hat.

1.1 Ehe und Sakrament

Für Zwingli steht fest: *Die Ehe ist kein Sakrament.*[206] Damit weicht er von der bisherigen, für ihn lange verbindlichen Lehre der römisch-katholischen Kirche ab. Unter den sieben Sakramenten wurde (und

206 Vgl. ZS III, 235, wo Zwingli ausdrücklich sagt, dass er die Ehe «nicht unter die Sakramente zähl[t]».

wird) von ihr ganz selbstverständlich auch die Ehe gezählt.[207] Um Zwinglis Einschätzung – *die Ehe ist kein Sakrament* – nachvollziehen zu können, ist (in gebotener Kürze) ein Blick auf Zwinglis allgemeines Verständnis der Sakramente, auf seine Sakramentslehre zu werfen.[208] Denn – wie deutlich werden wird – ist bereits dem zwinglischen Sakramentsverständnis selbst durchaus eine ethische Bedeutung eingeschrieben.

Grundsätzlich steht Zwingli dem Begriff Sakrament skeptisch gegenüber, weil er kein biblischer Begriff ist und weil dieser Begriff in theologischen Diskussionen sehr unterschiedlich und unscharf verwendet wird.[209] Primär aus ökumenischen Gründen hält er an diesem Begriff fest, besetzt ihn aber entsprechend seiner reformatorischen Einsichten neu.

Um seine eigene Position bezüglich der Sakramente deutlich zu machen, diskutiert Zwingli in seinem «Commentarius» von 1525 *drei* verschiedene Varianten des Sakramentsverständnisses: das *katholische*, das *lutherische* und das *täuferische* Sakramentsverständnis.[210]

Das *katholische* Sakramentsverständnis ist in den Augen Zwinglis v. a. dadurch gekennzeichnet, dass es sich beim Sakrament um eine sakrale Handlung handelt, die eine effektive sündenbefreiende Wirkung auf die Gewissen der Gläubigen ausübt.[211] Dass allerdings ein Sakrament als öffentliche Handlung und durch äusserliche Sub-

---

207 Die sieben Sakramente der römisch-katholischen Kirche sind: Taufe, Firmung, Eucharistie (Abendmahl), Busse, Krankensalbung (Letzte Ölung), Priesterweihe, Ehe.

208 Zum Sakramentsverständnis Zwinglis vgl. Locher, Grundzüge, 577f.

209 Vgl. dazu auch die Passage aus den «Schlussreden» ZS II, 142–151, bes. 151: «Selbst Christus, der doch der Ursprung der heilsamen Dinge ist, die wir ‹Sakramente› nennen, brauchte das Wort ‹Sakrament› nicht.»

210 Inwieweit Zwinglis Kritik der alternativen Sakramentsverständnisse diesen im Einzelnen gerecht wird, kann und soll in diesem Rahmen nicht erörtert werden.

211 «[E]twas Grosses und Heiliges, das durch seine Kraft das Gewissen von den Sünden frei macht.» (ZS III, 328)

stanzen («wie Öl, Milch Salz» [ZS III, 231]) eine effektive Wirkung auf das Innere des Menschen (v. a. sein Gewissen) haben könnte, ist für Zwingli unvorstellbar. Und schon gar nicht können durch ein priesterlich vollzogenes äusserliches Sakrament Sünden vergeben werden, denn niemand kann Sünden vergeben «denn Gott allein» (ZS III, 232).[212] Insofern ist für Zwingli das katholische Sakramentsverständnis obsolet. Man bedarf seiner nicht mehr, wenn man den Grund der Vergebung der Sünden (das rückhaltlose Vertrauen auf Jesus Christus) als Kern der evangelischen Botschaft angenommen hat.

In diesem Zusammenhang weist Zwingli auch alles weit von sich, was das Sakrament in die Nähe eines Mysteriums rückt: «[D]as Wort ‹sacramentum› drückt den Sinn von ‹mysterion› nicht richtig aus.» (ZS III, 230)

Für das *lutherische* Sakramentsverständnis reklamiert Zwingli die Vorstellung, dass das «Sakrament [...] *Zeichen* für eine heilige Sache»[213] (ZS III, 228) sei. Dieser Vorschlag, von der Zeichenhaftigkeit des Sakramentes auszugehen, kommt Zwingli vorderhand entgegen. Aber Zwingli reibt sich an der mit dieser Ansicht verknüpften Vorstellung, dass dem äusserlichen Vollzug des Zeichens ein realer innerer Vorgang entsprechen solle. Konkret am Beispiel der Taufe hiesse das, dass dem äusserlichen Akt der Taufe eine innere Funktion des Glaubens entspräche, und die entsprechende Relation im Vollzug des Sakraments der Taufe und nicht anders real werden könnte.[214] Zwingli nennt diesen Gedanken jedoch schroff «eine nutzlose Erfin-

---

212 Vgl. dazu auch die Formulierung aus der «Fidei Ratio» von 1530: «Denn wenn wir anders über die Sakramente denken würden, zum Beispiel, dass die äusserliche Anwendung innerlich reinigte, wären wir wieder zum Judentum zurückgekehrt, das glaubte, dass mit verschiedenen Ölungen, Salbungen, Darbringungen, Opfern und Speisegeboten die Sünden gesühnt und die Gnade gleichsam erkauft und erworben würde.» (ZS IV, 116)

213 Hervorhebung v. Vf.

214 Vgl. ZS III, 232: «Als ob, wenn der Mensch ins Wasser getaucht wird, dabei irgend etwas in ihm vorginge, wovon er ohne die Begiessung mit Wasser keineswegs etwas hätte wissen können.»

dung» (ZS III, 232) und bescheinigt den entsprechenden Vertretern dieses Taufverständnisses, dass sie nicht wissen «was Glaube ist und wie Glaube im Menschen entsteht» (ebd.).

Die Sakramentsvorstellung *der Täufer* endlich interpretiert Zwingli so, dass sie behaupten, die Taufe sei eine Vergewisserung, mit der derjenige, der mit Erfolg im Glauben unterrichtet worden ist, sich seines Glaubens vergewisserte. Deshalb lehnen sie die Kindertaufe ab. Ein Sakrament sei bei den Täufern eine Art äussere Vergewisserung der inneren Glaubensgewissheit. Doch – so wirft Zwingli ein –, wenn der Glauben schon innerlich gewiss ist, wer braucht dann noch eine äusserliche Vergewisserung seines Glaubens? Eine Gewissheit kann nicht gewisser gemacht werden, als sie ohnehin schon ist. Dies ist überflüssig und wird dem Sinn des Sakraments nicht gerecht. Insofern weichen in den Augen Zwinglis auch die Täufer «von der Wahrheit ab» (ZS II, 234).

Zwingli bleibt bei der Entwicklung seiner eignen Position in gut humanistischer Manier zunächst nahe beim (klassisch) lateinischen Wort *sacramentum*. Im klassischen Latein bedeutet *sacramentum* wörtlich «Pfand», v. a. «Gerichtspfand», und «Eid», besonders «Fahneneid».[215] Dies überträgt Zwingli auf die christlichen Sakramente. Und das sind für ihn Taufe und Abendmahl, diejenigen religiösen Handlungen, die Jesus selbst eingesetzt hat. Ein Sakrament ist für Zwingli deshalb eine «Einweihungs- und Verpflichtungshandlung» (ZS III, 237), ein «Antrittszeremoniell oder eine Verpfändung» (ZS III, 231), eine «Einweihung oder öffentliche Amtseinführung» (ZS III, 231). Zwingli veranschaulicht das folgendermassen:

> «Denn wie die Prozessparteien eine gewisse Geldsumme hinterlegten, die nur die Prozessgewinner wieder fortnehmen durften, so nehmen diejeni-

---

215 Vgl. Köpf, Sakramente, 751: «Sacramentum bezeichnet im vorchristlichen Latein v. a. im Gerichtswesen den Geldbetrag, den der Prozessierende als *depositum* erlegen musste und im Militärwesen den Fahneneid des Soldaten.» (Hervorhebung v. Vf.)

> gen, die sich durch Sakramente einweihen lassen, eine Verpflichtung oder ein Pfand auf sich, sie geben und empfangen ein Unterpfand dafür, dass sie nicht mehr ins frühere Leben zurückkehren dürfen.» (ZS III, 231)

Der Sinn eines Sakraments besteht für Zwingli also darin, dass es eine ethische Verpflichtung zum Ausdruck bringt. Im Sakrament verpflichtet sich der Christenmensch oder – im Fall der Kindertaufe – seine Vertreter, sein Leben den christlichen Tugenden gemäss zu gestalten. Und das Sakrament ist das sichtbare Zeichen dieser Verpflichtung. Zwingli kann dies ohne Weiteres auch mit einer militärischen Verpflichtungsleistung vergleichen, nur dass an dieser Stelle nicht die Treue zum Heer, sondern der soldatische Einsatz im beschriebenen Kampf zwischen Gut und Böse, zwischen Untugend und Tugend, zwischen Leib und Geist, zwischen äusserem und innerem Menschen gemeint ist.[216]

> «Sakramente also sind [...] Zeichen oder Zeremonien, mittels deren der Mensch der Kirche glaubhaft macht, dass er entweder ein Kandidat oder ein Soldat Christi ist, und die Sakramente machen die ganze Kirche deines Glaubens viel mehr gewiss als dich selbst.» (ZS III, 235)

Das Sakrament ist also ein *Zeichen* des Glaubens. Und weil der Glaube Folge der Gnade ist, sind Sakramente Zeichen der Gnade. Sie sind – wie es in der «Fidei Ratio» von 1530 heisst – «sichtbare Gestalt [...] der unsichtbaren Gnade» (ZS IV, 115). Das Sakrament wird dadurch zum sichtbaren Zeichen der unsichtbaren Gnade, weil das Zeichen in sich eine innere Analogie zum Bezeichneten aufweist, oder – wie Zwingli wieder in der «Fidei Ratio» gesagt hat – «eine gewisse Analogie zu der durch den Geist gewirkten Sache besitzt» (ZS IV, 116). Dass der gläubige Mensch sich zu einem von Untugenden reinen und freien Leben verpflichtet, wird in der Taufe *analog* durch das Abwaschen des

216 Vgl. dazu unter II, 2.1.

Körpers bezeichnet. Und: Das im Glauben gewisse Vertrauen, dass wir durch das Opfer Jesu Christi trotz unseres untugendhaften Lebens mit Gott versöhnt sind, wird *analog* durch den gemeinsamen Verzehr von Brot und Wein, den *Zeichen* von Leib und Blut, zum Ausdruck gebracht.

Es sei in dieser Sache abschliessend auf Gottfried W. Locher hingewiesen, der das Sakramentsverständnis Zwinglis, wie es hier skizziert wurde, auf drei knappe und klare Punkte konzentriert hat:

> «1. Das sacramentum-signum [= Sakraments-Zeichen] ist eine menschliche Handlung und gehört zum Bekenntnis der Gemeinde. Es ist ein öffentliches ‹Pflichtzeichen›. 2. Dieses Bekenntnis bezieht sich auf das Kreuzesgeschehen; dort wurde unsere Begnadigung vollzogen; das Sakrament weist über sich selbst hinaus auf die ‹facta gratia› [= geschehene Gnade]. 3. Von daher ist es dem Sakrament verboten, selbst Gnade mitzuteilen oder das beschwerte Gewissen zu entledigen. *Es setzt den Glauben voraus.* Doch besteht zwischen dem Zeichen und der bezeichneten Sache eine gleichnishafte *Analogie*, die dem Sakrament eine Eindrücklichkeit verleiht, welche diejenige des Wortes übertrifft.»[217]

Vor dem Hintergrund des geschilderten Sakramentsverständnisses wird deutlich, wieso die Ehe für Zwingli kein Sakrament im Sinne von Taufe und Abendmahl sein kann. Denn für ein Sakrament im beschriebenen Sinne gilt, dass in ihm das unbedingte Vertrauensverhältnis zwischen Mensch und Gott beziehungsweise Mensch und Jesus Christus in *analoger* Form zum Ausdruck kommt. Die Ehe betrifft aber in erster Linie nicht das Verhältnis eines Menschen zu Gott, sondern das Verhältnis zweier Menschen untereinander. Die Ehe ist kein Gottesbund, sondern «ein Lebensbund, eine Gütergemeinschaft, ein gemeinsamer Wurf mit dem Würfel» (ZS III, 236).

Hinzu kommt: Ein Sakrament im strengen Sinne kann für Zwingli nur das sein, «was durch ein untrügliches, klares Wort Gottes einge-

217 Locher, Grundzüge, 577f. (Hervorhebung v. Vf.).

setzt worden ist» (ZS II, 149). Und im Gegensatz zu Taufe und Abendmahl kann die Ehe nicht auf eine ähnliche Einsetzung wie Taufe und Abendmahl zurückgeführt werden. Vielmehr sieht Zwingli ganz deutlich, dass die Ehe auch bei «Menschen, die nicht an Gott glauben, in hohem Ansehen» (ZS II, 308) steht.

Dass die Ehe kein Sakrament im Sinne der römisch-katholischen Kirche und auch nicht Sakrament im Sinne von Zwinglis eigenen reformatorischen Einsichten ist, bedeutet nicht, dass es sich um eine beliebige Angelegenheit handelt. Im Gegenteil: Die Ehe gehört zu den wichtigen und zentralen Institutionen des menschlichen Zusammenlebens. «Heilig sei also die Ehe!» (ZS III, 236) kann Zwingli daher ausrufen. Und das ist ein Imperativ. Zwingli meint damit, dass die Ehe ein «sehr heiliges Bündnis» (ZS III, 237) insofern ist, als sie in herausragendem Sinne ein Ort ist, an dem die christlichen Tugenden zum Zuge kommen müssen. Eine Ehe kann nur gelingen, wenn sie nach Massgabe der christlichen Tugenden – allen voran Glaube, Liebe und Hoffnung – gestaltet wird. Das, und nur das, heiligt sie.

1.2 Keuschheit und Zölibat

Zwingli begann seine Karriere als Priester der römisch-katholischen Kirche. Als solcher unterstand er dem Zölibat, der Ehelosigkeit und sexuelle Enthaltsamkeit (Keuschheit) verlangte.

Den Zölibat hat es nicht immer gegeben. Er hat sich mit der Zeit entwickelt. Kennen das Neue Testament und das Apostolische Zeitalter keine Vorschriften, «dass die angestellten kirchlichen Lehrer und Diener ehelos sein müssten»[218], beginnen bereits im 4. Jh. «die kirchenrechtlichen Beschränkungen der Priesterehe»[219]. Eine bedeutende Rolle spielt in diesem Zusammenhang die Entstehung des Mönchtums:

218 Theiner, Ehelosigkeit, 26.
219 Theiner, Ehelosigkeit, 78.

> «Der Einfluss, den das Mönchtum auf die Ansichten von der Ehe, und besonders von der Priesterehe hatte, musste sehr bedeutend sein. Die neue Lebensart erklärte die Ehe für ein Hindernis auf dem Wege zur Vollkommenheit.»[220]

Der grosse Kirchenvater des 4. und 5. Jhs., Augustinus, verlangte – wohl auch vor dem Hintergrund seiner eigenen Vergangenheit – die Ehelosigkeit für Priester und Bischöfe nicht ausdrücklich. Für ihn galt aber auch: «[D]ie Ehelosigkeit bleibt weit vorzüglicher als die Ehe.»[221]

In der Ostkirche setzte sich im 7. Jh. die Praxis durch, dass bei Priestern die vor der Priesterweihe geschlossene Ehe bestehen bleiben konnte, sich aber die Priester vor Amtshandlungen des geschlechtlichen Verkehrs enthalten sollten. Höhere Ämter blieben Unverheirateten vorbehalten.[222] Dies gilt grosso modo in den orthodoxen Kirchen bis heute.

In der Westkirche gewann eine strengere Richtung die Oberhand.[223] Insbesondere der von den britischen Inseln stammende Mönch und spätere Bischof und Erzbischof Bonifacius (673–755) hat sich – in Absprache mit Papst Zacharias II. (Papst von 741–752) – in dieser Sache hervorgetan. Auf einer Synode im Jahre 742 (der Ort ist nicht überliefert) wurde im sechsten dort verabschiedeten Kanon die Unzucht von Priestern mit Auspeitschung und Gefängnis sanktioniert.[224] Und im siebten Kanon wurde «Priestern und Diaconen befoh-

---

220 Theiner, Ehelosigkeit, 121. Für einen breiten Strom des Mönchtums galt, dass «die Ehe etwas so Verwerfliches sein sollte, dass kein Verehelichter selig werden könne» (a. a. O., 124). Theiner und Theiner sprechen in diesem Zusammenhang auch von einem «ascetischen Fanatismus» (a. a. O., 123).

221 Theiner, Ehelosigkeit, 151.

222 Vgl. Koeniger, Zölibat, 2129f.

223 Vgl. Theiner, Ehelosigkeit, 389: «Gehen wir [...] zum Abendland über, so finden wir, dass hier allerdings viel mehr getan ist, um die Ehe der Geistlichen zu unterdrücken.»

224 «Der Priester, welcher Unzucht übt, soll in ein Gefängnis gesteckt werden, nachdem er vorher gegeisselt und ausgepeitscht worden ist.» («Si

len, keine Weiber in ihren Häusern zu haben»[225]. Aber auch Atto von Vercelli (885–961) und Ratherius von Verona (887–974) haben sich in dieser Sache einen Namen gemacht.[226]

In der Folgezeit mehrten sich im Westen auf Synoden und Konzilien die Vorstösse, die Ehelosigkeit für verbindlich zu erklären: Im 10. Jh. wirkte Papst Leo VII. (Papst von 936–939) verstärkt auf eine Ehelosigkeit der Priester hin. Er «erklärte die Ehe der Priester für ein Verbrechen»[227]. Auf dem Konzil von Augsburg (952) wurde jedem Bischof, Priester, Diakon und Subdiakon für den Fall einer Eheschliessung die Absetzung aus dem Amt angedroht.[228] Und im Jahre 1000 wurde auf dem Konzil von Poitiers im dritten Kanon festgehalten:

> «Kein Priester und Diakon soll ein Weib in seinem Hause haben, noch in sein Schlafgemach, noch in einen geheimen Ort hereinlassen, um der Unzucht zu pflegen.»[229]

Und die Synode zu Pavia (1014–1024) hielt unter Leitung von Papst Benedikt VIII. (Papst von 1012–1024) bereits im ersten Kanon fest, dass

> «Kleriker, welche eine Frau oder Concubine haben, oder mit einem Weibe in einem Hause zusammenwohnen, dem Staatsgefängnisse überliefert werden»[230].

Schliesslich: Auf dem 2. Laterankonzil von 1139 wurde der Zölibat in der römischen Kirche für allgemein verbindlich erklärt und seine

---

ordinatus presbyter [sc.in fornicationis crimen lapsus] sit, duos annos in carvere permaneat, et antea flagellatus et scorticatus videatur, et post episcopus adaugeat.» [Zit. n. Theiner, Erzwungene Ehelosigkeit», 410 u. Anm. **])

225 Zit. n. Theiner, Ehelosigkeit, 410.

226 Vgl. Theiner, Ehelosigkeit, 503–527.

227 Theiner, Ehelosigkeit, 455.

228 Vgl. Theiner, Ehelosigkeit, 456.

229 Zit. n. Theiner, Ehelosigkeit, 456.

230 Zit. n. Theiner, Ehelosigkeit, 465.

Nichteinhaltung mit Amtsverlust sanktioniert (sechster und siebter Kanon). Und dies blieb die folgenden gut 800 Jahre so. Mehr noch: Auf dem 2. Vatikanischen Konzil (1962–65) wurde der Zölibat feierlich bekräftigt.[231] Er ist bis auf den heutigen Tag in Kraft. Der Zölibat wurde und wird verstanden als Annäherung der Priester an die Ehelosigkeit Christi und er soll die Reinheit heiliger Handlungen unterstreichen. Er wird verstanden als Gabe Gottes um des Himmelreiches willen.[232]

Dass der Zölibat seit dem 12. Jh. in der römisch-katholischen Kirche zu den festen Voraussetzungen für das Führen eines geistliches Amtes gehört, heisst nicht, dass dieser Voraussetzung von Seiten des Personals immer genügt wurde. Im Gegenteil: Die Kirchengeschichte ist voll von Berichten über das Scheitern von Geistlichen am Zölibat und zwar nicht nur bei Diakonen und Priestern, sondern hinauf bis zu Bischöfen, Erzbischöfen, Kardinälen und Päpsten. Das näher auszuführen, ist hier nicht der Ort. Es reicht die Feststellung: Die Übertretung des Zölibats war gang und gäbe.

Und auch der Priester Ulrich Zwingli gehört zu denjenigen, die am Zölibat gescheitert sind. Schon damals bekannt geworden ist ein Vorgang, der im Vorfeld von Zwinglis Wahl zum Leutpriester am Zürcher Grossmünster für Irritationen sorgte. In einem Brief vom 5. Dezember 1518 an Heinrich Utinger (Chorherr am Zürcher Grossmünster) hat Zwingli sein Versagen gegenüber dem Zölibat eingeräumt und sich aber vehement gegen den Vorwurf verteidigt, eine Jungfrau geschwängert zu haben. Aus diesem Dokument geht auch hervor, dass es sich bei dem fraglichen Vorgang nicht um den einzigen «Ausrutscher» Zwinglis gehandelt hat. Zwingli teilt gegenüber Utinger mit:

> «Zuerst also soll Dir nicht verborgen sein, dass ich vor ungefähr drei Jahren [= Ende 1515] den Vorsatz gefasst hatte, kein Weib mehr zu berühren,

231 Vgl. Lüdecke, Zölibat, 1897.
232 Vgl. Lüdecke, Zölibat, 1897.

> weil ja Paulus gesagt hat, es sei gut, wenn man kein Weib berühre. Aber es ist nicht gut gelungen. In Glarus blieb ich allerdings von da an ein halbes Jahr meinem Vorsatz treu, in Einsiedeln aber nicht länger als ein Jahr, da ich eben in Einsiedeln niemand fand, der diese Lebensweise mit mir teilte, wohl aber nicht wenige, die mich verführten – ach! da bin ich gefallen und dem Hunde gleich geworden, der sich seinem Auswurf zuwendet.»[233]

Zwei Dinge sind an dieser Stelle bemerkenswert: einmal, dass während Zwinglis Zeit in Einsiedeln unter den Geistlichen offenbar eine sehr freizügige Einstellung gegenüber der vom Zölibat geforderten sexuellen Enthaltsamkeit herrschte. Das andere ist, dass die Kunde von Zwinglis Versagen gegenüber dem Zölibat in Einsiedeln ganz offensichtlich keinen Hinderungsgrund für seine Wahl zum Leutpriester in Zürich darstellte. Wichtiger für den hier vorstelligen Zusammenhang jedoch ist: Zwingli weiss mit Blick auf den Zölibat und das Scheitern am Zölibat, wovon er redet. Und er entwickelt vor dem Hintergrund seiner eigenen Erfahrungen *und* seiner reformatorischen Einsichten eine Position mit Blick auf den Zölibat, die konsequent auf dessen Abschaffung hinausläuft.

Zwinglis Plädoyer für eine Abschaffung des Zölibats und die Zulässigkeit der Ehe für kirchliche Funktionäre stützt sich v. a. auf *drei* Argumente: *erstens* die fehlende biblische Begründung für den Zölibat, *zweitens* die sittlich-negativen Folgen des Zölibats und *drittens* die Ehe als sinnvolle Sublimation des Sexuellen.

Was das *Erste* angeht, so steht und fällt die Frage nach dem Zölibat für Zwingli in gut reformatorischer Manier mit dessen biblischer Begründung. Und der Befund ist an dieser Stelle eindeutig. Der Zölibat kennt keine biblische Begründung. Vielmehr findet Zwingli in der Bibel eine ganze Reihe von Hinweisen, die sich im Gegenteil für die Ehe aussprechen. Zwingli ruft in diesem Zusammenhang Hebräer

---

233 Zit. nach Schindler, Zwingli an Utinger, 54.

13,4a auf, wo es heisst: «Die Ehe werde bei *allen* in Ehren gehalten.»[234] Und Zwingli kommentiert dazu:

> «Wenn die Ehe aber nach Gottes Zeugnis heilig, fromm und gut ist, warum verbieten wir sie dann einigen Menschen, nämlich den Priestern, Mönchen, Nonnen, Bischöfen, d. h. den Dienern des Wortes?» (ZS III, 328)

Und ein zweites Votum aus dem Neuen Testament wird für Zwingli in diesem Zusammenhang wichtig, nämlich ein Abschnitt aus dem 1. Timotheusbrief 3,2a, in dem – Zwinglis Einschätzung zufolge – der Verfasser «ausdrücklich deren [sc. der Priester] Verheiratung wünscht» (ZS III, 329). Der Auszug aus dem 1. Timotheusbrief, auf den Zwingli anspielt, lautet: «Ein Bischof muss ohne Tadel sein: der Mann einer einzigen Frau.»[235] In seinen Schlussreden hat Zwingli zu dieser Stelle fast apodiktisch notiert: «Gott gebietet ihnen [sc. den Priestern], eine Ehefrau zu haben.» (ZS I, 379) Der Zölibat, der die Ehe verbietet und sexuelle Enthaltsamkeit fordert, entbehrt für Zwingli so jeder biblischen Grundlage. Der Zölibat ist menschliches Gesetz, über das die evangelische Freiheit unendlich erhaben ist. Und diese sagt: «*Die Ehe* [...] *ist allen Menschen erlaubt.*»[236] (ZS II, 309)

Bei dem *zweiten* Argument, das Zwingli ins Feld führt, handelt es sich um die moralischen Konflikte und ethischen Verwerfungen, die mit dem Zölibat beziehungsweise dessen Nichtbefolgen einhergehen. Gemeint sind damit die aus dem Zölibat gewissermassen notwendig resultierenden sexuellen Frustrationen und deren Folgen. Die

---

234 Zit. nach der Zürcher Bibel von 2007 (Hervorhebung v. Vf.).

235 Zit. nach der Zürcher Bibel von 2007.
Bischof ist für Zwingli in diesem Zusammenhang gleichbedeutend mit Priester resp. Pfarrer. Vgl. ZS I, 296, wo Zwingli übersetzt: «Ein *Bischof oder Pfarrer* [...] soll untadelig sein, ein Gatte nur einer Gattin.» Und vgl. auch ebd., wo Zwingli fortfährt: «Es darf ein *Bischof oder Pfarrer* nicht mit Lastern befallen sein.» (Hervorhebungen i. Orig.)

236 Hervorhebung v. Vf.

kirchenrechtliche Verordnung von Ehelosigkeit und sexueller Enthaltung entspricht in den allerwenigsten Fällen den tatsächlichen sexuellen Bedürfnissen der kirchlichen Amtsträger. Diese werden mit dem Zölibat konsequent in die Immoralität getrieben, wie Anton und Augustin Theiner in ihrer grossangelegten (und bereits zitierten) Studie über den Zölibat festgestellt haben:

> «Dass die Ehelosigkeit, sobald sie nicht mehr aus innerem Antriebe hervorgieng [sic!], sondern durch die Mittel die wir angegeben haben, vorzüglich durch die Willkür überspannter oder herrschsüchtiger Bischöfe eingeführt wurde, die Immoralität in ihrem Gefolge haben musste, war nicht anders zu erwarten.»[237]

Priester und andere kirchliche Funktionäre nahmen infolge dessen mehr oder weniger regelmässig die (heimlichen) Dienste von Prostituierten in Anspruch oder lebten (mehr oder weniger heimlich) im Konkubinat. Zwingli spricht in Bezug auf diese Praktiken von der «schändliche[n] Hurerei der Geistlichen» (ZS II, 313) oder der «schamlose[n] Hurerei, welche die [...] Geistlichen treiben» (ZS II, 410). Und er benennt es klar, dass es sich dabei nicht um Ausnahmefälle, sondern um ein äusserst weitgreifendes Phänomen handelt, wenn er mit Blick auf den Zölibat und seine Befolgung konstatiert, «dass sich nicht einer von hundert daran hält» (ZS II, 411).

Schlimmer jedoch als die grassierenden Übertretungen des Zölibats war für Zwingli die Tatsache, dass die katholische Kirche an dieser Stelle eine ganz scheinheilige, bigotte Politik zuliess. Denn der offiziell seit 1139 in Kraft befindliche Zölibat wurde nicht stringent überwacht und vor allem nicht konsequent geahndet. Im Gegenteil: Die römisch-katholische Kirche machte aus der sexuellen Not ihrer geweihten Mitarbeiter sogar noch ein Geschäft. Denn es war eine dazumal weit verbreitete Praxis, dass Priester sich gegen eine regel-

---

237 Theiner, Erzwungene Ehelosigkeit, 89.

mässige Geldzahlung vom Bischof gewissermassen einen *dispens* vom Zölibat erkaufen konnten, d. h. die stillschweigende Erlaubnis, mit einer Konkubine zusammenzuleben. Zwingli bezeichnet diese Zahlungen verächtlich als «Hurengebühr» oder «Hurengeld» (ZS II, 411).[238] Diese Konkubinatsabgaben waren indes ein einträgliches Geschäft. Sie waren so verbreitet und so verlässlich, dass sie sogar verpfändet werden konnten und wurden.[239]

Dass der Zölibat aufrechterhalten und gleichzeitig über dessen notorische Übertretung hinweggesehen wird, kommt also – wie Zwingli zu verstehen gibt – daher, dass die «Bischöfe mehr von ihrem Hurengeld haben, als die Müller von ihren Mehlsäcken» (ZS II, 411). Und Zwingli klagt deshalb schonungslos an: Sie «lassen um des Profites willen jegliche Hurerei geschehen» (ZS I, 379). Dieser zum Himmel schreiende Missstand ist für Zwingli einer der Hauptgründe, den Zölibat ganz und gar abzuschaffen.

Das *dritte* Argument ergibt sich aus den beiden vorhergehenden. Spricht in der Heiligen Schrift nichts gegen, sondern alles für die Ehe und treibt der Zölibat die Geistlichen konsequent in die Immoralität, so ist die Ehe diejenige Gestalt, in der die menschliche Sexualität in christlichem Sinne kanalisiert werden kann.

Es ist dabei nicht so, dass Zwingli der Ehelosigkeit und der Keuschheit insgesamt nichts abgewinnen könnte. Zwingli weiss nur zu gut, dass im Bereich der menschlichen Sexualität (ähnlich wie beim Geld)[240] die gesteigerte Gefahr besteht, den Frieden unter den Men-

---

238 Vgl. dazu Gäbler Zwingli, 20f.: «Ein besonderes Problem stellte dabei das Gebot der Ehelosigkeit beziehungsweise die Bestrafung bei Konkubinatsvergehen dar. Bei der Absolution vom Vergehen des Zölibatsbruches sprach das bischöfliche Gericht nämlich eine je nach Schwere des Vergehens abgestufte Geldstrafe aus. Allerdings gab es Geistliche, die regelmässig Absolution erwirkten, so dass die damit verbundene Zahlung eher den Charakter einer Abgabe für im Konkubinat lebende Priester trug.»

239 Vgl. Gäbler, Zwingli, 21.

240 Vgl. dazu unter III, 2.3.

schen zu stören. Viele Konflikte und viel Unfriede unter den Menschen haben ihre Ursache in sexuellen Übersteuerungen. Die Untugenden von *Leichtfertigkeit, Unwahrheit, Selbstsucht* etc., die Zwingli allesamt unter dem «Irrsinn der Liebe» (ZS I, 234) zusammenfasst,[241] haben ihren direkten Ursprung mehr oder weniger im Umfeld des menschlichen Geschlechtstriebes; von den sexuellen Eskalationen im Umfeld kriegerischer Aktivitäten ganz zu schweigen.

Insofern hält Zwingli zunächst viel vom Rat des Apostels Paulus, der empfiehlt, die Sexualität soweit als möglich aus dem christlichen Vollzug des Lebens auszuklammern. Im ersten Brief an die Korinther hatte der Apostel Paulus geäussert, «dass es für einen Mann gut sei, keine Frau zu berühren»[242] (1Kor 7,1). Doch Zwingli ist Realist genug, um zu wissen, dass das nur in absoluten Ausnahmefällen gelingt und möglich ist. Und wenn es gelingt, dann ist dies als Gabe und Gnade Gottes aufzufassen und nicht als eigene Leistung, als Ergebnis eines Vorsatzes oder als Befolgung eines Gesetzes. Denn grundsätzlich ist klar, «dass niemand enthaltsam leben kann, dem Gott dies nicht ermöglicht» (ZS II, 314). Die Abwesenheit des Sexualtriebes ist eine ausserordentliche Gabe.[243] Aber Zwingli bezweifelt vor dem Hintergrund seines Paulus-Studiums, dass es irgend einen Menschen gibt – sei es Mann oder Frau –, «der nicht das Feuer der Begierde empfunden hat» (ZS III, 333).

Und wenn dieses Feuer der Begierde lodert, dann ist die Ehe im christlichen Sinne diejenige (und die einzige) Form, in der das sexuelle Verlangen des Menschen eine Form finden kann, die den Frieden des Gemeinwesens mitgarantiert. Das heisst: Wem die Gabe der Asexualität nicht gegeben ist, der oder die hat in den Augen Zwinglis sogar die heilige Pflicht, in den Stand der Ehe zu treten. In seinen «Schlussreden» hat Zwingli geschrieben:

241 Vgl. dazu unter II, 2.1.
242 Zit. nach der Zürcher Bibel 2007.
243 Vgl. dazu 1Kor 7,29ff.

> «[E]s ist der Wille des Herrn, dass wir uns mit einer Frau beziehungsweise mit einem Mann versehen, wenn wir zu viel Geilheit spüren.» (ZS II, 311) Und im Gegenteil gilt: «Charakterlumpen sind aber die, welche nicht auf den Geschlechtsverkehr verzichten, aber auch nicht den Stand der Ehe wählen wollen.» (ZS II, 313)

Weiter schärft Zwingli ein: Bevor der Bund der Ehe eingegangen wird, müssen sich die zukünftigen Eheleute «bis zur Hochzeit [...] ehrenhaft halten» (ZS I, 234). Und das betrifft nicht nur den Umgang miteinander (also von Verlobter und Verlobtem), sondern von Seiten der Männer den Kontakt mit «dem Kreis aller Frauen und Jungfrauen» (ebd.).

Die Ehe – und gemeint ist für Zwingli immer die Einehe, also die Monogamie – ist für Zwingli also eine Institution, die die menschliche Sexualität in gelenkte Bahnen bringt, die die menschliche Sexualität sublimiert. Die romantische Vorstellung einer reinen Liebesehe ist Zwingli noch völlig fremd.

Und doch ist die Ehe für ihn mehr als geordneter Sex. Sie ist auch eine «Gütergemeinschaft» (ZS III, 236). Die Ehe ist eine Beziehung zwischen zwei Menschen, die gemeinsame Güter teilen. Und für diese Beziehung und das Teilen der Güter gilt das, was eigentlich für jede zwischenmenschliche Beziehung gilt, nämlich dass sie im Horizont der christlichen Tugenden zu gestalten ist: Die Ehe als Gütergemeinschaft ist im Sinne des höchsten Gutes und der entsprechenden Tugenden zu führen: Glaube, Liebe und Hoffnung sind hier im gesteigerten Sinne das Fundament einer gelingenden Ehe.

Wird die Ehe nach Massgabe der christlichen Tugend gestaltet, mündet sie wie von selbst in das Ideal «einer immerwährenden Ehe» (ZS I, 234). Und die aus einer solchen Ehe hervorgehende Familie ist der beste Garant dafür, dass sich diese Einstellung über den Weg einer christlichen Erziehung fortpflanzt. Für die Erziehung der Familien kann nichts anderes in ethischer Perspektive von Bedeutung sein als für die Ehe selbst. Das heisst konkret, dass Eheleute ihre Kinder «in Gehorsam und zu allem Anstand und zu aller Sittsamkeit erziehen» (ZS II, 312).

1.3 Ehe- und Sittengericht

Zwinglis Reformation hatte weitreichende Folgen, insbesondere auch für die kirchliche Jurisdiktion, also die Rechtsprechung durch die bischöfliche Gewalt, für die bis zur Reformation in Zürich das Bistum Konstanz zuständig war.

Bereits im Zuge der ersten Zürcher Disputation vom 29. Januar 1523 war der Einfluss des Konstanzer Bischofs massiv erodiert. In der ersten Zürcher Disputation ging es darum, ob es Zwingli weiterhin gestattet sein sollte, in reformatorischem Sinne im Grossmünster zu predigen und die damit verbundenen Neuerungen voranzutreiben. Stadt und Landschaft Zürich waren in dieser Sache nicht einer Meinung. Es gab sowohl in der Stadt als auch auf dem Land Anhänger der Reformation wie des alten Glaubens. Die Disputation sollte in dieser umstrittenen Sache Klarheit schaffen und die öffentliche Ordnung und Ruhe wieder herstellen.

Der Einfluss des Bistums Konstanz war im Vorfeld bereits zurückgegangen, zum einen, weil der Bischof von Konstanz nur noch pro forma eingeladen wurde und bei der Disputation selbst gar nicht zugegen war. Der Bischof wurde durch Johannes Fabri (Generalvikar von Konstanz) vertreten.

Das Bistum Konstanz hatte das reformatorische Geschehen in Zürich offenbar fatal unterschätzt und falsch eingeordnet. Man hielt in Konstanz die Ereignisse in Zürich wohl nur für ein Epiphänomen der mitteldeutschen Reformation, zu der in Rom im Grunde schon das Nötige gesagt worden war. Generalvikar Fabri sollte deshalb nur formal protestieren und nicht diskutieren.[244] Zum anderen wurde mit der Zürcher Disputation mehr als deutlich, dass nicht der Bischof in Konstanz im *casus* Zwingli die Entscheidungsgewalt hatte, sondern der Rat «als oberste und letzte Instanz ein definitives Urteil [zu] fällen»[245]

244 Vgl. Gäbler, Zwingli, 64.
245 Gäbler, Zwingli, 63.

sich befugte. Und dieser verfügte bereits im reformatorischen Sinne, dass die Grundlage für eine Entscheidung in dieser Frage nur die Heilige Schrift sein könnte. Der Rat entschied sich am 29. Januar 1523 vergleichsweise schnell. Im sogenannten «Abschied» (Verabschiedung, Beschluss) wurde festgehalten, dass

> «burgermeister, radt unnd der groß radt der statt Zürich groß unruow unnd tzwitracht abzestellen nach gehaptem radt erkent, entschlossen unnd ist ir ernstlich meinung, das meister Ulrich Tzwinly fürfaren unnd hinfür wie bißhar das heilig euangelion unnd die recht göttlich gschrifft verkünde so lang unnd vil, biß er eins besseren bericht werde. Es sollent ouch all andere ire lütpriester, seelsorger unnd predicanten in iro statt, lantschafften und herschafften anders nüt fürnemmen noch predigen, dann was sy mit dem heiligen euangelion unnd sust rechter göttlicher geschrifft beweren mögen.» (Z I, 470f.)

Das heisst im heutigen Deutsch in etwa, dass

> «Bürgermeister, Rat und der Grosse Rat der Stadt Zürich grosse Unruhe und Zwietracht abzustellen nach gehabten Rat erkannt [haben]; es wurde beschlossen und ist ihre ernstliche Meinung, dass Meister Ulrich Zwingli fortfahren und weiter wie bisher das heilige Evangelium und die rechte göttliche Schrift verkünde, so lang, bis er eines besseren belehrt werde. Es sollen auch alle ihre Leutpriester, Seelsorger und Prädikanten in ihren Städten, Landschaften und Herrschaften sich nichts anderes vornehmen noch predigen, als was sie mit dem heiligen Evangelium und sonstiger rechter göttlicher Schrift zu bewähren vermögen.»

Mit dieser Entscheidung ist die ehemals bischöfliche Rechtsprechung faktisch an den Rat abgewandert.[246] Das ist insofern konsequent, als

246 Vgl. Gäbler, Zwingli, 67: «Zwingli sieht in den Ratsherren die legitimen Vertreter der christlichen Gemeinde.»

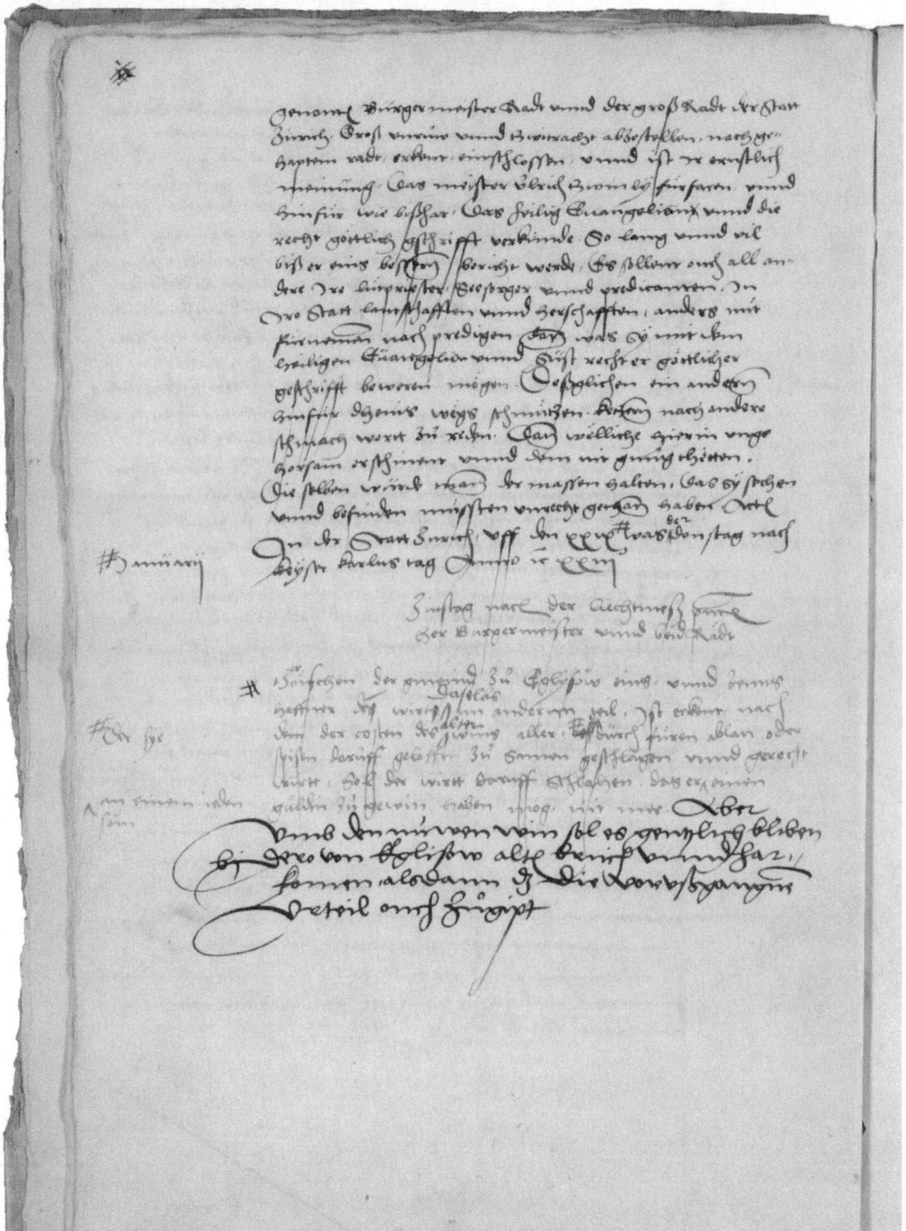

Abb. 10: Der Abschied des Zürcher Rats
(Abbildung des Originaldokuments vom 29. Januar 1523)

Zwingli ein Obrigkeitsmodell vorschwebt, in dem die weltliche Gewalt sich in ihrer Amtsausübung an den christlichen Tugenden orientiert. Dies wird uns im folgenden Unterkapitel noch beschäftigen.[247]

In Bezug auf die Ehe hatte diese Entscheidung nicht unwesentliche Veränderungen zur Folge, weil ein traditionell von der Kirche administrierter Bereich des Zusammenlebens nun auch unter die Botmässigkeit des Staates geriet.[248] Um in diesem Zusammenhang einer vorschnellen Entkoppelung von Rechtsprechung und theologisch-ethischen Fundamenten vorzubeugen, wurde in Zürich ein sogenanntes Ehegericht ins Leben gerufen.[249] Die Einrichtung dieses Ehegerichts wurde für den 10. Mai 1525 verfügt.

Bei diesem Ehegericht handelte es sich um eine völlig neue Institution. Zwingli scheint sich in der Folge eher im Hintergrund gehalten zu haben. Aber gemäss seiner Vorstellungen war das Ehegericht aus geistlichen Vertretern *und* politischen Akteuren zusammengesetzt: vier weltliche und drei geistliche Mitglieder. Zu den geistlichen Mitgliedern der Anfangsformation gehörten der bereits oben genannte Heinrich Utinger, der Freund und Kollege Zwinglis, Leo Jud, sowie Heinrich Engelhart.[250]

Das Ehegericht verschlankte die Rechtsprechung enorm. Zwangsehen wurden verboten. Ehehindernisse (ausser Blutsverwandtschaft) wurden weitgehend beseitigt. Scheidungen waren von nun an bei hoffnungslos zerrütteten Beziehungen erleichtert. Der Eintrag in den Rodel (das Kirchenbuch) wurde verpflichtend genauso wie die

---

247 Vgl. dazu unter III, 2.1.

248 Vgl. Köhler, Zwingli, 119: «Die Ehegesetzgebung lag im Mittelalter in den Händen der Kirche, der Kurien, der Bischöfe [...] geleitet vom bischöflichen Offizial, der seine Unterbeamten auf einzelne Orte verteilen konnte – ein höchst umständliches Verfahren, sachlich belastet mit zahllosen Rechtsutensilien von Ehehindernissen, Verwandtschaftsgraden leiblicher und geistlicher Art, und nicht zuletzt mit sehr hohen Taxen.»

249 Zum Folgenden vgl. Gäbler, Zwingli, 95ff., Köhler, Zwingli, 119ff. und Opitz, Zwingli, 61ff.

250 Vgl. Gäbler, Zwingli, 95.

Bezeugung der Eheschliessung durch gemeinsamen Kirchgang. Das Ehegericht überprüfte zudem die Gültigkeit und Einhaltung des Eheversprechens. Es hatte selbst keine Strafgewalt. Es konnte Fehlbare abmahnen. Half dies nichts, wurde die Sache an den Rat überwiesen.[251]

Zur Veranschaulichung eines Ehegerichtsverfahrens sei hier der Auszug aus einem Protokoll wiedergegeben. Es handelt sich dabei um das Verhör des Richterswiler Pfarrers Gregor Lüthi am 18. Juli 1528, zu dessen Gunsten Zwingli ausgesagt hat. Der Sache nach geht es um den Vorwurf, Lüthi habe ein Eheversprechen gegenüber Margret Hermann gebrochen. Gregor Lüthi, seinerzeit Zwinglis Kaplan in Glarus, war seit 1522 Pfarrer in Richterswil und ab 1524 Prädikant an der Kirche des Dominikanerklosters Töss. Lüthis langjährige Haushälterin und Lebensgefährtin Margret Hermann ging offensichtlich davon aus, dass sie Lüthis Ehefrau werden sollte. Lüthi selbst hatte allerdings andere Pläne und machte geltend, Magret Hermann zur Genüge offengelegt zu haben, dass es nicht zu einer Eheschliessung kommen würde. Zwingli bestätigt die Argumentation Lüthis und macht sich zu dessen Leumundszeugen.[252]

Die Transkription des Abschnitts lautet:

> «Meister Ulrich Zwingli, predicant zue dem Großenn Münster d[i]x[i]t: Als er gewibett hatt, keme zue im Gorius, dozemal pfarrer zue Richtischwil, den fragte er, wann er ouch wibenn woelte. Daruff gebe im Gregorius antwurt: Ich darff nit wibenn vor dem schaffner zue Wedischwil. Wann er aber wiben doerffte, so were ein nachpur; daheim der hette wolgezogne kind, wiewol der selb nit rich were; so moechte er der selben doechteren wol eine nemenn. Daruff seit er zue Gregoriußenn: was wurde aber din Grett darzue jechenn? Da seite Gregorius: min Grett weißt wol, das ich sy nit verniment. Da redte er, wolan, ich laß es sin.

251 Vgl. Gäbler, Zwingli, 96 und Köhler, Zwingli, 121.

252 Vgl. dazu: Actensammlung, Nr. 1449 (1528-07-18), Nr. 1453 (1528-07-25), Nr. 1454 (1528-07-c.25) und Kamber, Reformation, 279f.

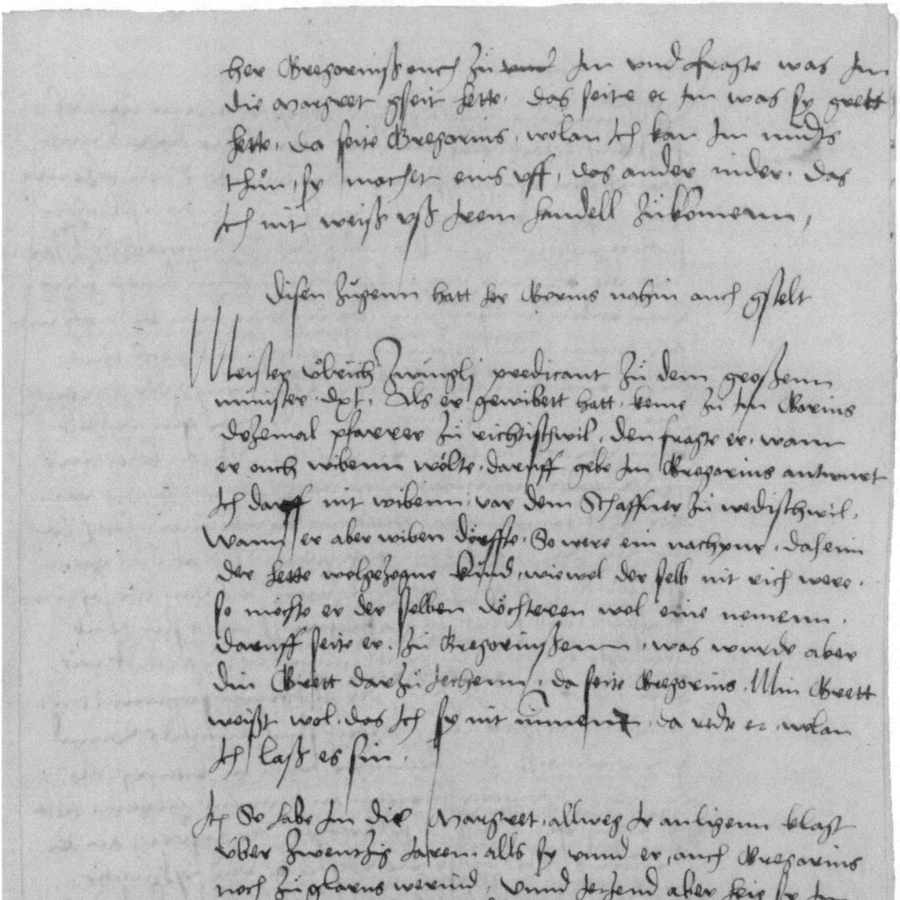
her Gregorius och zu [illegible] jm und fragte was jm
die Margret gsein hette. Das seite er jm was sy gsein
hette. Da seite Gregorius, wolan ich kan jm nuts
thun, sy macher eins oft, das ander nider. Das
ich nit weiss ist kein handell zukomenn,

Disen zugenn hatt her Gregorius nahin auch gstelt

Meister Vlrich Zwingli predicant zu dem grossen
münster etc. Als er gewibett hatt, keme zu her Gregorius
dozemal pfarrer zu wedischwil, den fragte er, wann
er auch wiben wölte. darauff gebe jm Gregorius antwurt
ich darff nit wibenn vor dem schaffner zu wedischwil.
wann er aber wiben dörffte, so were ein nachpur, dasein
der hette wolzogne kind, wiewol der selb nit rich were.
so möchte er der selben döchteren wol eine nemenn.
Darauff seite er zu Gregorius, was würde aber
din brett darzu sprechenn, da seite Gregorius Min brett
weisst wol das ich sy nit [illegible] da rede er, wolan
ich lass es sin.

Ich So habe jm die Margret allweg in anligenn klagt
über zwentzig jaren. alls sy vnnd er, auch Gregorius
noch zu glarus warend, vnnd sithend aber sig sy jm
dess handels gar nie gedacht, wiewol er jm mittler
zit by [illegible] gwessenn sige

Dises seit meister Vlrich der Margreten offenlich vor gricht
vnder augenn, vnd was Margreth dess bekantlich

Wiser seit [illegible] Gregorius hett allweg vnd dick mit
solichenn worten [illegible] der [illegible] halb
So sige auch Gregorius alhir warhafftig gsin, vnd habe die
warheit allweg ~~offenlich~~ einfaltigklich und vnverlougt
gseit.

Abb. 11: Ehegerichtsverfahren vom 18. Juli 1528: Zwingli wird als Zeuge aufgerufen.

> Item, so habe im die Margret allweg ir anligenn klagt ueber zwentzig jaren, alls sy unnd er, ouch Gregorius, noch zue Glarus werind. Unnd jetzend aber heig sy im deß handels gar nie gedacht, wiewol er inn mittler zit by iren zue Thoeß gewesenn sige.
> Dises seit Meister Ulrich der Margretenn offenlich vor gricht under ougenn, und was Margrett deß bekantlich.
> Witer seit M[eister] Ulrich, Gregoriuß hett allweg und dick mit soelichenn worten gschimpfftt der Gretenn halb. So sige ouch Gregorius allzit warhafftig gsin und habe die warheit allweg einfaltigklich und unverkluegt gseit.»

Das heisst in heutigem Deutsch etwa:

> «Meister Ulrich Zwingli, Prediger zum Grossmünster, sagte: Als er sich verheiratet hatte, kam zu ihm Gregorius [Lüthi], damals Pfarrer in Richterswil, den fragte er, ob er auch heiraten wollte; darauf gab ihm Gregorius zur Antwort: Ich darf nicht heiraten vor dem Schaffner in Wädenswil. Wenn er aber heiraten dürfe, so wäre ein Nachbar zu Hause, der habe wohlerzogene Kinder, gleichwohl er nicht reich sei, so möchte er von dessen Töchtern wohl eine nehmen. Darauf sagte er zu Gregorius: Was würde aber deine Grete [= Margret Hermann] dazu sagen? Da sagte Gregorius: Meine Grete weiss wohl, dass ich sie nicht verstand. Da sprach er, wohlan, ich lasse es sein.
> Item, so habe ihm die Margret immer ihr Anliegen geklagt: über zwanzig Jahre, als sie und er, auch Gregorius, noch in Glarus waren. Und jetzt habe sie ihm [sc. Zwingli] dieses Handels nicht mehr gedacht, gleichwohl er vor einiger Zeit bei ihr in Töss gewesen sei.
> Dies sagt Meister Ulrich der Margret öffentlich vor Gericht und in ihrer Gegenwart, und was Margret so zugegeben hat.
> Weiter sagt M[eister] Zwingli, Gregorius habe sehr oft ob solcher Worte über Margret gescherzt. So sei auch Gregorius immer wahrhaftig gewesen und habe die Wahrheit immer einfach und unverstellt gesagt.»[253]

253 Für Hintergrundinformationen und Transkription danke ich Herrn Dr. Hans Rudolf Lavater, Erlach.

Das 1525 eingerichtete Ehegericht gewann in der Folgezeit eine erstaunliche Eigendynamik. Ab dem 21. März 1526 fungierte es als ein allgemeines Sittengericht, das nicht nur über Obliegenheiten der Ehe wachte, sondern die Einhaltung der öffentlichen Moral insgesamt übernahm. Alkoholmissbrauch, *billetes d'amour*, Fluchen, Glücksspiel, Gotteslästerung, (ausbleibender) Gottesdienstbesuch, (spätes) Heimkommen, Herrenbesuch, Kuppelei, Prostitution, ausufernder Tanz, Verschwendung, Zuhälterei etc. wurden von sogenannten «Ehegäumlern»[254] denunziert. Die Ehegäumler waren eine Art Sittenpolizei, die in Zusammenarbeit mit Pfarrern, Untervögten und Zunftmeistern das öffentliche und private Leben überwachten. Wie weit der Einfluss und die Gerichtsbarkeit des Ehegerichtes tatsächlich reichten, lässt sich heute nur noch schwer eruieren.

Hier scheiden sich die Geister. Der Zwingli-Biograph Walther Köhler war der Meinung, dass Zwingli mit dem Ehegericht und dessen erweiterter Form des Sittengerichts ein rigides Regime in der Stadt errichtete, mit dem Ziel, Zürich moralisch reinigen zu wollen. Er stellte Zwingli in diesem Zusammenhang in eine Reihe mit dem Genfer Reformator Johannes Calvin. Köhler notierte:

> «In einzigartiger, die dem Mittelalter längst bekannten städtischen Zuchtgebote nicht an Zahl, aber an Energie der Durchführung weit übertreffender Kraft wurde eine Stadtgemeinde sittlich geprägt. In Zwinglis Zürich lag die Wurzel für das Genf Calvins und für den Puritanismus Oliver Cromwells und anderer.»[255]

---

254 Je nach Dialekt sind «Gäumler», «Gäumer», «Göumer» oder «Goumer» etc. resp. «gäumle» «gäume», «göume», oder «goume» etc. Helvetismen für einen herzlich zugewandten Hüter und Aufpasser oder herzlich zugewandtes Aufpassen und Hüten (vgl. Schweizerisches Idiotikon, II, 306). Ein Göumer oder eine Göumere ist z. B. im Berndeutschen bis heute die Bezeichnung für den (liebevollen) Hüter, die Hüterin von Kindern oder Tieren (vgl. Greyerz/ Bietenhand, Berndeutsches Wörterbuch, 144).

255 Köhler, Zwingli, 121.

Peter Opitz hält in seinem Zwinglibuch von 2015 dagegen und meint:

> «Historische Anhaltspunkte für eine besondere Verschärfung der ‹Sittenzucht› oder für neue sittliche Regeln zu Zwinglis Lebzeiten lassen sich nicht ohne weiteres finden.»[256]

Wie auch immer: Mit der Inblicknahme des Ehegerichtes, dessen Existenz und Erweiterung zum Sittengericht unstrittig ist, ist der Punkt erreicht, wo die Frage der Obrigkeit wie von selbst ins Zentrum des Interesses rückt. Ihr gilt es sich im Folgenden zuzuwenden.

2. Arbeit und Müssiggang

2.1 Arbeit und Tugend

Menschen sind tätige Wesen. Und der Bereich, in dem der Mensch in erster Linie tätig wird, ist die Arbeit. Für Zwingli sind in Bezug auf die menschliche Arbeit *drei* Punkte wichtig. Zum *einen* betont er den inneren Zusammenhang von Menschsein und Arbeit und leitet die menschliche Arbeit aus dem göttlichen Schaffen ab. Das *Zweite* ist, dass er mit Blick auf die Arbeit für grösstmögliche Gerechtigkeit eintritt. Und das *Dritte* ist, dass er in der Arbeit einen Garanten für das friedliche und tugendhafte Bestehen des Gemeinwesens sieht.

Zum *Ersten*: «*Zu Arbeit und Werk ist der Mensch geschaffen wie der Vogel zum Fliegen*»[257], hat Zwingli in dieser Sache einmal gesagt. Für ihn ist es also klar, dass Leben und Arbeiten zusammengehören. Arbeit zählt zu den Grundbedingungen des menschlichen Lebens, zur *conditio humana*, d. h. es entspricht dem Menschsein zu arbeiten.

256 Opitz, Zwingli, 64.
257 Zit. nach Locher, Zwinglis Botschaft, 600 (Hervorhebung v. Vf.).

Die obige Aussage ist die Übersetzung der lateinischen Fassung eines Zitats aus dem Buch Hiob (Hiob 5,7: «homo nascitur ad laborem, et avis ad volatum»).[258] Dass der Mensch zur Arbeit bestimmt ist, entnimmt Zwingli indes nicht nur dem Buch Hiob. Seine eigentliche Begründung hat die Verknüpfung von Arbeit und Menschsein im *hexameron*, im Sechs-Tage-Werk Gottes bei der Schöpfung der Welt, so wie sie im ersten Schöpfungsbericht der Genesis erzählt wird. Gott selber, der Inbegriff des höchsten Gutes, hat dort *gearbeitet*, als er nach dieser Vorstellung die Welt schuf. Nach seiner *Arbeit* ruhte Gott. Und das, was Gott er*arbeitet*, geschaffen hat, war sehr gut, wie es am Ende des ersten Schöpfungsberichts heisst: «Und Gott sah alles an, was er geschaffen hatte, und siehe, es war sehr gut.»[259] (Gen 1,31)

Wenn Gott gearbeitet hat, dann ist auch die Arbeit selbst gut im Sinne des Gutseins Gottes als des höchsten Gutes. Entsprechend steht Zwinglis ethische Bewertung der Arbeit fest: «*Arbeit ist etwas Gutes, etwas Göttliches.*»[260] (ZS I, 332)

Das bedeutet: In der Arbeit kann der Mensch am Gutsein Gottes, an seiner Güte teilnehmen. Zwingli geht noch weiter: Vor allem in der Arbeit, in der der Mensch selber etwas schafft und schöpferisch tätig wird, kann der Mensch sich auch äusserlich der Güte Gottes annähern, Gott ähnlich werden. Freilich ist Zwingli deutlich, dass sich die endliche, beschränkte und immer wieder fehlerhafte menschliche Arbeit vom göttlichen Schaffen markant unterscheidet. Aber dennoch hält er fest:

> «Das Allerschönste aber ist, dass aus der Hand des Arbeiters Frucht und Gewächs entspringt, so wie aus der Hand Gottes bei der Schöpfung; der Arbeitende ist also äusserlich Gott ähnlicher als irgendein Wesen auf der Welt.» (ZS I, 322)

---

258 Die lateinische Übersetzung der Vulgata ist an dieser Stelle freier. Die Zürcher Bibel von 2007 liest unter Hiob 5,7: «Der Mensch ist zur Mühsal geboren, wie Feuerfunken nach oben fliegen.»

259 Zit. nach der Zürcher Bibel 2007.

260 Hervorhebung v. Vf.

Abb. 12: Ulrich Zwingli (im Alter von 48 Jahren, zeitgenössischer Holzschnitt)

Unter Arbeit fasst Zwingli in erster Linie diejenigen Tätigkeiten zusammen, mit deren Hilfe sich der Mensch seine Existenzgrundlagen aneignet. Und das sind primär die Arbeiten des Bauers und des Handwerkers. Mit dieser bodenständigen Einschätzung schwamm Zwingli gegen den Geist seiner Zeit. Denn in der damaligen Zeit standen diejenigen in der gesellschaftlichen Hierarchie höher, die ihr Geld nicht mit den Händen verdienen mussten. Darin erkennt Zwingli eine gefährliche Entwicklung. Er bricht in dieser Sache eine Lanze vor allem für den Stand der Bauern, wie Locher bemerkt hat: «Jene Zeit achtete den Bauern gering, Zwingli hat ihn hoch geehrt»[261]. Zwingli fordert höchste Achtung vor dem, der «sich mit harter Arbeit ernährt» (ZS I, 321). Als Vorbild in diesem Kontext ruft Zwingli die antike – und für

261 Locher, Zwinglis Botschaft, 600.

ihren Fleiss und ihre Prosperität bekannte – Stadt Massilia (heute Marseille) auf, wo niemand Bürger werden durfte, «wenn er nicht ein Handwerk beherrschte, mit dem er sich ernähren konnte» (ZS I, 235).

Zwingli geht dabei durchaus auch so weit, zu äussern, dass es in einer christlichen Gesellschaft nicht undenkbar sein darf, auch Geistliche zu existenzsichernder körperlicher Arbeit mitheranzuziehen. Insbesondere wenn sie argumentieren, dass sie ja stellvertretend für die hart und viel Arbeitenden beten und meditieren müssten, weil jene aufgrund ihrer harten Arbeit dazu keine Zeit fänden, ruft Zwingli ihnen zu:

> «Geht doch ihr selbst einmal und bestellt die Äcker und lasst die anderen in eure Nester sitzen, die harte Arbeit leisten mussten, während ihr auf der faulen Haut lagt!» (ZS III, 372)

Für Zwingli ist es an dieser Stelle wichtig, dass auch in den Belangen der Arbeit die christlichen Tugenden zum Zuge kommen müssen. Das hat Konsequenzen für die Ethik der Arbeit. Zwingli plädiert also mit Blick auf körperliche Arbeit für grösstmögliche Gerechtigkeit. Und das heisst zunächst und das ist das *Erste*:

> «Jene die arbeiten können, sollen sich mit Arbeit ihren Lebensunterhalt verdienen.» (ZS II, 305)

Zwingli hat des Weiteren besonders die seinerzeit verbreitete Praxis im Blick, dass (auch junge Männer) sich zur monastischen, klösterlichen Lebensform entschlossen, um nicht hart auf dem Feld oder in der Werkstatt arbeiten zu müssen. Aber auch andere Formen der Arbeitsverweigerung oder -vermeidung fallen unter diesen Satz. Denn er bedeutet auch, dass z. B. jemand, der arbeiten könnte, nicht betteln, keine Almosen erschleichen und sich nicht betrügerisch aushalten lassen darf.

Es kann deshalb *zweitens* grundsätzlich (nicht nur in Bezug auf körperliche Arbeit) nicht sein, dass ein Teil der Gemeinschaft arbeitet und der andere nicht. Dies widerspräche dem Gesetz der Natur, also der goldenen Regel, die genau umgekehrt fordert, dass derjenige, der etwas erwirtschaftet, von dem Erwirtschafteten auch profitieren solle. Wenn man also will, dass die anderen arbeiten, so muss man auch selbst zur Arbeit bereit sein. Denn es ist ja – wie Zwingli zu verstehen gibt – unerträglich, «wenn du arbeiten müsstest, und ein anderer verbrauchte den Ertrag deiner Arbeit» (ZS II, 372). Und das ist für Zwingli nicht nur ein Gebot der Gerechtigkeit, sondern der Liebe. Er fordert deshalb:

> «Lasst uns mit Ruhen und Arbeiten gegenseitig abwechseln; auch das fordert die Liebe.» (ZS III, 372)

Drittens: Die menschliche Arbeit ist für Zwingli nicht nur ein Abglanz des göttlichen Schaffens, sondern harte und ehrliche Arbeit ist ihm der Garant für ein tugendhaftes und friedliches Zusammenleben. Durch die Arbeit und die mit ihr verbundenen Verpflichtungs- und Austauschsysteme ist bereits ein hohes Mass an gesellschaftlicher Stabilität vorgegeben.

> «Denn seit jeher war der Friede jenen am wertvollsten und sind die Tugenden bei denen am meisten gewachsen, die das Ackerland bebauten und auch sonst die Liebe zur redlichen Arbeit gewannen.» (ZS I, 409)

Arbeit und arbeiten zu lernen, formt und festigt den Charakter. Arbeit gelingt dann am besten, wenn in ihr die christlichen Tugenden realisiert werden. Und das wiederum befestigt die Tugenden äusserlich in der Lebenswelt. In der menschlichen Arbeit und ihren Produkten finden die christlichen Tugenden eine Veranschaulichung.

Weiter hält Zwingli fest: «Arbeit macht auch den Körper frisch und stark.» (ZS I, 322) Und schliesslich: Arbeit gibt geregelte Tagesstrukturen vor und «bewahrt [so] vor Ausschweifung und Laster» (ZS I, 322).

Denn so wie die Tugend von der Untugend, der Geist vom Fleisch, der innere Mensch vom äusseren Mensch bedroht ist, so ist die Arbeit im Sinne der christlichen Tugenden bedroht vom Müssiggang. Das führt auf das Nächste.

2.2 Müssiggang und Untugend

Ist Arbeit etwas Göttliches und fördert sie die Tugenden der Menschen, dann ist das Nichtarbeiten, sind Untätigkeit und Müssiggang etwas Widergöttliches, das die Tugenden der Menschen schädigt und unterläuft. Müssiggang ist für Zwingli eine der ausgeprägtesten Formen der Selbstliebe. Er spricht diesbezüglich vom «Eigennutzdenken [...] das sich unter euch breit gemacht hat, lenkt euch von der Arbeit weg zum Müssiggang» (ZS I, 322). Der Müssiggang war also schon zu Zwinglis Zeiten ein grosses Thema, und Zwingli wendet sich dem Müssiggang immer wieder zu.

Der Müssiggang gehört zu den grossen Untugenden, weil er in der Regel die Artikulation weiterer Untugenden nach sich zieht. Insofern liegt Zwinglis Position in puncto Müssiggang ganz auf der Linie der sprichwörtlichen Wahrheit: *Müssiggang ist aller Laster Anfang*. Bei Zwingli liest sich das dann so, dass der Müssiggang beziehungsweise die «Untätigkeit [...] das Saatbeet jeglicher Leichtfertigkeit» (ZS I, 235) darstellt.

Zwingli diagnostiziert in seinen Schriften immer wieder eine Krise der (körperlichen) Arbeit: «Durch Arbeiten will sich niemand mehr ernähren.» (ZS I, 322) Und er stellt fest, dass es zunehmend einen Zug zur Ruhe *vor* jeder Arbeit gibt. Dies hat körperlich und seelisch katastrophale Folgen. Deshalb betont Zwingli auf der einen Seite die «Krankheiten, die aus Müssiggang entstehen» (ZS I, 322), wie Fettleibigkeit oder Alkoholismus. Zum anderen weist er auf die psychischen Folgen hin, wie die Entwicklung einer unmotivierten inneren Trägheit. Insbesondere die Jugend warnt Zwingli eindringlich vor Müssiggang und Untätigkeit. Denn Untätigkeit und Müssiggang sind gerade bei Heranwachsenden fatal. Ihnen droht eine lebenslange Lethargie, wenn sie sich schon früh in eine müssiggängerische und untätige

Richtung lenken lassen. Insofern wettert Zwingli leidenschaftlich gegen die Untätigkeit derer, die

> «so schamlos an der Schwelle des Lebens sich dem Müssiggang hingeben, so dass es aussieht, als ob sie gar nichts anderes werden wollen als Drohnen und das Gewürm aller Laster» (ZS I, 241).

Dass es diese Krise der körperlichen Arbeit gibt, dafür sieht Zwingli *drei* Gründe. Der *erste* Grund liegt einmal mehr in der Reisläuferei, im Solddienstwesen. Den *zweiten* Grund repräsentiert das Arbeits- und Sozialverhalten des Klerus. Und beim *dritten* Grund handelt es sich um den mit dem Sonntag verbundenen Müssiggang.

Was das *Erste* anbelangt, so kann an das bisher zum Solddienstwesen Gesagte unmittelbar angeknüpft werden.[262] Zwingli vertieft seine Reserven gegenüber diesem Missstand im Zusammenhang mit der Arbeit. Er sieht, dass das Solddienstwesen gerade für junge Männer zweierlei Faszination ausübt. Zum einen locken hier Abenteuer, Ausrüstung, Fremde, Kameradschaft und militärischer Ruhm. Und zum anderen kann – im Idealfall – auf einem Kriegszug mit Sold und Beuteanteil mehr verdient werden, als es die harte Arbeit in der Werkstatt oder auf dem Feld in ungleich längerer Zeit einbringen würde.[263] Diese Aussichten auf Abenteuer und schnelles Geld entfalteten ihre eigenen Sogwirkungen und sorgten dafür, dass zu nicht unwesentlichen Teilen das Interesse der Jugend an herkömmlicher Arbeit untergraben wurde.

Zwingli gibt hier Gegensteuer: Wenn junge Männer durch das Solddienstwesen aus den Familien gerissen werden, dann hat dies Folgen für alle Beteiligten. Nicht nur, dass Familien ob des Entscheids

---

262 Vgl. dazu unter I,1.3 und vgl. auch unter III,4.1.

263 «[D]ie ständige Möglichkeit für die jungen Burschen, auf rasche und abenteuerliche Weise zu Geld und Ehren zu gelangen, machten sie unlustig zu redlicher, geduldiger Arbeit und im Charakter roh, ja grausam.» (Locher, Zwinglis Botschaft, 594)

für die Reisläuferei innerlich zerbrechen, spielt hier eine Rolle. Sondern: Es kann weder das Überleben garantiert noch die Verkrüppelung (Arbeitsunfähigkeit) des Söldners ausgeschlossen werden. Trunk- und Spielsucht haben darüber hinaus so manches Beute- und Soldgeld aufgefressen. Und wenn der Erbe schon nicht stirbt, sondern nur krank und mittellos heimkehrt, wird die Familie um seinetwillen in die Armut getrieben. Zwingli wird nicht müde, deutlich zu machen, «wie *teuer* dieses leicht verdiente Geld zu stehen kommt»[264] (ZS I, 323) und wie viel mehr christlich-ehrliche Arbeit demgegenüber wert ist.

Hinsichtlich des *zweiten* Grundes rückt der Klerus ins Zentrum des kritischen Nachdenkens. Zwinglis Kritik geht dabei keineswegs in die Richtung, dass der Klerus nicht arbeite, nur weil er nicht im Sinne der Bauern oder Handwerker körperlich tätig sei. Der Klerus im richtig verstandenen Sinne *arbeitet*, und er verrichtet eine sehr wichtige und sehr wertvolle Aufgabe. Und diese wertvolle und wichtige Aufgabe besteht in erster Linie in der «Verkündigung des Gotteswortes» (ZS I, 406) in Predigt und Seelsorge. Diese Arbeit ist nicht immer eine einfache Arbeit, und es ist eine Arbeit, die mitunter auch ins komplette Gegenteil des Müssiggangs umschlägt: in die notorische Überbelastung, wie sie auch heute im Pfarrberuf nicht unüblich ist. Zwingli selbst hat jedenfalls häufig bis zur Erschöpfung gearbeitet und je nach Situation über «Arbeitsüberlastung» (ZS III, 358) geklagt.

Von hier aus gesehen sind Kleriker, die als Bettelmönche ohne erkennbare Beziehung zur evangelischen Verkündigung in Seelsorge und Predigt stehen, ohne Weiteres als Müssiggänger zu bezeichnen. Für diese Klientel macht Zwingli den Vorschlag, «sie aussterben zu lassen» (ZS I, 406).

Zwingli lässt an dieser Stelle wieder seinen besonnenen Geist und seinen kühlen Kopf erkennen. Er will nicht, dass der müssiggängerische Klerus per sofort aufgelöst wird; per sofort wird nur die Re-

---

264 Hervorhebung v. Vf.

krutierung dergestaltigen Nachwuchses unterbunden, so dass das Bettelmönchtum und der damit verbundene Müssiggang in Ruhe aussterben können.

Das Gleiche gilt für die – so Zwingli – «unermessliche[ ] Zahl von Priestern, die sich dem Müssiggang ergeben» (ZS III, 329). Auch sie ruhen sich auf ihren Zehnten, Pensionen und Abgaben aus, ohne dass eine Aktivität in evangelischer Hinsicht geleistet wird. Zwingli erkennt im bewussten und kontrollierten Aussterben des müssigen Klerus sogar eine Chance. Denn damit würde ein enormes und breitenwirksames Zeichen gegen den Müssiggang überhaupt gesetzt. Und das – so die Hoffnung Zwinglis – kann dem christlichen Leben nur förderlich sein. Insofern kann Zwingli resümieren:

> «Reiche und bettelnde Mönche, ja den gesamten Klerus soll man ganz und gar aussterben lassen.» (ZS I, 406) Und: «Kurz, das Aussterben der unnötigen Geistlichen schadet der Welt nichts. Es erzieht vielmehr zum Arbeiten, entzieht dem Müssiggang und damit vielen Lastern den Boden und ersetzt sie durch ein gottwohlgefälliges Leben.» (ZS I, 407)

Drittens und letztens: Zwingli hinterfragt vor dem Hintergrund der evangelischen Freiheit[265] das Verbot der Sonntagsarbeit. Der christliche Sonntag galt im Anschluss an den jüdischen Sabbat als arbeitsfreier Tag. Wie die Fastengebote auch war die Sonntagsruhe offizielle Vorschrift der katholischen Kirche und wurde überwacht und sanktioniert.[266] Zwingli bezieht an dieser Stelle eine gut reformatorische Position. Er überprüft das kirchliche Arbeitsverbot anhand der Bibel. Und da nimmt er natürlich zunächst das Gebot aus Exodus (2. Buch Mose) zur Kenntnis:

265 Vgl. dazu unter II, 3.3.
266 Vgl. dazu unter II, 3.3.

> «Denke an den Sabbattag und halte ihn heilig. An sechs Tagen sollst du arbeiten und deine Arbeit tun; der siebte Tag aber ist ein Sabbat für den HERRN, deinen Gott.» (Ex 20,8)[267]

Als genauer, gründlicher und kritischer Bibelleser nimmt er allerdings auch wahr, dass die Heilige Schrift durchaus von Ausnahmen vom Arbeitsverbot des Sabbats zu berichten weiss. Von herausragendem Interesse ist in dieser Beziehung eine Episode, die das Neue Testament überliefert: die Erzählung vom «Ährenausraufen am Sabbat» (Mk 2,23–28). Erzählt wird dort, dass Jesus und seine Jünger an einem Sabbat in Galiläa unterwegs waren und dass sie u. a. ein Kornfeld durchquerten. Die Jünger liessen ihre Finger durch die Kornähren gleiten, so dass einzelne Körner in ihre Hände fielen. Diese Getreidekörner assen sie. Sie wurden dabei von Pharisäern beobachtet, die diesen Vorgang als Ernte interpretierten. Ernten war Arbeit und Arbeit nach jüdischer Sitte am Sabbat eben verboten. Die Pharisäer konfrontierten Jesus daraufhin mit dem Verhalten der Jünger und wollten wissen, ob er den Sabbat nicht heiligen würde. Und Jesus antwortete auf ihre Einreden mit dem berühmten Satz:

> «Der Sabbat ist um des Menschen willen geschaffen, nicht der Mensch um des Sabbats willen.» (Mk 2,27)[268]

Das bedeutet für Zwingli, dass die Heiligung des Sonntags kein *absolutes* Arbeitsverbot zur Folge haben muss. Ohne Zweifel steht für ihn fest, dass der Sonntag insofern zu heiligen ist, als dass dies der Tag ist, an dem sich die Gemeinde zum Hören des Wortes Gottes in der Kirche versammelt. In der gottesdienstlichen Feier hört die Gemeinde das Wort Gottes und vergewissert sich ihres Glaubens und der Gnade Gottes. Der sonntägliche Gottesdienst ist ein «christliches

---

267 Zit. nach der Zürcher Bibel 2007.

268 Zit. nach der Zürcher Bibel 2007.

Feiern, dass wir alle durch Gottes Gnade selig werden» (ZS I, 66). Und der Sonntag ist auch der Tag, an dem sich der Mensch seine verdiente Ruhezeit nehmen darf, um Körper und Geist zu regenerieren. Aber – und das ist im vorliegenden Zusammenhang wichtig –, der Sonntag darf nicht zur Zeit des Müssiggangs verkommen. In seinen «Schlussreden» von 1523 notiert er entsprechend:

> «Ich finde nämlich nirgends eine Bibelstelle, die besagt, dass Nichtstun ein Gottesdienst sei. Ich weiss genau, dass es Gott mehr gefiele, wenn man am Sonntag nach aufrichtig begangenem Gottesdienst auf den Acker ginge, mähte, schnitte, das Heu besorgte oder sonst täte, was die Jahreszeit erforderte, statt sich liederlichem Müssiggang hinzugeben.» (ZS II, 291)

3. Staat und Obrigkeit

3.1 Staatsformen und christlicher Glaube

In einer seiner letzten Schriften, der «Fidei ratio» («Erklärung des christlichen Glaubens») von 1531, hat Zwingli drei Staatsformen unterschieden: die *Monarchie*, die *Aristokratie* und die *Demokratie*. Unter der *Monarchie* versteht Zwingli die Herrschaft eines Königs, der «sich von Menschlichkeit und Gerechtigkeit leiten lässt» (ZS IV, 326). Bei der *Aristokratie* handelt es sich um die «Herrschaft der Besten [...], die Gerechtigkeit und Menschlichkeit beim Volk beachten und die Macht inne haben» (ebd.). In einer *Demokratie* schliesslich «ist die Macht, das heisst die ganze Herrschaft, beim Volk» (ebd.).

In ethischer Hinsicht von übergeordnetem Interesse ist, dass es v. a. Menschlichkeit und Gerechtigkeit sind, die für Zwingli den inneren Sinn einer Herrschaftsform repräsentieren. Und Menschlichkeit und Gerechtigkeit sind in diesem Zusammenhang nichts anderes als der Inbegriff der christlichen Tugend. Damit ist für Zwingli jede Gestalt von Herrschaft im Grunde konsequent auf sein christliches Modell der Ausübung von Macht zugeschnitten. Herrschaft und Obrigkeit im strengen Sinne kann nur christliche Obrigkeit und Herrschaft sein. Diese Themen wurden von Zwingli immer wieder vorgetragen und in der Weise spezifiziert,

> «dass ihre [sc. der Obrigkeit] Herrschaft und Regierung auf keine Art besser, ruhiger, friedlicher, ja einträglicher sein wird, als wenn das Wort Gottes ohne Unterlass beharrlich und klar gepredigt wird» (ZS II,352). Sodann: «Darum dient keine Lehre der Regierung oder Obrigkeit besser als die Lehre Christi.» (ZS I, 193) Endlich: «Daher bleibt noch heutzutage unser Gemein- und Staatswesen solange stabil, als wir auf dem Felsen gründen, an dem man nicht rütteln kann.» (ZS II, 395) Und das heisst zum Schluss: «Ausschliesslich und nur der Christ kann ein Obrigkeitsamt richtig ausüben!» (ZS III, 389) beziehungsweise: «Einzig und allein wer ein Christ ist, kann ein rechter, tüchtiger Staatsbeamter sein.» (ZS III, 391)

Allerdings gibt es auch verzerrte Gestalten der genannten Herrschaftsformen von *Monarchie*, *Aristokratie* und *Demokratie*. Sie treten dort auf, wo die entsprechenden Funktionäre Gerechtigkeit und Menschlichkeit missachten – oder: von der christlichen Tugend abweichen. Das bedeutet grosso modo, dass die zugrunde liegende ethische Konfliktsituation, wonach der Mensch zwischen Gut und Böse, Tugend und Untugend, zwischen Geist und Fleisch hin und her geworfen ist, am Orte der Herrschaftstheologie eine dramatische Zuspitzung erfährt. Denn hier ist nicht mehr nur der ethische Kampf des Einzelnen berührt, sondern es ist das ganze Gemeinwesen, die Gesellschaft als Ganzes betroffen. Zwingli benennt jeweils eigens die entarteten Auswüchse von Demokratie, Aristokratie und Monarchie.

Denn, wenn – *erstens* – der Monarch vom christlichen Ideal der Menschlichkeit und Gerechtigkeit abweicht, degeneriert er zum Tyrannen, die Monarchie wird zur *Tyrannei*. Und das, was den Tyrannen antreibt, ist nichts anderes, als dass der Tyrann die falsche Freiheit (nicht die christliche Freiheit) für sich reklamiert, also «sich alles erlaubt, was ihm beliebt» (ZS IV, 326).[269]

Für den Fall, dass – *zweitens* – die Aristokratie fernab der christlichen Tugend steht, wenn die Regierenden also «nicht das allgemeine, sondern das eigene Wohl lieben» (ZS IV, 326), dann verkommt die Aristokratie zur *Oligarchie*. Das heisst, dass nur wenige (und nicht unbedingt die Besten) die Macht unter sich aufteilen und den Staat nach ihren Interessen lenken.[270]

Kollabiert – *drittens* – die Demokratie und verliert sie ihr christliches Gepräge, so tritt derjenige Zustand ein, den Zwingli mit den griechischen Wörtern *systasis* (σύστασις) und *systremma* (σύστρεμμα) bezeichnet.[271] Gemeint sind damit Allianzen, Parteibildungen und Verschwörungen, deren Protagonisten vorgeben, der Allgemeinheit zu dienen, in Wahrheit aber nur ihren «eigenen Neigungen und Begierden nachgeh[en]» (ZS IV, 326). Die Ausdrücke *systasis* (σύστασις) und *systremma* (σύστρεμμα) sind aussermedizinisch heutigentags in Bezug auf politische Belange kaum mehr verständlich. Aber sie stehen für bekannte Figuren: Bildung von abgeschlossenen Führungszirkeln, egomanische Prävalenz, Etablierung von Verschwörungstheorien, alternative Realitätskonzepte und ein in sich verbissener, aggressiver Gestaltungswille. Und das hat es immer gegeben.

In der Gegenüberstellung von Monarchie und Tyrannei, von Aristokratie und Oligarchie, von Demokratie und Systremma wiederholt sich ein für Zwingli zentrales Schema, das bereits mehrfach begegnet ist: das Schema zwischen innen und aussen, von äusserem und inne-

---

269 Vgl. dazu unter II, 3.3.

270 Aristokratie kommt vom griechischen Wort ἄριστος (aristos) und das heisst «bester, vortrefflicher, tüchtigster».

271 σύστασις (systasis) steht im klassischen Griechisch in politischen Kontexten für Zusammenrottung, Parteiung, Verschwörung oder Komplott, und das hinter σύστρεμμα (systremma) stehende Verb συστρέφω (systrepho) meint: sich zusammenrotten, sich zusammenscharen oder sich fest vereinigen (vgl. Menge Güthling, Wörterbuch, 666f.).

rem Menschen. Der äussere Mensch ist der fleischliche, der leibliche, der untugendhafte und der böse Mensch. Der innere Mensch hingegen ist bestimmt als der geistige, der gottesfürchtige, der tugendhafte und der gute Mensch. Der äussere Mensch richtet sich nach seinen egoistischen Bedürfnissen. Der innere Mensch verlässt sich auf Gottes Wort und Jesus Christus.[272] Der Wille des inneren Menschen geht produktiv auf im Willen Gottes und gehorcht der *lex Christi*. Der Wille des äusseren Menschen hingegen gehorcht dem Eigennutzdenken und verfolgt egoistische Ziele. Diese Unterscheidung zwischen dem äusseren und dem inneren Menschen spielt im Horizont des Staats- und Obrigkeitsverständnisses Zwinglis eine nicht zu unterschätzende Rolle.

Zunächst ist für Zwingli klar, dass der Staat (wie die Kirche auch) zu den äusseren Formen des Gemeinschaftslebens gehört. Der Staat (und mit ihm die Obrigkeit) hat bestimmte Funktionen. Und die Funktionen des Staates erschöpfen sich dabei *nicht* darin, «die jährlichen Einkünfte [zu] steigern» (ZS III, 417). Zwingli hält es im Gegenteil für einen fatalen Fehler, wenn gemeint wird:

> «[W]enn nur auf allen möglichen Wegen reiche Steuererträge eingehen, so sei das schon ein gutes Regiment» (ZS III, 417).

Hier würde der Staat aufs Finanzielle reduziert. Das wäre die Vorstellung eines superschlanken Staates. Die Funktionen des Staates bestehen für Zwingli aber in erster Linie darin, äusseren «Frieden und Eintracht» (ZS III, 400) zu gewähren und die «allgemeine Gerechtigkeit aufrechtzuerhalten» (ZS III, 412); und gemeint ist freilich die menschliche und nicht die göttliche Gerechtigkeit.[273] Die Obrigkeit und der Staat haben dafür zu sorgen, dass alle «still und sicher leben» (ZS III, 402) können. Sie garantieren die «Aufrechterhaltung des

272 Vgl. dazu unter II, 2.1 und II, 2.3 sowie II, 2.4.
273 Vgl. dazu unter I, 2.4.

Friedens und der Ruhe» (ZS III, 394) und haben eben die «Aufgabe, öffentlich Recht und Ruhe zu erhalten» (ZS III, 414).

Diese Funktionen des Staates (Eintracht, Frieden, Gerechtigkeit, Ruhe und Sicherheit) können nach Zwinglis Überzeugung durch die Obrigkeit nur gewährleistet werden, wenn sie sich selbst und somit den Staat nach ihrem *inneren* Menschsein und nicht nach ihrem *äusseren* Menschsein gestalten. Das bedeutet, sobald sich der Herrscher oder die Herrschenden nicht von christlichen Tugenden, sondern durch ihre Egoismen leiten lassen, degenerieren die Herrschaftsformen: Die Monarchie wird zur Tyrannei, die Aristokratie zur Oligarchie, die Demokratie zum Systremma. Umgekehrt gilt, dass ein Herrschaftsmodell dann gelingt und erfolgreich sein wird, wenn es auf den christlichen Tugenden basiert. Und das führt Zwingli zu seiner auch heute noch überaus aktuellen Spitzenthese, dass nur derjenige Staat erfolgreich sein kann, bei dem die innere Einstellung *aller* Beteiligten (Herrschende und Beherrschte, Obrigkeit und Untertanen) und die äussere Gestaltung des Staates (sei es nun Monarchie, Aristokratie oder Demokratie) zusammengehen. Für Zwingli steht fest, dass für jede Form der Obrigkeit gilt:

> «Ein Staat wird nur dann kraftvoll und heilig dastehen, wenn guten Gesetzen eine *gute Gesinnung* entgegenkommt.»[274] (ZS III, 391) Denn, so fragt er: «Was helfen gute Gesetze, wenn dabei die *innere Einstellung* fehlt, der das gute Gesetz gefällt?»[275] (ZS II, 378)

Das heisst nicht nur, dass den Gesetzen und Vorschriften eines Staates von Seiten der dem Recht Unterworfenen (und das sind prinzipiell alle) eine gute Gesinnung entgegengebracht wird. In diesem Zusammenhang spielen eben beide Seiten eine Rolle: sowohl, dass die Gesetze aus der inneren Perspektive christlicher Tugendhaftig-

274 Hervorhebung v. Vf.
275 Hervorhebung v. Vf.

keit heraus *erlassen* werden, als auch, dass diese Gesetze aus der gleichen Perspektive christlicher Tugendhaftigkeit heraus *befolgt* werden. Das meint nicht mehr und nicht weniger, als dass für Zwingli ein Staat einen ideellen und ethischen Kern benötigt und dieser kann für ihn durch nichts anderes als durch den christlichen Glauben und die christlichen Tugenden verkörpert werden. An dieser Stelle und in dieser Innenperspektive überschneiden sich Staat und Kirche, und Zwingli hält mit Blick auf den Unterschied beider fest: «Es gibt gar keinen, Staat und Kirche verlangen ja das gleiche.» (ZS III, 390)

Wenn guten Gesetzen eine gute Gesinnung entgegenkäme, das heisst, wenn alle *von innen* her die Gesetze befolgten, wäre die Folgerung möglich, dass es schliesslich gar keine Obrigkeit, keine Gesetze, keine Gerichte etc. mehr bräuchte. Dies ist ein Argument, das Zwingli immer wieder in seiner Auseinandersetzung mit den Täufern diskutiert hat.[276] Denn prinzipiell ist eine obrigkeitsfreie Gesellschaft denkbar, in der wir alle

> «nicht nur böse Taten unterlassen, sondern unser ganzes Sinnen und Trachten [...] von innen her makellos rein [ist]» (ZS II, 44).

Ein solches Gemeinwesen ist für Zwingli prinzipiell denk- und wünschbar. Es kann vorgestellt werden, dass – wie Zwingli einräumt – «die Schandtaten aufgehoben sind und keiner mehr in Wort und Tat sündigt» (ZS III, 395). Hier würde die göttliche Gerechtigkeit herrschen, die von jedem Einzelnen verwirklicht und hergestellt werden würde. Allerdings hält Zwingli in dieser Sache so unmissverständlich wie nüchtern fest:

---

276 «Aber jene [sc. die Täufer] werfen ein: Die Gemeinde Christi muss so unsträflich sein, dass sie einer Obrigkeit gar nicht bedarf; Christen streiten nicht, sie geben nach; sie gehen nicht vor Gericht, wenn sie Unrecht erlitten haben, denn wenn sie auf den einen Backen geschlagen worden sind, bieten sie auch den anderen dar [...]. Ich antworte: Hätten wir doch eine solch christliche Gemeinde!» (ZS III, 391f.)

> «Das geschieht aber erst in der anderen Welt; denn dieser irdischen Welt ist der Genuss solcher Unschuld versagt.» (ZS III, 395)

Das heisst: In unserer, in der empirischen Welt werden die christlichen Tugenden eben nicht durchgängig verwirklicht. Deshalb braucht es eine Obrigkeit und deshalb muss sich der Mensch laut Zwingli auch zu dieser Obrigkeit verhalten. Damit gelangen wir zur Frage nach Gehorsam und Ungehorsam gegenüber der Obrigkeit.

3.2 Gehorsam und Ungehorsam

3.2.1 Gehorsam

In einem idealen (christlichen) Staat, wäre keine Obrigkeit erforderlich, weil alle aus innerer Überzeugung der göttlichen Gerechtigkeit Genüge tun und tugendhaft im Sinne Jesu Christi leben würden. In den «Schlussreden» heisst es dazu:

> «Gäben alle Menschen Gott, was sie ihm schuldig sind, so bräuchte es weder einen Fürsten noch einen Vorgesetzten, ja wir wären nie aus dem Paradies vertrieben worden.» (ZS II, 354)

Faktisch ist es aber eben so – wie bereits im Zusammenhang von Zwinglis Schrift «Göttliche und menschliche Gerechtigkeit» von 1523 ausgeführt –, dass alle Menschen der Macht der Untugenden ausgesetzt sind und dieser auch immer wieder nachgeben. Es gibt eben auch (und leider) unter Christenmenschen Diebstahl, Lüge, Ehebruch, Geiz, Meineid und «Mord und Totschlag» (ZS I, 175).[277] Deshalb braucht es auch eine menschliche Gerechtigkeit, die – wie bereits gesehen – zwar eine mangelhafte, unvollkommene und fragmenta-

277 Vgl. auch ZS II, 254: «Da wir aber nun Gott nicht geben, was wir ihm schuldig sind, muss man Vorgesetzte haben, die Unrecht verhüten.»

rische, aber nichtsdestotrotz notwendige Gerechtigkeit darstellt. Die menschliche Gerechtigkeit ist – wie es in den «Schlussreden» heisst – ein «schmerzliches Heilmittel» (ZS II, 353). Die Obrigkeit und ihr Regiment sind dazu da, sie herzustellen, durchzusetzen und zu bewahren. So gilt in Bezug auf die Obrigkeit und ihre menschliche Gerechtigkeit für Zwingli grundsätzlich: *Der Christenmensch muss der Obrigkeit gehorsam sein.*

Diese Grundeinsicht, dass ein Christenmensch der Obrigkeit gehorsam sein muss, sieht Zwingli deutlich in der Heiligen Schrift ausgeführt. Es sind v. a. *drei* immer wieder auftauchende Kardinalstellen aus dem Neuen Testament, die von ihm aufgerufen werden. Die *erste* Belegstelle stammt aus dem Matthäusevangelium: Mt 22,21b («So gebt dem Kaiser, was des Kaisers ist, und Gott, was Gottes ist»[278], ZS I, 187, II, 353, IV, 327.). Das *zweite* immer wieder in diesem Zusammenhang aufgerufene Votum stammt aus der Apostelgeschichte: Apg 5,29b («Man muss Gott mehr gehorchen als den Menschen»[279], ZS I, 192, ZS II, 368, ZS III, 395). Die *dritte* und wichtigste Kardinalstelle für den christlichen Gehorsam der Obrigkeit gegenüber ist ein Abschnitt aus dem Römerbrief des Apostels Paulus: Kap. 13,1–7[280].

---

278 Zit. nach der Zürcher Bibel 2007.

279 Zit. nach der Zürcher Bibel 2007.

280 Röm 13,1–7: «1 Jedermann ordne sich den staatlichen Behörden unter, die Macht über ihn haben. Denn es gibt keine staatliche Behörde, die nicht von Gott gegeben wäre; die jetzt bestehen, sind von Gott eingesetzt. 2 Also gilt: Wer sich gegen die Autorität des Staates auflehnt, der widersetzt sich der Anordnung Gottes; die sich aber widersetzen, werden ihr Urteil empfangen. 3 Denn nicht die gute Tat muss die Machthaber fürchten, sondern die böse. Willst du die Autorität des Staates nicht fürchten müssen? Dann tue das Gute, und wirst bei ihr Anerkennung finden. 4 Denn Gottes Dienerin ist sie, zu deinem Besten. Tust du jedoch das Böse, dann fürchte dich! Denn nicht umsonst trägt sie das Schwert; im Dienst Gottes steht sie, beauftragt den zu bestrafen, der das Böse tut. 5 Darum ist es notwendig, sich unterzuordnen, nicht bloss im Blick auf eine Bestrafung, sondern auch mit Rücksicht auf euer Gewissen; 6 deshalb zahlt ihr ja auch Steuern. Beamte Gottes sind es ja, die bestellt sind, ihren Dienst zu verrichten. 7 Gebt allen, was ihr ihnen schuldig seid: Steuern,

Dieser Abschnitt aus dem Römerbrief ist ein Text, den Zwingli mehrfach z. T. sehr detailliert ausgelegt hat: In der bereits mehrfach berührten Schrift von 1523 «Göttliche und menschliche Gerechtigkeit» handelt es sich beim zweiten (und ausführlicheren Teil) weitgehend um eine Auslegung von Röm 13,1–7, die Zwingli in zehn Punkten entfaltet (ZS I, 189–209). Und auch in seinem «Commentarius» von 1525 werden die Verse 1–6 aus dem 13. Kapitel des Römerbriefes einer so langen wie gründlichen Exegese unterzogen (ZS III, 407–417). Im Zentrum dieses Abschnitts steht für Zwingli als Spitzensatz der erste Vers, den er wie folgt wiedergibt:

> «Jeder Mensch soll den an der Spitze stehenden Obrigkeiten oder Oberen gehorsam sein. Denn es gibt keine Obrigkeit, die nicht von Gott wäre.» (ZS I, 189); oder: «Jedermann sei den vorgesetzten Obrigkeiten untertan; denn es gibt keine Obrigkeit ausser von Gott, die bestehenden aber sind von Gott eingesetzt.» (ZS III, 408)

Diese Aussage aus dem Römerbrief ist für Zwingli zunächst nicht verhandelbar. Es kommt aber für seine Interpretation alles darauf an, diese Aussage nicht einseitig zu lesen. Es wäre aus seiner Sicht mehr als verkürzt, wenn aus dieser Schlüsselstelle des Römerbriefs nur einseitig eine Legitimation der Obrigkeit und ihr Anspruch auf Gehorsam abgelesen werden würde. Für Zwingli ist klar, dass diese Sicht der Obrigkeit entgegenkäme. Und er weiss, wie sehr die Oberen es lieben, «mit Donnerstimme diese Worte schallen zu lassen» (ZS III, 410).

Aber das ist eben nur der halbe Gehalt dieses Verses. Denn dieses Wort aus dem Römerbrief ist für Zwingli eben nicht nur Legitimation der Obrigkeit und Aufruf zum Gehorsam der Untertanen gegenüber der Obrigkeit, sondern genauso auch ein Appell an die Obrigkeit zur verantwortlichen Ausübung ihres Mandats. Das bedeutet, dass vor

---

wem ihr Steuern schuldet, Zoll, wem ihr Zoll schuldet, Respekt, wem ihr Respekt schuldet, Ehre, wem ihr Ehre schuldet.» (Zit. nach der Zürcher Bibel 2007) dem Hintergrund dieses Votums die Obrigkeit ihre eigene Praxis der Herrschaftsausübung selbst kritisch anschauen und bewerten muss. Könige, Aristokraten und Volksvertreter müssen sich stets kritisch die Frage stellen, ob sie ihrer Verantwortung als Obrigkeit so gerecht werden, dass ohne Weiteres gesagt werden könnte, dass diese Obrigkeit von Gott eingesetzt ist.

Und hinzu kommt, dass die fragliche Passage aus dem Römerbrief nicht nur aus Vers 1 besteht; mit Blick auf die Obrigkeit ist vielmehr auch Vers 4 ernst zu nehmen, den Zwingli folgendermassen übersetzt und zu dem er Folgendes schreibt:

> «‹Denn Gottes Dienerin ist sie für dich zum Guten› (Röm 13,4). *Denn die Obrigkeit steht zum Nutzen aller im Amt.*»[281] (ZS III, 413)

Die Obrigkeit steht zum Nutzen aller im Amt. Das ist ebenso wenig verhandelbar. Das bedeutet, dass die Obrigkeit, sich selbst immer daraufhin überprüfen muss, ob sie dem Wohle aller dient. Und angesichts der vielfach anzutreffenden Inkompetenz vor allem jugendlicher Regenten und vor dem Hintergrund des vielfachen Machtmissbrauchs hegt Zwingli an dieser Stelle grosse Zweifel, ob die Obrigkeit ihre Macht immer oder überhaupt zum Nutzen aller gebraucht. Zwingli prangert leidenschaftlich das «viehische[ ] Prassen, Spielen und Fluchen» (ZS I, 190) von grossen Teilen der Obrigkeit an und insbesondere deren «jedes Mass überschreitende Vergnügungssucht» (ZS III, 412), die er im «Commentarius» wie folgt skizziert:

> «Sinnlos verschwenden sie ihr Eigentum, so dass es besser gewesen wäre, sie wären nie dazu gelangt, als es so schändlich zu vergeuden. Wenn sie spielen, so stellen sie eine ganze Truhe mit Geld auf, denn ihre Beutel vermögen so viele Münzen, wie sie verschleudern, gar nicht zu fassen. Sie saufen, dass es besser wäre, den Wein wegzugiessen [...]. Sie huren

281 Hervorhebung v. Vf.

> derart, dass sie, so macht es den Eindruck, alle keuschen Ehen hassen; alles schänden sie mit ihrer Hurerei, so dass der ein armer Kerl ist, der eine schöne, kluge Frau oder eine ebensolche Tochter hat. Und ist ihr ganzes Gut auf diese Weise verjubelt, so plündern sie mit Abgaben, Steuern und Zinsen das arme Volk nicht bloss aus, sie unterdrücken, sie martern, sie vertilgen es! Offenbar sind die Fürsten dazu geboren, der ganzen Welt den Untergang zu bereiten.» (ZS III, 412f.)

Was Zwingli an dieser Stelle beschreibt, ist der Archetyp einer Obrigkeit, die mit christlichen Tugenden nicht mehr das Geringste zu tun hat. Es wird das Bild einer Herrschaftsausübung gezeichnet, die nur ihre Eigeninteressen optimiert. Die Oberen, die Zwingli vor Augen hat, sind einzig von Selbstliebe und Egoismus getrieben. Davon, dass die Obrigkeit zum Nutzen aller im Amt steht, kann nicht mehr die Rede sein. Im Gegenteil: Sie üben ihr Mandat zum Schaden aller aus. Und da ist dann genau der Punkt erreicht, an dem die Obrigkeit sich einen Spiegel vorhalten und sich fragen sollte, ob sie noch im Sinne einer von Gott eingesetzten Obrigkeit agiert.

> «Wenn also eine Regierung zum Schaden aller ihr Amt ausübt, *so mögen sie sich fragen,* wieso sie stolz den Namen einer christlichen Obrigkeit trägt, sie, die nicht bloss wie ein Dieb und Räuber allen Menschen ihr Gut entwendet, sondern auch wie eine Pest gegen alle Menschen loswütet. Wohl sind auch solche Regierungen Gottes Diener, aber so wie der Satan Gottes Diener ist, der überall Widerstand, Täuschung und Verderben anrichtet.»[282] (ZS III, 413)[283]

Diese Frage, die Zwingli hier der Obrigkeit ans Herz legt, ist strukturell nichts anderes als eine Vorform desjenigen, was Immanuel

---

282 Hervorhebung v. Vf.

283 Vgl. dazu auch die Ausführungen Zwinglis in seiner «freundschaftlichen und ernsten Ermahnung der Eidgenossen» von 1524, wo er in die gleiche Kerbe schlägt: ZS I, 320ff.

Kant in Gestalt des kategorischen Imperativs zum Ausdruck gebracht hat.[284] Es geht in beiden Fällen um eine Überprüfungsleistung. Bei Kant nimmt sie sich so aus, dass alle Handlungen daraufhin zu überprüfen sind, ob sie vernunftgemäss seien. Auch Zwingli hat Sinn für diese Überprüfung, nur dass an der Stelle der Vernunft für Zwingli der Wille Gottes beziehungsweise die göttliche Gerechtigkeit steht.[285]

Die ethische Frage ist also: Entspricht das herrschaftliche Gehabe eines Potentaten dem eines willkürlichen Herren oder dem eines so gestrengen wie gnädigen Vaters, wie Gott durch Jesus Christus erschlossen wird? Das Ziel ist klar: Nach Zwingli gilt: Die Obrigkeit soll «nicht den Herrn [...] spielen, sondern *väterlich* [...] sein»[286] (ZS III, 420).

Mit den beschriebenen Verzerrungen der Herrschaftsausübung stellt sich die Frage nach dem Ungehorsam gegenüber dem Staat und der Obrigkeit beziehungsweise nach einem Widerstandsrecht gegenüber dem Staat.

---

284 Vgl. auch ZS II, 372. Hier rät Zwingli dem Herrscher: «Prüfe dich selbst genau, ob du nichts anderes seist, als das Schwert, womit Gott die allerschlechtesten Glieder an seinem Leib abhaut. [...] Das aber kannst du nur anhand des Gesetzes lernen und zwar des Gesetzes, das Gott gegeben hat. Dies muss deine Richtschnur sein.»

285 Notabene ist es so, dass für Immanuel Kant das durch den kategorischen Imperativ zum Ausdruck gebrachte «Sittengesetz» (Kant, KpV, A 57) gleichermassen Ausdruck der «Heiligkeit des Willens [...] der allergenugsamsten Intelligenz [= Gott]» (a. a. O, A 58) ist. Vgl. Kant KpV, A 57f.: «In der allergenugsamsten Intelligenz wird die Willkür, als keiner Maxime fähig, die nicht zugleich objektiv Gesetz sein konnte, mit Recht vorgestellt, und der Begriff der Heiligkeit, der ihr um deswillen zukommt, setzt sie zwar nicht über alle praktischen, aber doch über alle praktisch-einschränkenden Gesetze, mithin Verbindlichkeit und Pflicht weg. Diese Heiligkeit des Willens ist gleichwohl eine praktische Idee, welche notwendig zum Urbilde dienen muss, welchem sich ins Unendliche zu nähern das einzige ist, was allen endlichen vernünftigen Wesen zusteht.»

286 Hervorhebung v. Vf.

3.2.2 Ungehorsam

Grundsätzlich gilt für Zwingli: *Der Christenmensch muss der Obrigkeit gehorsam sein.* Es ist im Gegenteil eine Verblendung (der in den Augen Zwinglis unter anderem die Täufer erliegen), «dass [...] der Ungehorsam gegen die Obrigkeit von Rechts wegen gestattet sei» (ZS III, 397). Das ist nämlich keineswegs der Fall. Auch wenn die Obrigkeit nicht gottesfürchtig, ja sogar ungläubig ist und – wie gesehen – allen Lastern und Untugenden frönt, gilt immer noch grundsätzlich die Gehorsamspflicht. An dieser Stelle ist jeder Christenmensch dazu aufgerufen, auch diesen prekären Zustand mit christlicher Geduld zu ertragen.

> «Dann trage und dulde alle Tyrannei, sofern sie dem Glauben nicht im Wege ist; denn es geschieht nicht umsonst, dass du unter ungläubiger Obrigkeit lebst. Entweder nämlich straft Gott damit deine Sünde, oder er prüft deine Geduld.» (ZS III, 399)[287]

Die von Zwingli im oberen Zitat genannte Bedingung («... sofern die Obrigkeit dem Glauben nicht im Wege ist») hat nicht zur Folge, dass daraus automatisch ein Widerstandsrecht gegen die Obrigkeit resultieren würde und ein «Umsturz aller bestehenden Ordnung» (ZS III, 402) legitim sei. Vielmehr sieht es Zwingli an dieser Stelle nur geboten, die Obrigkeit zu ermahnen und sie vor dem Hintergrund des Glaubens auch explizit zurechtzuweisen. Als Beispiele werden in diesem Zusammenhang alttestamentliche Propheten aufgerufen. Und – wie Zwingli in seiner Schrift «Wer Ursache zum Aufruhr gibt» von 1524 ausgeführt hat – es hat ein jeder die Pflicht, für die Obrigkeit zu beten. Inhalt des christlichen Gebetes soll sein, dass Gott die Herzen der Potentaten mit seinem Geist erleuchte, dass also die Herrscher die

---

287 Zwingli hält ausdrücklich fest, «dass man weiterhin einem Gottlosen zu gehorchen habe, bis ihn der Herr entweder von seiner Machtstellung und von seiner Herrschaft entfernt oder einen Plan zeigt, wie er seiner Funktion enthoben werden und zur Ordnung gezwungen werden kann» (ZS IV, 327).

göttliche Gerechtigkeit zur alleinigen Grundlage ihrer Gestaltung der menschlichen Gerechtigkeit machen:

> «Deshalb müssen alle Menschen mit ängstlicher Sorge und ohne Unterlass zu Gott schreien, dass er den Repräsentanten der Obrigkeit das Licht seiner Erkenntnis gebe und ihre Herzen zu ihm hinziehe, so dass ihre hartherzigen Herren zu Vätern bekehrt werden.» (ZS I, 401)[288]

Allerdings hat die Gehorsamspflicht für Zwingli auch ihre kritischen Grenzen. Die eine ist dann erreicht, wenn die Obrigkeit sich anmasst, über die Gewissen und Seelen der Menschen zu herrschen.[289] Die andere kritische Grenze wird überschritten, wenn die Obrigkeit durch ihre Herrschaft die Freiheit der Predigt des Wortes Gottes beschränkt oder verbietet.[290] Dies wird uns im Zusammenhang der Erörterung von Krieg und Frieden noch beschäftigen.[291]

Denn so grundsätzlich Zwingli davon überzeugt ist, dass man der Obrigkeit gehorchen soll, so grundsätzlich ist er auch der Überzeugung, dass «man die Obrigkeit aber absetzen kann» (ZS II, 392). Allerdings darf ein solches Absetzen der Obrigkeit nicht mit «Totschlag, Krieg und Aufruhr» (ZS II, 392) vonstattengehen, wie Zwingli in seinen «Schlussreden» ausführt. Vielmehr schlägt er in diesem Text andere Verfahrensweisen vor, die jeweils davon abhängen, wie der fragliche

---

288 Vgl. auch ZS II, 361: «Die Lehrer des christlichen Glaubens sollen sich ernsthaft darum bemühen, dass alle Menschen bei Gott für die Obrigkeit Fürbitte einlegen.»

289 Vgl. ZS I, 191: «Das steht nicht in ihrem Eid oder Gehorsam, dass sie über die Seelen und Gewissen der Menschen herrschen sollen; denn das können sie nicht.» Vgl. a. a. O., 202: «[D]enn sie [sc. die Obrigkeit] ist nicht über das Wort Gottes und die christliche Freiheit gesetzt.»

290 ZS I, 192: «Darum soll und kann kein Fürst etwas gebieten, das dem Wort Gottes zuwider läuft oder dass man das Wort Gottes nach des Menschen Gefallen predigen solle.» Vgl. auch a. a. O., 203: «[I]hr [sc. Oberen] seid nicht Herren über die Seelen und Gewissen der Menschen.»

291 Vgl. dazu unter III, 4.1.

Herrscher an die Macht gekommen ist.[292] Zwingli hat in dieser Sache primär *drei* Varianten vor Augen: *erstens*, dass der (gottlose) Exponent der Obrigkeit durch eine ordentliche Wahl in seine Position gekommen ist, *zweitens*, dass er von einer kleinen Funktionselite gewählt worden ist, und *drittens*, dass er durch Erbfolge in seine Funktion als Obrigkeit gelangte. Beispiele wären: für das *Erste* das eidgenössische Ratswahlsystem, für das *Zweite* die Wahl des deutschen Kaisers durch die Kurfürsten und für das *Dritte* die Erbmonarchie der Habsburger.

Für den *ersten* Fall, dass ein Herrscher gewählt worden ist, schlägt Zwingli ein ganz einfaches Verfahren vor:

> «Wenn der König oder Herr durch allgemeine Abstimmung gewählt wird, so soll er, wenn er Böses tut, durch allgemeine Abstimmung wieder abgesetzt werden; andernfalls aber werden seine Wähler mit ihm zusammen bestraft.» (ZS II, 393)

Auch für den *zweiten* Fall, dass ein Machthaber nur von einer kleinen Gruppe von Wahlberechtigten gewählt wurde, sieht die Lösung auf den ersten Blick denkbar einfach aus. Zwingli schlägt hier vor, dass in diesem Fall die auserwählte Gruppe der Elektoren, also der Wählenden, auf die betreffenden Missstände aufmerksam gemacht werden, verbunden mit der Aufforderung, die fehlbare Person abzusetzen. Hier kann es dann allerdings passieren, dass der ungerechte und gottlose Herrscher eingreift und seine Ankläger (durch Mord) zum Schweigen bringt. Dieses Risiko ist nach Zwingli bewusst einzukalkulieren. Für Zwingli ist es aber an dieser Stelle dann zumindest «rühmlich, um der Gerechtigkeit willen getötet zu werden» (ZS II, 393). Wer das Risiko nicht einzugehen bereit ist, der muss den Tyrannen entsprechend geduldig ertragen.

Der *dritte* Fall, dass ein gottloser Gewaltherrscher durch Erbfolge in seine Position kam, wird von Zwingli kontrovers diskutiert. Zwingli

---

292 Vgl. dazu Hodler, Widerstandsrecht, 438ff.

lässt an dieser Stelle ganz klar eine entschiedene Reserve gegenüber dem Erbnachfolgeparadigma erkennen. Dies nicht nur, weil dem Herrscher dann die Legitimation gegenüber den Beherrschten fehlt, sondern auch, weil dann immer die Gefahr besteht, dass Unmündige oder geistig Eingeschränkte in eine Verantwortungsposition gelangen, die sie auszufüllen schlicht und einfach nicht in der Lage sind. Zwingli erinnert in diesem Zusammenhang an Koh 20,16 («[D]as ist ein verfluchtes Land, dessen König ein Kind ist») und hält grundsätzlich fest:

> «Wenn der Tyrann von niemandem gewählt wird, sondern das Reich ererbt hat, so weiss ich nicht, worin das Fundament solcher Reiche besteht. […] Daher weiss ich nicht, wie man überhaupt ein Reich erben kann, ohne die allgemeine Einwilligung und Zustimmung des Volkes zu besitzen.» (ZS II, 393f.)

Aber auch für den Fall, dass ein solcher Herrscher nun einmal an der Macht ist und tyrannisch auftritt, die Seelen der Menschen beherrschen will und die Predigt des Wortes Gottes unterdrückt, hat Zwingli einen Vorschlag. In diesem Falle schlägt er vor, dass «die ganze Volksgemeinschaft den Tyrannen einmütig absetzt» (ZS II, 394). Wichtig an dieser Stelle ist, dass es einen «*einmütigen* Beschluss»[293] (ebd.) gibt und dass es im Zuge der *einmütigen* Absetzung nicht zu einem «ungeordneten Aufstand» (ebd.) oder zu einem «Volksaufstand» (ZS I, 401) kommt. Dieser einmütige Beschluss soll vielmehr – wie Zwingli in seiner Schrift von 1524 «Wer Ursache zum Aufruhr gibt» dargelegt hat – darin zum Stehen kommen, dass das Volk *geschlossen* von einem gottlosen Herrn abfällt. Denn so fragt Zwingli fast lapidar: «Fällt das Volk von ihm ab, worin besteht noch seine Macht?» (ZS I, 402)

Insgesamt gibt es also für Zwingli genügend Möglichkeiten, einen gottlosen Herrscher abzusetzen. Dass dies jedoch selten vor-

---

293 Hervorhebung v. Vf. Einmütigkeit ist in diesem Zusammenhang eine Chiffre für christliche Tugendhaftigkeit.

kommt, liegt für Zwingli in zwei Dingen begründet: zum einen darin, dass es dem Volk ausserordentlich schwer fällt, sich zu einigen, vor allem dann, wenn es darum geht, die Obrigkeit abzusetzen. Die notwendige Einmütigkeit zu erreichen, stellt sich nämlich in der realpolitischen Landschaft als sehr kompliziert heraus. Den anderen Grund sieht Zwingli darin, dass nicht nur die Obrigkeit möglicherweise gottlos agiert, sondern dies eben auch für weite Teile der Bevölkerung gilt. Und weil sie vom moralischen Standpunkt betrachtet im Grunde selbst nicht besser ist, lässt sie «alle Schandtaten des Tyrannen durchgehen» (ZS II, 394). Zwingli selber resümiert und mahnt:

> «Es fehlt also nicht an Mitteln und Wegen, die Tyrannen abzusetzen, sondern es fehlt an allgemeiner Rechtlichkeit. Hütet euch, ihr Tyrannen! Das Evangelium wird rechtschaffene Leute hervorbringen.» (ZS II, 394)

3.3 Steuern und Zinsen

Zur grundsätzlichen Gehorsamspflicht gegenüber der Obrigkeit gehört auch das Entrichten von Steuern, Zinsen und anderen Abgaben. Dieser Gesichtspunkt liegt ebenfalls in der gedanklichen Flucht der von Zwingli immer wieder aufgerufenen und oben andiskutierten Kardinalstelle aus dem Römerbrief (Röm 13,1–7). Denn in den Versen 6 und 7 heisst es dort:

> «[D]eshalb zahlt ihr ja auch Steuern. Beamte Gottes sind es ja, die bestellt sind, ihren Dienst zu verrichten. Gebt allen, was ihr ihnen schuldig seid: Steuern, wem ihr Steuern schuldet, Zoll, wem ihr Zoll schuldet, Respekt, wem ihr Respekt schuldet, Ehre, wem ihr Ehre schuldet.» (Röm 13,6f)[294]

294 Zit. nach der Zürcher Bibel 2007.

Wie der grundsätzliche Gehorsam gegenüber der Obrigkeit ist auch das Zahlen von Abgaben, Steuern und Zinsen prinzipiell nicht verhandelbar. Allerdings bezieht Zwingli auch an dieser Stelle wieder eine differenzierte Position. Denn alles, was mit Geld zu tun hat, unterliegt für ihn prinzipiell der gesteigerten Gefahr, unter die fatale Botmässigkeit der Untugenden Habgier, Gewinnsucht, Geldgier und Eigennutz zu fallen.[295]

Und Zwingli kann den Geist seiner Zeit auch unter das damals bestens bekannte Fanal fassen: «*Regina pecunia*!»[296] (ZS I, 390) – «Königin Geld!» –; heutigentags besser bekannt als «Geld regiert die Welt!».

Insofern ist die Aussage des Paulus, Steuern und Zinsen zu zahlen sei gewissermassen göttliches Gebot, keineswegs selbstverständlich.[297] Und die grosse Leitlinie der ethischen Argumentation ist (wie gehabt) vorgegeben: Grundsätzlich muss sich alle Praxis von Besteuerung, Zinswesen und Abgabenerhebung daran messen lassen, inwieweit sie im Einzelnen dem Evangelium, dem Wort Gottes entspricht, m. a. W. im Sinne der christlichen Tugenden ist und der göttlichen Gerechtigkeit gerecht wird. Es geht um eine wirklich gerechte Praxis von Steuern, Zinsen und Abgaben. Es geht darum, auch im Zusammenhang mit dem öffentlichen Geldwesen tugendhaft im Sinne des Wortes Gottes und Jesu Christi zu agieren. Die Obrigkeit ist dazu eingesetzt, um mit ihrem Rechtswesen «der göttlichen Gerechtigkeit so nahe zu kommen, wie es ihr möglich ist» (ZS I, 208).

Vorderhand nimmt Zwingli an dieser Stelle eine vermeintlich radikale Position ein. In der schon öfters aufgerufenen Grundsatzschrift «Göttliche und menschliche Gerechtigkeit» von 1523 hat er die radikal scheinende Position vertreten, dass jede Form von Privateigentum

---

295 Vgl. dazu unter II, 2.1.

296 Hervorhebung v. Vf.

297 Vgl. ZS III, 416: «Da sperren nun einige Fürsten gierig das Maul auf, wenn sie hören, dass auf Gottes Geheiss Steuern gezahlt werden müssen; sie beachten zu wenig das Wort ‹deshalb›. Was ist der Grund, weshalb man Steuern zahlen muss? Damit sie über die öffentliche Ruhe wachen.»

an und für sich untugendhaft ist. Fast lapidar – aber vor dem Hintergrund des bislang Entfalteten doch unmittelbar einleuchtend – heisst es dort: «*Aller Reichtum ist ungerecht.*»[298] (ZS I, 204)

Aller Reichtum ist ungerecht. Das hat Konsequenzen. Denn es bedeutet, dass im Grunde alle mit dem Finanzverkehr verbundenen Erscheinungen (Abgabe der Zehnten, Zins- und Zinseszinswesen, Leibeigenschaft) auch in sich zutiefst ungerecht sind.[299] Und das ist im Grunde ja auch so. Es gehört aber zu den Stärken der Ethik Zwinglis, dass sie nie überschwänglich wird. Er behält gerade in Fragen von Abgaben, Steuern und Zinsen immer ein scharfes Augenmass und einen ausgeprägten Realitätssinn.

Genau wie bei Zwinglis Erörterungen zur Frage des Ungehorsams gegenüber der Obrigkeit wird auch hier deutlich, dass alles Umsturzartige, alles Aufrührerische und alles Überstürzte in der Ethik als nicht zielführend erachtet wird. Die auch hier regierende zutiefst christliche Maxime lautet, dass «die menschliche Gemeinschaft in Frieden erhalten werde» (ZS I, 200).

Mit Blick auf Steuern, Zinsen und Abgaben diskutiert Zwingli v. a. *vier* Sachfragen: Verschuldung bei Kauf und Pacht, die Entrichtung der Zehnten, die Begleichung des Zinses und den Wucher. In der Anwendung auf diese konkreten Fälle wird die Differenziertheit seiner zunächst rigoristisch erscheinenden Position deutlich.

3.3.1 Kauf und Pacht

Erstens: In Bezug auf die Verschuldung bei Kauf und Pacht ist es für Zwingli mehr als klar, dass bei Pacht und Kauf der vereinbarte Preis

---

298 Hervorhebung v. Vf. Zwingli fährt fort und begründet dies: «Doch können wir ganz einfach nicht leugnen, dass alle Reichtümer Gott gehören, und müssen sie immer zum Dienst nach dem Willen Gottes bereithalten, ja sein, als hätten wir sie nicht; sonst kann ich es nicht verstehen, dass ein Reicher gläubig sein solle, wenn er sein Herz bei dem zeitlichen Schatz hat.» (ZS I, 204)

299 Vgl. dazu Opitz, Zwingli, 50.

zu entrichten ist. Käufe und Pachten sind Verträge, die *freiwillig* eingegangen werden. Das heisst, dass an dieser Stelle Ja oder Nein gesagt werden kann. Und wenn jemand einen Vertrag willentlich durch Kauf oder im Sinne eines Pachtvertrages eingeht, bedeutet das, dass der Vertrag zu bedienen ist. Das entspricht nicht nur dem gesunden Menschenverstand. Für Zwingli ist hier die lateinische Regel *pacta sunt servanda* (Übereinkünfte sind zu bedienen, Verträge sind einzuhalten) massgebend. Und das entspricht überdies genau den beschriebenen christlichen Tugenden von Gerechtigkeit und Gehorsam. Insofern ist es aus christlicher Perspektive selbstverständlich, dass jeder verpflichtet ist, einen Kaufpreis oder eine Pachtschuld «vor Gott und den Menschen [...] zu bezahlen» (ZS I, 201).

3.3.2 Die Zehnten

Hinsichtlich *des Zweiten*, der Entrichtung der Zehnten, unterscheidet Zwingli zwischen dem Zehnten, den «die weltlichen Grundeigentümer beanspruchen» (ZS I, 201) und dem Zehnten, der «den Geistlichen zukomm[t]» (ebd).[300] Bei dem zuerst genannten Zehnten handelt es sich um eine Abgabe, die v. a. Bauern für die Nutzung des Landes an die Landeigentümer entrichten mussten («grosser Zehnter»). Der zweitgenannte Zehnte bezieht sich auf Zahlungen, die Kirchen, Stiften, Klöstern und kirchlichen Gütern zugute kamen («kleiner Zehnter»).

Mit Zwinglis Predigten, die – gut reformatorisch – konsequent auf die Bibel abstellten, wurde auch die Frage nach der Legitimation der Zehnten aufgeworfen. Radikale Kräfte stellten nämlich die Rechtmässigkeit dieser Abgaben in Frage. Und in der Tat: Eine biblische Legitimität der meisten Abgaben war nicht nachweisbar. Aber es gab an dieser Stelle eine ganze Reihe von Ansprüchen, die historisch gewachsen und etabliert waren. Zudem stellten sie im Wirtschaftsgeflecht der Zeit einen nicht unwesentlichen Faktor dar. Insofern ist es

300 Zum Folgenden vgl. Opitz, Zwingli, 48ff.

für Zwingli wichtig, dass es an dieser Stelle eine Lösung geben muss, die «ohne Verletzung der menschlichen Beziehungen und Ordnungen» (ZS I, 203) auskommt.[301]

Grundsätzlich plädiert Zwingli dafür, dass der Zehnte zu entrichten sei, sofern es die Obrigkeit angeordnet hat. Das resultiert aus der allgemeinen Gehorsamspflicht gegenüber der Obrigkeit. Zwei Bedingungen werden allerdings aufgestellt: Erstens muss die Obrigkeit, sollte sie sich entschliessen, den Zehnten abzuschaffen, diejenigen entschädigen, denen dadurch unmittelbare Nachteile entstehen. Alles andere widerspräche der christlichen Tugend der Gerechtigkeit. Denn angenommen, jemand hätte ein Gut erworben, das durch den Zehnten belastet ist, und er hätte den entsprechend höheren Preis gezahlt (als den für ein unbelastetes Gut), so würde er durch die Abschaffung des Zehnten benachteiligt und faktisch um einen Teil seines Geldes gebracht. Und das wäre nicht gerecht, sondern Diebstahl und Raub. Und das Zweite ist: Die Regierung hat immer dafür zu sorgen, dass der Zehnte nicht missbraucht wird. Und wenn er missbraucht wird, muss sie dafür sorgen, dass der Missbrauch sanktioniert, also bestraft wird; dies schon allein deshalb, weil bei dauerndem Missbrauch die Gefahr sozialen Unfriedens bis hin zu Tumult und Aufstand droht. Und Kernaufgabe der Obrigkeit ist wie gesehen die Erhaltung des öffentlichen Friedens. Deshalb hält Zwingli fest:

> «Es ist aber Pflicht der Obrigkeit, dafür zu sorgen, dass die Zehnten nicht missbraucht werden, und wo dies geschieht, für Abhilfe zu sorgen. Kurz: Straft sie diesen Missbrauch nicht, ist sie eine ungerechte Obrigkeit. Es kann ja jeder ermessen, dass dort, wo ein dauerhafter Missbrauch eingerissen ist, zuletzt ein Weg gefunden wird, ihn abzuschaffen; oft geschieht

---

301 Vgl. dazu auch ZS I, 208: «Der Mensch soll die menschlichen Beziehungen wegen zeitlichen Guts in keiner Weise zerrütten, sondern wenn ihn ein Unrecht bedrückt, das er im Blick auf Gottes Wort nicht zulassen will, so soll er es allein mit Hilfe der rechtmässigen Staatsgewalt in Ordnung bringen und es nicht dulden, dass die Lehre Christi aufrührerisch gescholten werde.»

> dies dann aber eher mit Ungestüm und Aufruhr als nach reiflicher Überlegung.» (ZS I, 202)

Mit Blick auf die kirchlichen Zehnten, also die Abgaben, die den Kirchen, Klöstern, Stiften, Dom- und Chorherrenkapiteln etc. zustehen, erkennt Zwingli eine ganze Reihe von Missbräuchen, die abzustellen sind. Zu diesen nimmt er in seiner Schrift «Wer Ursache zum Aufruhr gibt» von 1524 Stellung. Die gravierendsten Missbräuche, die Zwingli an dieser Stelle diskutiert, bestehen darin, dass einerseits sich kirchliche Funktionäre (allen voran der Papst als «Vater alles Geizes» [ZS I, 353]) mit den Zehnten bereichern. Andererseits – und das ist der zweite gravierende Missstand – war es üblich geworden, die Rechte auf den Zehnten weiterzuverkaufen. Beide Missbräuche widersprechen in eklatanter Weise dem ursprünglichen Sinn der kirchlichen Zehnten. Denn der ursprüngliche Sinn der kirchlichen Zehnten bestand in der Alimentierung der Pfarrer und der Armenpflege der Gemeinde, in der die Zehnten erhoben wurden. Dies alles ist durch die gravierenden Missbräuche in den Hintergrund getreten. Wenn die kirchlichen Zehnten in irgendeiner Form Bestand haben sollen, dann nur, wenn sie wieder und ausschliesslich dazu verwendet werden, «damit unsere Armen und die nötigen Pfarrer am Leben erhalten» (ZS I, 354) werden können, und zwar in den lokalen Gemeinden.

3.3.3 Zinswesen

Was *drittens* das Zinswesen anbelangt, so gab es davon verschiedene Formen: Einmal gab es den sogenannten Zinskauf, also ein «*verzinsliches [G]elddarlehen auf [G]rundstücke*»[302] oder ein «Grundpfanddarlehen»[303], bei dem ein Zins auf einen für ein Grundstück entliehenen Betrag entrichtet werden musste, also eine Art Hypothek. Davon ist zu unterscheiden der Zins, der aus reinen Geldge-

---

302 Grimm, Art. Zinskauf, 1527 (Hervorhebung i. Orig.).
303 ZS I, 439 (Anm. 24).

schäften resultiert, in welchen eine Geldsumme geliehen wird und auf diesen Betrag hin Zinsen zu entrichten sind. Letzteres nennt Zwingli «Geldgeschäft» (ZS I, 207). Schliesslich kennt er noch den Wucher, wenn Geld gegen überrissenen Zins verliehen wird, zu den Zinsen also noch die Zinseszinsen addiert werden und die Schulden hyperbolisch in die Höhe schiessen.

Was die theologische Beurteilung des Zinswesens insgesamt angeht, so stellt sich die Sachlage ganz ähnlich dar wie im Horizont der Zehnten. Grundsätzlich sind Zinsen zu bezahlen. Allerdings ist es auch hier nicht möglich, eine biblische Grundlage zu finden. Vielmehr gilt: «Zinsen sind nicht nach göttlichem Recht.» (ZS I, 204)[304] In dieser Beziehung ruft Zwingli immer wieder ein biblisches Wort aus dem Neuen Testament auf: «[T]ut Gutes und leiht, wo ihr nichts zurückerhofft.»[305] (Lk 6,36b)[306] Dies entspräche exakt der christlichen Tugend der Gerechtigkeit, ja der göttlichen Gerechtigkeit.

Da es aber nun einmal Privateigentum gibt – was für Zwingli grundsätzlich schon einmal ungerecht ist, was er aber auch nicht abschaffen will oder kann –, gilt es das Zinswesen so zu gestalten, dass es dem Ideal der christlichen Tugend so weit wie möglich entgegenkommt. Das bedeutet zunächst für den Zinskauf, dass das Nehmen von Zinsen verhältnismässig zu sein hat, dass also der Zins nur «entsprechend der Höhe der Summe einen Anteil vom Ertrag» (ZS II, 204f.) ausmachen darf. Konkret heisst das: Wenn ein Gut beispielsweise 100 Gulden wert ist und der Eigner eine Schuld von 50 % auf das Gut aufnimmt (= 50 Gulden), dann beträgt der Zins entsprechend 50 % des Ertrages, der mit dem Land gewonnen wird. Wird das Land mit 25 % belastet (= 25 Gulden), dann stehen dem Verleiher des Geldes

304 Vgl. auch ZS I, 351, wo Zwingli zu verstehen gibt, «dass anderen Zins aufzuerlegen direkt gegen Gott gerichtet ist».

305 Zit. nach der Zürcher Bibel 2007. Vgl. auch Ex 22,24: «Leihst du Geld dem Armen aus meinem Volk […] so sei nicht wie ein Wucherer zu ihm. Ihr sollt ihm keinen Zins auferlegen.» (Zit. nach der Zürcher Bibel 2007)

306 Vgl. dazu ZS I, 204, 205 und 207.

25 % des Ertrages des Landes zu etc. Diese Praxis wäre zwar immer noch ungerecht nach Massgabe der christlichen Tugend der Gerechtigkeit, aber immerhin «keine grosse Belastung» (ZS I, 205).

Wird allerdings ein Zins unabhängig vom Ertrag des Landes festgelegt, der also auch in dem Fall bezahlt werden muss, in dem das Land infolge einer Missernte oder eines Wetterschadens[307] keinen Ertrag abwirft, dann wird eine ethische Grenze überschritten. Hier stellt Zwingli entrüstet fest: «[D]as geht doch wirklich zu weit.» (ZS I, 205) Das ist Missbrauch des Zinsnehmens, ein «schädliches Zinsnehmen» (ZS I, 205). Zwingli argumentiert an dieser Stelle dafür, dass die Zinsen in diesem Zusammenhang 5 % nicht übersteigen dürfen. Wird diese Marge überschritten, hat die Obrigkeit einzuschreiten und den Missbrauch zu unterbinden. Zwingli mahnt:

> «Die Obrigkeit sollte […] ernstlich gegen den Missbrauch bei den Zinsen einschreiten.» (ZS I, 206)

Und ihm ist es wichtig, dass nicht – wie es offenbar gang und gäbe war – überzogene Vereinbarungen beim Zinskauf noch «mit Vertrag und Siegel der Obrigkeit» (ZS I, 205) bestätigt werden.

Mit Blick auf den Zins, der für das Verleihen von Geld (ohne Belastung von Land und Gut) erhoben wird, stellt sich für Zwingli die Sache denkbar klar dar. Wenn die Obrigkeit den Verleih von Geld grundsätzlich gestattet, ist derjenige, der Geld aufgenommen hat, «verpflichtet, den Zins zu bezahlen» (ZS I, 207f.). Das ist auch eine direkte Folge der Gehorsamspflicht gegenüber der Obrigkeit und wird von Zwingli nicht in Frage gestellt. Allerdings ist die Obrigkeit auch in dieser Sache gehalten, die Praxis so zu gestalten, dass sie sich der christlichen Vorstellung der Gerechtigkeit so weit wie möglich annähert.

Und was endlich den Wucher angeht, also den Geldverleih gegen unverhältnismässig hohe Zinsen sowie das Nehmen von Zinseszins,

307 Zwingli denkt dabei v. a. an Hagelschlag (vgl. ZS I, 409).

so ist Zwinglis Position ebenfalls sehr bestimmt und eindeutig. Wenn Notsituationen ausgenutzt werden, um mit hohen Zinsen und Zinseszins den Gewinn und die Schuld zu maximieren, ist dies nichts anderes als ein «schmutzige[s] Geldgeschäft» (ZS I, 208).[308] Hier ist eine Übereinstimmung mit der christlichen Tugend der Gerechtigkeit nicht einmal mehr ansatzweise zu erkennen. Im Gegenteil: Wie Zwingli festhält, ist dies «Gott so widerwärtig, dass er es nirgends dulden will» (ZS I, 208). Das bedeutet, dass diese Form der Geldwirtschaft konsequent abzustellen ist. Und es liegt in der ethischen und rechtlichen Kompetenz der Obrigkeit, dafür Sorge zu tragen, dass dies unterbunden wird.

> «Es sollte aber keine Obrigkeit so unredlich gegenüber ihren Untertanen handeln, dass sie Juden oder andere Geldverleiher, die ganz oder teilweise den *Zinseszins* anwenden, dulden.»[309] (ZS I, 208)

3.3.4 Steuern

Viertens und letztens: Was die Steuern betrifft, so ergibt sich Zwinglis Standpunkt aus dem bislang Dargestellten. Allgemein gilt im Anschluss an die oben zitierte Stelle aus Röm 13,6f., dass Steuern fraglos zu entrichten sind. Dies gebietet die generelle Gehorsamspflicht gegenüber der Obrigkeit. Aber auch das allgemeine Steuerwesen ist so auszurichten, dass es der christlichen Tugend der Gerechtigkeit beziehungsweise der göttlichen Gerechtigkeit weitestgehend genügt. Und das ist in der Regel nicht der Fall.

Das Recht, Steuern zu erheben, wurde und wird ebenfalls vielfach missbraucht. Zwingli denkt in diesem Zusammenhang nicht nur an die «unzähligen Abgaben und Sondersteuern» (ZS I, 389), die sich

---

308 Vgl. auch Zwinglis Formulierung aus der Schrift «Wer Ursache zum Aufruhr gibt» von 1524: «Wenn der Jahreszins jährlich proportional zunimmt, muss jeder Grundstückbesitzer zuletzt vertrieben werden; denn die Grundzinsen fressen ebenso wie jeder andere Zinswucher.» (ZS I, 394)

309 Hervorhebung v. Vf.

die Oberen einfallen lassen, um die notorischen Lücken in ihrem Etat zu stopfen. Er hat auch ganz klar die Steuerprivilegien im Blick, die Geistliche in höheren Positionen geniessen. Aber: Sowohl diese «Freiheit der Geistlichen von Abgaben [...,] Zoll- und Steuerfreiheit» (ZS I, 209) als auch die Sondersteuern und willkürliches wie ungerechtes Steuerwesen insgesamt, «können sich auf kein göttliches Recht oder Gebot berufen» (ebd.).

Einmal mehr redet Zwingli deshalb den politischen Verantwortungsträgern seiner Zeit ins Gewissen. Denn zum Schluss sind sie es, die es in der Hand haben, wie die Gemeinschaft gestaltet wird: Soll sie eine Gemeinschaft sein, in der der Egoismus und die selbstverliebten Interessen Einzelner Platz greifen, oder soll es ein Gemeinwesen sein, in welchem der menschlich-allzumenschliche Egoismus zugunsten des Gemeinsinns im Sinne der christlichen Tugendhaftigkeit zurücktritt?

Zwinglis Antwort an dieser Stelle ist unmissverständlich und zielt konsequent auf das Letztere. Er delegiert diese christliche Entscheidung weiter an die Oberen und Führer der Gemeinschaft. Versehen sie ihr Mandat gewissenhaft, haben sie die Funktion von Wächtern. Gewacht werden muss darüber, dass die rechtlichen Rahmenbedingungen des Miteinanders gerecht sind – so gerecht, wie es die unsteten und unsicheren Bedingungen des menschlichen Lebens jedenfalls zulassen. Und Zwingli lässt keinen Zweifel daran, dass dieses Wächteramt durch die Obrigkeit – und nur durch die Obrigkeit – ausgeübt werden kann:

> «Wächter sind die gesetzmässige Obrigkeit [...]. Ihr Amt ist es, alle Dinge nach dem göttlichen Gebot zu führen, wenn es uns schon nicht möglich ist, nach dem göttlichen Willen zu leben. Darum soll sie alles, wofür weder im göttlichen Wort oder Gebot noch in der menschlichen Gerechtigkeit eine Begründung gefunden werden kann, abschaffen und als falsch, unrechtmässig und ungerecht auch nach menschlicher Gerechtigkeit behandeln.» (ZS I, 210)

4. Krieg und Frieden

4.1 Frieden und Pazifismus

In Zwinglis Ethik spielt der Frieden eine entscheidende Rolle. Hier wird einmal mehr die humanistische Prägung seiner Ethik deutlich. Aber: Das humanistische Friedensideal wird in Zwinglis Theologie gewissermassen gespiegelt. Auf bestimmte Umformungsmomente wurde schon hingewiesen. Wie bereits gesehen, repräsentiert der Frieden das innere Ziel der Tugenden.[310]

Die ethische Grundsituation des Menschen ist die eines Willenskrieges, den Zwingli beschreibt als Auseinandersetzung zwischen Fleisch und Geist, Untugend und Tugend, äusserem und innerem Menschen. Und dieser Kampf kann in christlichem Sinne befriedet werden, wenn die christliche Tugend über die allgemeine menschliche Untugend die Oberhand gewinnt. Wenn der Wille sich im Sinne der christlichen Tugend artikuliert, kehrt Frieden im Menschen ein.

Dieser im inneren Menschen einkehrende Seelenfrieden hat auch Auswirkungen auf die Wirklichkeit des äusseren Zusammenlebens. Der Frieden als soziale Erscheinung (die innen- und aussenpolitische Abwesenheit von Krieg) ist eine Folge des individuellen Friedens (Seelenfrieden infolge des Glaubens an das Wort Gottes). In seinen «Schlussreden» von 1523 und in seinem «Der Hirt» von 1524 hat Zwingli diesen Zusammenhang der individual- und sozialethischen Ausführungen deutlich hergestellt und zum Ausdruck gebracht: Wenn die Teilnehmer eines Gemeinwesens

> «dem Wort Gottes glauben, so ist nichts anderes möglich, als dass hier der grösste Frieden, Freundschaft und Liebe herrschen» (ZS II, 379). Oder: «Wer Frieden haben will, der nehme unverzüglich das Wort Gottes an» (ZS I, 277).

310 Vgl. dazu unter II, 2.3.

In Zwinglis Hochschätzung des Friedens lassen sich durchaus pazifistische Züge erkennen. Ulrich Gäbler hat in dieser Beziehung von einem «*pazifistische[n] Ideal*»[311] gesprochen. Dieses ist unschwer auch in der Ethik Zwinglis erkennbar. Und dass pazifistische Züge die Ethik Zwinglis durchweben, liegt ganz in der Natur der Sache, denn sie sind ja dem christlichen Glauben selbst eingeschrieben.

Das Christentum geht davon aus – so Zwingli –, dass «das Innere des Menschen zum *Frieden* geneigt ist»[312] (ZS II, 362). Der Vollzug der christlichen Religion ist so nichts anderes, als diese Neigung zum Frieden lebenspraktisch zu realisieren. Dies kann ohne Weiteres den Urkunden des christlichen Glaubens selbst entnommen werden. Konsequent führt Zwingli für *seinen* christlichen Pazifismus deshalb in erster Linie biblische Begründungen an. In Übereinstimmung mit Psalm 77 kann für die menschliche Seele gesagt werden: «Ohne ihn [sc. Gott] findet sie keine Ruhe.» (ZS I, 152) Und grundsätzlich ist es für Zwingli unzweifelhaft, dass «Gott [...] uns berufen [hat], *im Frieden zu leben*»[313] (ZS II, 393). Denn Gott ist nicht «ein Gott des Streites und der Zwietracht, sondern der Einigkeit und *des Friedens*»[314] (ZS III, 221). Für Jesus Christus selbst gilt im Anschluss an Eph 2,14: «*Er ist unser Friede.*»[315] (ZS II, 32) Übereinstimmend mit Kol 1,20 ist unser «Friede mit Gott und der Zugang zu ihm dem Blut Christi zu verdanken» (ZS II, 205).

Diesen pazifistischen Vorgaben folgend, hat Zwingli sich selbst zu einem leidenschaftlichen Vorkämpfer gegen den Krieg und energischen Verteidiger des Friedens gemacht.[316] In seiner Glarner Zeit begann Zwinglis Kampf gegen den Solddienst, die Reisläuferei.[317] Und in seinen «Schlussreden» von 1523 gibt er im Rückblick auf sein

311 Gäbler, Zwingli, 133 (Hervorhebung v. Vf.).
312 Hervorhebung v. Vf.
313 Hervorhebung v. Vf.
314 Hervorhebung v. Vf.
315 Hervorhebung v. Vf.
316 Vgl. dazu unter I, 1.3.
317 Vgl. Haas, Zwingli, 37.

eigenes Wirken in Glarus zu Protokoll, dass er derart entschlossen gegen «diesen Krieg und diese Söldnerwerbung auftrat, wie gegen keine andere vorher» (ZS II, 363).[318] Er geisselt – wie gesehen – den «Krieg [als] eine Schule aller Laster» (ZS I, 97). Und drastisch führt er seinen Zeitgenossen immer wieder die verheerenden Folgen des Krieges vor Augen: massenhaftes Töten, Zerstörung von Gütern, Verwüstung von Land und Städten, Gefährdung des Glaubens, Kollaps der öffentlichen Ordnung, Verwilderung von Anstand und Sitten.[319] Hinzu kommen sexuelle Eskalationen während des Feldzuges und dann wieder zu Hause sowie das Einschleppen von Geschlechtskrankheiten. Die Reisläuferei schafft Ungerechtigkeit und lässt die tragenden Grundwerte der Eidgenossenschaft erodieren: Freiheit, Loyalität und Einigkeit. Es ist über weite Strecken unverkennbar, dass Zwingli von seiner Glarner Zeit an die «Kriegernation Schweiz auf den Weg des Friedens führen»[320] wollte. Alles dies zusammengenommen ergibt für Zwingli nichts anderes als ein überwältigendes Plädoyer zunächst einmal gegen die Reisläuferei, das Solddienstwesen:

> «Daraus folgt, dass Kriegführen um Sold eine unmenschliche, schamlose und sündhafte Sache ist; denn ich komme zu keinem anderen Schluss, als dass alle, die einem Kriegszug angehören, an allen Totschlägen, die darin begangen werden, schuldig sind.» (ZS II, 384)[321]

318 Konkret spielt Zwingli auf den Piacenzerzug von 1521 an. Der Piacenzerzug war «die letzte Kriegsfahrt, welche Zürich in fremden Diensten unternommen hat» (Egli, Piacenzerzug, 87 [i. Orig. z.T. hervorgehoben]). Der Piacenzerzug hiess Piacenzerzug, weil Zürcher Reisläufer im Auftrag des Heiligen Stuhls die Städte Parma und Piacenza einnahmen.

319 Vgl. ZS III, 420: «Ich schweige von den Körpern, die sie getötet, von dem Gut und Land, dass [sic!] sie zerstört, von den Städten, die sie verwüstet haben. Wie haben sie die Keuschheit verdorben, den Glauben gefährdet, die öffentliche Gerechtigkeit zugrunde gerichtet, die Gemüter verwildern lassen! *Das alles bringt der Krieg mit sich.*» (Hervorhebung v. Vf.)

320 Opitz, Zwingli, 77.

321 Allerdings räumt Zwingli an dieser Stelle bereits ein, dass ein Krieg

Dies alles sind Anhaltspunkte dafür, dass christliche Tugenden und Krieg prinzipiell nicht miteinander vereinbar sind. Die christliche Predigt ist eine Predigt des Friedens und nicht des Krieges. Und der christliche Prediger hat gegen den Krieg und für den Frieden zu predigen. In diesem Sinne nimmt Zwingli für sich auch ab seiner Zürcher Zeit in Anspruch,

> «dass [er] ja in der aufrechten christlichen Stadt Zürich ernsthaft den Frieden gepredigt habe» (ZS II, 361), ja «kraft [s]eines Amtes den Frieden predigen» (ZS II, 362) musste.

Der christliche Prediger soll ein Prediger des Friedens sein. Und der Christenmensch soll ein Vertreter des Friedens und der Friedfertigkeit sein. Er soll ein friedfertiges und friedliebendes Leben führen. In diesem Sinne kann Zwingli den fast radikal pazifistischen Grundsatz äussern: «Der Christ aber soll sich der Waffen gänzlich enthalten [...].» (ZS I, 235)

Aber Zwinglis Pazifismus ist eben kein *radikaler* Pazifismus. Denn schon im Zuge seiner Kritik des Krieges und der Reisläuferei in der Glarner Zeit war Zwingli trotz aller Reserve gegen die Reisläuferei der Überzeugung, «dass Krieg ein berechtigtes Mittel zur Wahrung des Gutes, der politischen Freiheit»[322], sei. Und als im Zuge der Durchsetzung seines Reformwerkes in Zürich die Täufer auftraten und radikale Forderungen aufstellten, konnte Zwingli sich ihnen meist nicht anschliessen. Unter den steilen Forderungen der Täufer war auch diejenige (Zwingli gibt sie wie folgt wieder),

> «dass man keinen Krieg führen dürfe, auch wenn Tyrannen, Gottlose, Gewaltsame, ja Räuber uns jeden Tag plündern, töten und brandschatzen» (ZS IV, 341).

---

gewissermassen auf göttlichen Geheiss hin, möglich ist: «Befiehlt Gott [...], ohne Rechtsgrundlage zu töten, z. B. im Krieg oder dergleichen, dann soll man ihm gehorsam sein.» (ZS II, 383f.)

322 Gäbler, Zwingli, 34.

Diese Forderung der Täufer hat Zwingli in ihrer Radikalität abgelehnt. Oben wurde festgehalten: «Der Christ aber soll sich der Waffen gänzlich enthalten [...].» (ZS I, 235) Das Zitat enthält diesen Grundsatz, ist indes nicht vollständig. Dass Zwinglis Pazifismus darin nicht aufgeht, wird deutlich, wenn der fragliche Abschnitt als Ganzes in Augenschein genommen wird. Der Sache nach entstammt der Satz aus einem der Erziehungstraktate Zwinglis, konkret aus der seinem Stiefsohn Gerold zugeeigneten Schrift «Wie Jugendliche aus gutem Hause zu erziehen sind» von 1523. Es geht in diesem Zusammenhang darum, ob Jugendliche den Umgang mit Waffen lernen sollten oder auch nicht. Und da heisst es im Gesamtkontext:

> «Der Christ aber soll sich der Waffen gänzlich enthalten, so weit dies beim Zustand und beim Frieden des Staates möglich ist. Denn Gott [...] wird uns ohne Zweifel auch bewahren. Aber wenn es ihm anders richtig scheint, so wird er unsere Hand bewaffnen. Denn er selbst rüstet unsere Hände zum Kampf. Wenn man aber wirklich beschlossen hat, auch das Fechten zu lernen, so soll das einzige Ziel darin bestehen, das Vaterland und diejenigen, die uns Gott anempfiehlt, zu schützen.» (ZS I, 235)

Zwingli tritt grundsätzlich für den Frieden ein. Der Christenmensch soll sich prinzipiell der Waffen enthalten. Das entspricht einer christlichen Haltung, die mit ihren Tugenden das menschliche Zusammenleben fördert. Aber Zwinglis Pazifismus ist ein realistischer Pazifismus, ein Pazifismus, der sich seiner Grenzen sehr wohl bewusst ist. Es handelt sich um einen moderaten Pazifismus, um einen – wie Ulrich Gäbler es genannt hat – «relativ pazifistischen Standpunkt»[323].

Ein radikaler Pazifismus etwa im Sinne der Friedensbewegung der 1980er Jahre ist dem 16. Jh. im Grunde auch völlig fremd. Krieg und Gewalt gehörten in einem anderen Masse zum Alltag der Menschen, als dies heutigentags in der westlichen Welt, vor allem in Westeu-

323 Gäbler, Zwingli, 42.

ropa, der Fall ist. Wenngleich sich auch hier inzwischen gewisse Abhärtungssyndrome zeigen. Deshalb ist zu unterstreichen, was Peter Opitz mit Blick auf Zwingli und den Pazifismus ausgeführt hat. Opitz bemerkt mit Blick auf einen «prinzipielle[n] Verzicht auf militärische Mittel»[324] präzise:

> «Für diese Art von Pazifismus war nicht nur der Zürcher Leutpriester zu sehr Eidgenosse des 16. Jahrhunderts.»[325]

4.2 Krieg und Reformation

Zwingli lebte in einer Zeit, in welcher der Krieg ein mehr oder weniger unhinterfragter Bestandteil des politischen Geschehens war. Politische Interessen wurden auf dem Weg der Verhandlung und, wenn diese scheiterte, im Modus des Krieges durchgesetzt. Die berühmten Sätze von Carl von Clausewitz – «Der Krieg ist also ein Akt der Gewalt, um den Gegner zur Erfüllung unseres Willens zu zwingen»[326] und «Der Krieg ist eine blosse Fortsetzung der Politik mit anderen Mitteln»[327] – haben hier eine gewisse Selbstverständlichkeit. Auch die Protagonisten der Zürcher Reformation haben versucht, ihre Interessen gegenüber der Innerschweiz mit militärischen Mitteln durchzusetzen.

Zu Zwinglis Lebzeiten gab es eine ganze Reihe von zum Teil lang anhaltenden militärischen Konflikten. Kenntnis hatte Zwingli mit Sicherheit von der erfolgreichen Expansion der Eidgenossenschaft nach Süden bis zur Schlacht von Giornico (1498). Und in die Italienischen Kriege mit den prägenden Ereignissen des Verrats von Novara (1500), des Pavierfeldzugs (1512), der siegreichen Schlacht von No-

324 Opitz, Zwingli, 105.
325 Opitz, Zwingli, 105.
326 Clausewitz, Vom Kriege, I, §1, 2.
327 Clausewitz, Vom Kriege, I, §24, 17.

vara (1513) und der Niederlage in der Schlacht von Marignano (1515) war Zwingli z. T. persönlich – wenn auch nur am Rande – involviert.[328]

Zu den Italienischen Kriegen, die sich noch bis 1558 hinziehen sollten und von denen die Eidgenossenschaft mit den Schlachten von Bicocca (1522) und Pavia (1525) durch das Soldbündnis mit Frankreich mitbetroffen war, kamen Kriege im näheren und weiteren Umfeld. Es sei nur am Rande erinnert an die Hildesheimer Stiftsfehde (1519–1523) in Deutschland, die Bauernkriege im mittel- und oberdeutschen Raum (1524–26) oder an den Vormarsch der Türken (1521: Fall Belgrads) und den Beginn der Österreichischen Türkenkriege nach der Schlacht von Moházc (1526). Zwinglis Zeit war bewegt, bewegt auch durch viele kriegerische Auseinandersetzungen.

Innerhalb der Eidgenossenschaft hatte es seit dem Alten Zürichkrieg (1440–50) keine weiteren militärischen Konflikte gegeben.[329] Dass es innerhalb der Eidgenossenschaft 90 Jahre später wieder einen Krieg gab, liegt in der Flucht der Entwicklung und Ausbreitung der Zürcher Reformation. Es geht in diesem Zusammenhang um zwei Kriege: einmal um den ersten Kappeler Krieg von 1529 und das andere Mal um den zweiten Kappeler Krieg von 1531. Dabei ist zu bemerken, dass es sich beim erster Kappeler Krieg nicht um einen Krieg im eigentlichen Sinne handelte, insofern es zu keinerlei effektiven Kampfhandlung kam. Aber man stand 1529 auf dem Gebiet der Eidgenossenschaft bereits am Rande eines Krieges. Die Kräfte waren ein erstes Mal von beiden Seiten mobilisiert worden und in Bereitschaft. Zur Reformation kam der Reformationskrieg.

Der *casus belli*, der Grund des Krieges war nämlich in beiden Fällen im weiteren Sinne durch die Reformation motiviert. Im Vorfeld des ersten Kappeler Krieges ging es um die sogenannten «Gemeinen Herrschaften».[330] In diesen Gebieten wechselte die Herrschaft turnus-

---

328 Vgl. dazu unter I, 1.2.

329 Zum Alten Zürichkrieg vgl. Maissen, Schweizer Geschichte, 51ff.

330 Die «Gemeinen Herrschaften» waren eine der *vier* in der Alten Eidgenossenschaft üblichen Gestalten des territorialen Zusammenhangs. Es gab

mässig alle zwei Jahre. Da nun in der näheren Umgebung Zürichs, wie namentlich im Freiamt und der Gemeinen Herrschaft Baden, die Gemeinden zur Reformation übergetreten waren, ergab sich Konfliktpotential. Denn mit dem Turnuswechsel war plötzlich ein der Reformation verpflichtetes Gebiet einem «altgläubigen» Landvogt unterstellt.

Zwingli sah es als seine Pflicht an, die Sache der Reformation zu *verteidigen*. Er konnte es nicht hinnehmen, dass plötzlich ein altgläubiger Landvogt auftrat und die *freie* Predigt (Predigt, *frei* von allen nichtevangelischen Vorgaben Roms und anderer politischer Akteure)[331] unterdrückt wurde.

Exakt das ist für Zwingli das theologische Argument *für* einen Krieg gewesen. Und das liegt ganz auf der Linie seiner Obrigkeitslehre.[332] Denn auch mit Blick auf den christlichen Pazifismus gibt es eine

---

einmal die eidgenössischen Orte, das waren zu Zwinglis Lebzeiten die weitgehend selbstständigen Orte (Kantone) Schwyz, Uri und Unterwalden (Ob- und Nidwalden), Luzern, Zürich, Zug, Glarus, Bern, Freiburg (Stadt), Solothurn (Stadt), Basel (Stadt), Schaffhausen (Stadt) und Appenzell (Land). Diese Orte bildeten die Eidgenossenschaft im strengen Sinne. Zusätzlich gab es zum *Zweiten* «Zugewandte Orte» (= Verbündete von einzelnen oder mehreren Orten). Das waren etwa die Fürstabtei St. Gallen, die Stadt St. Gallen, das Wallis u. a., aber auch z. T. Städte aus dem oberdeutschen Raum wie Mühlhausen. Dann gab es *drittens* die sogenannten «Gemeinen Herrschaften». Sie waren historisch im Zuge der Emanzipation der Eidgenossenschaft von den Habsburgern zustande gekommen (zu den gemeinen Orten und deren Herausbildung vgl. auch Maissen, Geschichte der Schweiz, 44f.). Das waren Gebiete, in denen sich die eidgenössischen Orte die Herrschaft gemeinsam teilten (z. B. Grafschaft Baden, die Freiämter im Reuss- und Bünztal oder die Landgrafschaft Thurgau). Jeder der an der Herrschaft beteiligten Orte stellte jeweils für zwei Jahre den Landvogt und war mit der Verwaltung und weiteren administrativen Aufgaben betraut. Schliesslich gab es *viertens* auch Schirmherrschaften (Protektorate). Das waren assoziierte Gebiete, denen in vertraglichem Austausch v. a. Schutz bei militärischen Interventionen gewährt wurde.

331 Insofern ist es etwas überspitzt, wenn Maissen in seiner «Geschichte der Schweiz» zu verstehen gibt, dass der «Ruf nach freier Predigt [...] Freiheit (nur) für ihre Predigt meinte» (Maissen, Geschichte der Schweiz, 90).

332 Vgl. dazu unter III, 3.2.

kritische Grenze. Sie wird für Zwingli erreicht, wenn die freie evangelische Predigt des Wortes Gottes eingeschränkt wird. Und da sich die innerschweizer Kantone («Fünf Orte»)[333] weigerten, der freien evangelischen Predigt Raum zu geben, wurde diese Grenze erreicht. Und Zwingli war bereit, sie zu überschreiten.

Der Argumentation Zwinglis kann eine gewisse innere Stringenz nicht abgesprochen werden. Nach christlichem Verständnis ist das Zusammenleben im Frieden das Ziel der Glaubenspraxis. Dieses Ziel kann nur erreicht werden, wenn die Menschen uneingeschränkt Zugang zum Wort Gottes und zu Lehre und Werk Jesu Christi haben. Denn das Werk und die Lehre Jesu Christi sowie das Wort Gottes sind die Voraussetzungen dafür, dass sich Menschen durch den Glauben innerlich verändern. Und die innerliche Veränderung durch den Glauben hat ein äusseres friedliches Miteinander zur Folge.

Umgekehrt: Wenn die Menschen keinen uneingeschränkten Zugang zum Wort Gottes und zu Lehre und Werk Jesu Christi haben, können sie nicht zum Glauben kommen. Eine innere Veränderung hin zunächst zum Seelenfrieden und dann zum gesellschaftlichen Frieden ist hier nicht möglich. In solchen Gemeinschaften gibt es also so gesehen keinen Frieden, sondern sie sind durch den Krieg der Untugenden beherrscht. Um dies abzustellen, muss das Wort Gottes etabliert werden. Und das geht in diesem Falle nur mit Krieg. Die zugrunde liegende Logik lautet kurz und mit anderen Worten: mit Krieg gegen den Krieg zum Frieden oder Feuer wird mit Feuer gelöscht. Zwingli selber:

> «Wer Frieden haben will, der nehme unverzüglich das Wort Gottes an, das sich heute so deutlich kundtut, oder er wird nie mehr Frieden sehen.» (ZS I, 277)

---

333 Die «Fünf Orte» waren die drei «Urkantone» Schwyz, Uri, Unterwalden sowie Luzern und Zug.

Das bedeutet Krieg. Und genauso ist es gekommen. Zwingli hat die Verweigerung der Innerschweizer Kantone in *dreifacher* Hinsicht theologisch vertieft. Zum *einen* stellt sie sich in die Logik des (bereits benannten) Tun-Ergehen-Zusammenhangs. Das meint im vorstelligen Kontext, dass ein Krieg die folgerichtige Bestrafung der Verweigerung sei. Gleichwie die Abkehr von Gott kriegerische Bestrafungen nach sich gezogen hat (wie in vielen alttestamentlichen Episoden beschrieben), so zieht die ablehnende Haltung der nichtevangelischen Orte ebenfalls Krieg auf sich.

Das *Zweite* ist eine Erweiterung des Ersten: Zwingli ist durch und durch Eidgenosse. Ihm liegt wie kaum einem anderen das Schicksal der *ganzen* Eidgenossenschaft am Herzen. Die Eigenständigkeit, die moralische Integrität und vor allem die Freiheit der Eidgenossenschaft waren ihm über die Massen wichtig. Das wird z. B. erkennbar, wenn Zwingli an den Kanton Schwyz appelliert:

> «Schwyz bleib treu bei deiner Ehr,
> gegen fremde Herr'n setz dich zur Wehr.»[334] (ZS I, 100)

Die evangelische Predigt ist für Zwingli Garant der Grundfesten der Eidgenossenschaft. Die zentralen Werte von Freiheit, Loyalität und Einigkeit können sich für ihn nur vor dem Hintergrund und im Rahmen des Evangeliums artikulieren. Verweigert sich aber ein Teil der Eidgenossenschaft der evangelischen Predigt – so Zwingli –, dann wird nicht nur den widerspenstigen Orten, sondern der Eidgenossenschaft als ganzer die Strafe Gottes drohen. Es ist für ihn deshalb eine Frage der eidgenössischen Verantwortlichkeit, die freie Predigt des Wortes Gottes und damit die Ermöglichung von Freiheit, Eigenständigkeit und moralischer Integrität herzustellen.

Deshalb schliesst das *Dritte* unmittelbar hier an. Zwingli hat die Verweigerungshaltung und die Allianz der nichtevangelischen Orte

---

334 I. Orig. eingerückt.

so interpretiert, «dass wir um des Wortes Gottes willen *angegriffen* werden»[335]. Damit hatte er zusätzlich das Argument eines Verteidigungskrieges auf seiner Seite. Da Zwingli eine breite Allianz von Innerschweizern, dem Deutschen Reich und Habsburg gegen die Sache der Reformation fürchtete, trat er «energisch für den sofortigen Krieg gegen die Fünf Orte ein»[336]. Zwingli selbst hat wohl schon früher mit einer militärischen Auseinandersetzung im Zusammenhang mit der Durchführung der Reformation gerechnet. Vermutlich Ende des Jahres 1525 verfasste er eine «Empfehlung zur Vorbereitung auf einen möglichen Krieg». In dieser Empfehlung nehmen Vorschläge für diplomatische Verhandlungen und effektive Bündnispolitik den breitesten Raum ein.[337] Des Weiteren werden die notwendigen Qualitäten eines guten Hauptmanns beschrieben: Gottesfurcht, Uneigennützigkeit, Redlichkeit, Unverzagtheit, Diskretion, taktisches und strategisches Geschick.[338] Und auch wie eine gute Feldpredigt auszusehen hat, wird von Zwingli skizziert.

Daneben stehen aber auch sehr konkrete Kriegspläne, die einen Angriff der Waldstätte via Zug, via Rapperswil oder via den Thurgau durchspielen. Hier bewegt sich Zwingli dann ganz in den Bahnen rein militärischer Logik, die weitab von christlichen Tugenden zu stehen kommt, wenn es beispielsweise um Brandschatzung geht. Zwingli schreibt:

> «Und was das Niederbrennen betrifft, müsste man sich immer so verhalten, wie sie es uns gegenüber tun. Sollten sie uns zuvor durch Niederbrennen geschädigt haben, bräuchte man an der Kirchgasse zu Schwyz nur das Rathaus gut anzünden, dann würde das ganze Dorf brennen» – natürlich zuerst «geschwind aus der Kirche räumen, was aus Silber und Gold ist.» (ZS III, 22)

---

335 ZS III, 27 (Hervorhebung v. Vf.).
336 Haas, Zwingli, 260.
337 Vgl. ZS III, 10–20.
338 Vgl. ZS III, 27ff.

Abb 13: Zwinglis Tod bei Kappeln, 11. Oktober 1531 (Darstellung aus dem 20. Jh. von August Haas)

Zwingli trat 1531 für einen schnellen Krieg ein. Nach einer mehr oder weniger erfolglosen Lebensmittelsperre gegen die Fünf Orte kam es am 11. Oktober 1531 zu einem knapp einstündigen Schlagabtausch, der mit einer klaren Niederlage der Evangelischen endete.[339] Zwischen 400 und 500 Gefallene waren auf Zürcher Seite zu beklagen. Unter ihnen waren Zwingli und sein Stiefsohn Gerold.

Sind das Heilige Kriege gewesen? Kennt Zwingli den Heiligen Krieg? Dass Zwingli in den letzten Stunden seines Lebens den Gelehrten- mit dem Waffenrock, die Bibel mit dem Schwert und die Kanzel mit dem Ross tauschte, hat nichts mit blindem Fanatismus oder einer Djihad-Mentalität zu tun. Zwingli wollte nicht mit Gewalt bekehren, sondern er wollte nur, dass das Wort Gottes frei gepredigt werden

339 Zu den Einzelheiten vgl. Haas, Zwingli, 265–282, Opitz, Zwingli, 101–103 und Köhler, Zwingli, 247–251.

konnte. Und in diesem Zusammenhang hat er im Krieg eine letzte Möglichkeit, eine *ultima ratio* gesehen. Es gibt sogar Hinweise darauf, dass es im Sinne Zwinglis war, den Krieg so weit wie möglich «sittlich zu gestalten»[340]:

> «Vor Beginn einer der kleinen Schlachten, die während des Reformationszeitalters in der Schweiz ausgefochten worden sind, soll die Weisung erteilt worden sein, die Gegner möglichst nur in die Schenkel zu stechen, um sie so zwar kampfunfähig zu machen, jedoch unnützes Blutvergiessen zu vermeiden.»[341]

Im Einzelnen kann dies anhand der Schriften Zwinglis allerdings nicht verifiziert werden. Was aber nachgewiesen werden kann, ist dies: Zwingli hat an die befreiende Kraft des Wortes Gottes und des Evangeliums von Jesus Christus geglaubt. Er hat geglaubt, dass das Evangelium und das Wort Gottes unter allen Umständen zu den Menschen kommen müsse. Und zu diesen Umständen gehörte für Zwingli eben auch im äussersten Fall der Krieg. Auch hier, besonders hier ist Zwingli Kind seiner Zeit.

340 Mayer, Ethik, 289.
341 Mayer, Ethik, 289.

Schluss

Zwinglis Ethik, wie sie hier in nuce vorgestellt wurde, ist zeitgebunden und verdankt sich nicht unwesentlich den konkreten politischen, kulturellen und theologischen Konstellationen seiner Zeit. Zwingli ist Eidgenosse des 16. Jahrhunderts, und das ist freilich auch erkennbar in Bezug auf seine Ethik. Das macht sie aber keineswegs überflüssig oder schiebt sie ins Abseits der Moderne. Denn wie die Reformation insgesamt einen wichtigen Übergang zur Neuzeit markiert und auch die Neuzeit und Moderne massgeblich mitgeprägt hat, so hat auch die reformatorische Ethik ihre eigene Prägekraft auf Moderne und Neuzeit. Wie die Reformation insgesamt bezieht sich reformatorische Ethik – und das gilt auch und v. a. für die Ethik Zwinglis –, auf das Evangelium. Und das Evangelium ist zeitlos.

Dem Evangelium muss allerdings immer wieder und unter veränderten Bedingungen Gehör verschafft werden. Dass das möglich ist, wie es aussehen kann und dass dies eine bleibende Aufgabe ist, hat das gesamteuropäische Geschehen der Reformation eindrücklich gezeigt. Und hier spielen Zwingli und seine Ethik eine herausragende Rolle. Deshalb besitzt auch die Ethik Zwinglis einen Gehalt, der weit über den engeren Rahmen der geistigen und kulturellen Gegebenheiten des 16. Jahrhunderts hinausweist.

Abschliessend soll auf sieben Punkte hingewiesen werden. Sie betreffen den hohen sittlichen Ernst, den Zwinglis Ethik atmet (1.), sein im Hintergrund stehendes anschlussfähiges wie realistisches Menschenbild (2.), die konsequente Anknüpfung seiner Ethik an der Bibel, v. a. an der Bergpredigt (3.), seinen (kritischen) Sinn für das moralische Subjekt (4.), das hohe Mass an Konkretheit seiner Ethik (5.), den besonnenen Charakter seines ethischen Ansatzes (6.) sowie sein Wissen um die Vorläufigkeit jeder ethischen Anstrengung (7.). Diese sieben Punkte sollen abschliessend kurz erläutert werden.

1. Zwinglis Ethik besticht durch einen hohen sittlichen Ernst

Das Erste, was an der Ethik Zwinglis besticht, ist ihr hoher sittlicher Ernst. Zwingli stellt sich kompromisslos den ethischen Grundfragen «Was ist gut?» und «Was ist böse?». Und er findet klare und herausfordernde Antworten auf diese Fragen. Als Theologe verknüpft er das Gute konsequent mit dem Gottesgedanken und das Böse mit der Gottlosigkeit. Gut ist das, was dem Willen Gottes (als des höchsten und einzigen Guts) entspricht. Böse ist das, was dem Willen Gottes widerstreitet (und dem menschlichen Egoismus entspricht). Der in sich unendlich gute Wille Gottes ist in den zeitlosen Gesetzen des Alten Testaments (v. a. den 10 Geboten) und der überzeitlichen Lehre Jesu (v. a. der Bergpredigt) offenbar geworden. Sie stellen die Richtschnur eines christlichen Lebens dar und garantieren inneren und äusseren Frieden. Daran hat Zwingli fest geglaubt und er hat gewusst, dass sich das Vertrauen auf den Willen Gottes und seine Güte nur in Gestalt des Glaubens ereignen kann.

Zwingli ist dabei kein Moralist. Seine moralischen Anforderungen und Imperative sind keinesfalls steiler als die der Bibel selbst. Ob ihres zweipoligen Aufbaus zeigt Zwinglis Ethik einen gewissen Zug zur Kompromisslosigkeit. Und in der Tat: Zwingli kennt keine ethischen Beliebigkeiten. Aber er ist eben kein kompromissloser Moralfantast, sondern im Gegenteil begegnet bei ihm immer wieder ein gesunder Realismus, der sich mit gesellschaftlichen Gegebenheiten arrangiert, sich stets ungeordnetem Aufruhr und sozialem Chaos entgegenstemmt und vor allem die ethische Grundsituation des Menschen ernst nimmt. Und die Beschreibung der ethischen Grundsituation als

Kampf zwischen Untugend und Tugend, zwischen Böse und Gut, zwischen äusserem und innerem Menschen, zwischen Fleisch und Geist verleihen diesem Ethikansatz Einfachheit und Evidenz. Das führt auf das Zweite:

2. Zwinglis Ethik fusst auf einem anschlussfähigen wie realistischen Menschenbild

Die Ethik Zwinglis will einfach und verständlich sein. Und das ist ihre Stärke. Das zeigt sich bereits im grundlegenden Aufbau, der einen güter- und tugendethischen Ansatz vor dem Hintergrund des christlichen Glaubens miteinander verschränkt.

Güter und Tugenden sind äusserst anschlussfähige ethische Figuren. Mit ihnen wird die Strebestruktur des menschlichen Lebens genauso eingeholt wie der gesellschaftstragende Anspruch auf Tugendhaftigkeit humaner Lebensführung. Güter und Tugenden sind ethische Grundbegriffe, die allgemein zugänglich sind. Zwingli nimmt sie produktiv auf und gibt ihnen eine erklärt theologische, eine reformatorische Wendung.

Er gibt sich dabei hinsichtlich der ethischen Grundsituation des Menschen keinerlei Illusionen hin. Der Mensch ist ein ethisch höchst unvollkommenes Wesen. Zwinglis Ethik steht auch an dieser Stelle für eine realistische Analyse der menschlichen, allzu menschlichen Schwächen. Der Wille eines jeden Menschen – und Zwingli nimmt sich dabei keineswegs aus – neigt sich mehr oder weniger gerne der Untugend, dem Bösen, dem Fleisch zu; kurz: In jedem Menschen steckt ein unausrottbarer Hang zum – wie Zwingli immer wieder festhält – *Eigennutz*. Und dieser Eigennutz hat mit Blick sowohl auf die eigene Situation als auch hinsichtlich des gesellschaftlichen Ganzen fatale Konsequenzen. Die menschliche Selbstliebe, der Eigennutz zeigt sich im einzelnen Menschen früher oder später als ausgeprägte innere Unzufriedenheit. Und auf das Gemeinwesen angewendet, zieht sie Unfrieden und gesellschaftliche Verwerfungen nach sich. Insofern besteht für Zwingli die erste ethische Einsicht in der Erkenntnis der eigenen ethischen Unvollkommenheit.

Auch hier wird Zwingli gern als Moralist abgetan, weil er es dem Menschen aufgibt, unverstellt auf seine Fehler zu blicken und zu seinem ethischen Versagen zu stehen. Aber das ist kein Moralismus im strengen Sinne. Der Vorwurf des Moralismus soll in der Regel nur davon ablenken, dass es schlicht und ergreifend unangenehm und anstrengend ist, sich – wie Zwingli aufgibt – den eigenen Fehlern und Schwächen zu stellen. Aber genau das macht einen grossen Teil des ethischen Ernstes der Ethik Zwinglis aus.

Die ethische Grundeinsicht, dass kein Mensch das Gute allein aus sich heraus realisieren kann, macht offen für Alternativen. Und für Zwingli besteht die einzig zielführende Alternative in der Orientierung am Evangelium. Denn das Evangelium stellt mit Jesu Leben und Predigen nicht nur ein Bild vollkommen tugendhafter Lebensführung vor Augen. Das Evangelium als die Botschaft von der Selbsthingabe und dem Lebensopfer Jesu Christi steht dafür, dass kein Mensch an seiner ethischen Unvollkommenheit verzweifeln muss. Das letzte Urteil über die Möglichkeit zum Guten hängt aber nicht von der Unvollkommenheit des Menschen ab, sondern ob er daran glaubt, dass sich Jesus für ihn selbst hingegeben hat. Jeder Mensch bekommt trotz seines ethischen Versagens eine zweite Chance, sich im Sinne des Guten zu bewähren. Auf Leben und Werk Christi muss nur im Glauben vertraut werden. Dies ist für Zwingli der eigentliche Inhalt des Evangeliums, der frohen Botschaft.

Denn so pessimistisch Zwingli gegenüber der ethischen Grundsituation des Menschen ist, so optimistisch ist er gegenüber der Möglichkeit, dass der Mensch im Vertrauen auf Christus immer wieder aus den Verwicklungen der Untugenden und den Spiralen des Bösen aussteigen kann. Der Egoismus, der konsequent Untugend nach sich zieht, muss im menschlichen Leben nicht das letzte Wort behalten. Es entspricht einem gelingenden menschlichen Leben unendlich mehr, wenn es im glaubenden Vertrauen auf Christus der Untugend die Stirn bietet.

3. Zwinglis Ethik knüpft konsequent an der Bibel, v. a. an der Bergpredigt an

Als Zwingli im Januar 1519 Leutpriester am Grossmünster wird, beginnt er seine Predigttätigkeit mit einer fortlaufenden Auslegung des Matthäusevangeliums. Und das ist kein Zufall. Das Matthäusevangelium enthält die berühmteste Fassung der Bergpredigt und die Bergpredigt ist für die Ethikkonzeption Zwinglis von herausragender Bedeutung. Denn Ausgangspunkt und Grundlage der Ethik ist die Bibel und hier kommt einmal dem Dekalog (10 Gebote), v. a. aber der Bergpredigt besonderes Gewicht zu.

Zwingli setzt mit seiner Ethik allerdings einen neuen Umgang mit der Bergpredigt ins Licht. Im Mittelalter wurde an dieser Stelle unterschieden zwischen den sogenannten *praecepta* (Gesetzen) und den *consilia* (Ratschlägen). Wichtig ist in diesem Zusammenhang, dass die *consilia* (Ratschläge) den entscheidenden ethischen Akzent setzen.

Unter den Gesetzen (*praecepta*) wurde der Dekalog verstanden. Und dessen Gebote waren für alle zunächst verbindlich. Aber sie galten nur als sogenannte mittlere Pflichten (*officia media*). Ihre Einhaltung war noch kein besonderes christliches Verdienst.[342] Hingegen: Die Ratschläge der Bergpredigt (*consilia*) waren vollkommene Pflichten (*officia perfecta*), weil durch sie das von den mittleren Pflichten (Gebote des Dekalogs = *officia media*) Geforderte präzisiert und zu konkreter Nächstenliebe wurde.[343] Insofern kann Zwingli auch mit

342 Vgl. Klopfer, Ethik-Klassiker, 192: «*Media officia*: Ihnen entsprechen die alttestamentlichen Gebote (z. B. des Dekalogs). Sie sind für alle verpflichtend und gehören zu den praecepta. Wer sich nach ihnen in seinen Handlungen richtet, vermeidet Schuld, handelt aber nicht im neutestamentlichen Sinne verdienstvoll.» (Hervorhebung i. Orig.)

343 Vgl. Klopfer, Ethik-Klassiker, 192: «*Perfecta officia*: Durch sie wird etwas verbessert, was in der Welt nicht vollkommen ist, z. B. durch Hilfsbereitschaft, Barmherzigkeit, Nächstenliebe. Sie gehören zu den *consilia*. Ihre Befolgung wird prinzipiell empfohlen, bei der individuellen Befolgung hat aber jeder Mensch einen Spielraum. Sie drücken den Geist des Neuen Testaments

einer starken Unterscheidung von Gesetz und Evangelium nichts anfangen.

Zwingli unterläuft diese Unterscheidung, indem er darauf aufmerksam macht, dass auch die Forderungen der Bergpredigt vom Menschen nicht erfüllt werden können. Der ethisch labile Mensch scheitert sowohl an den alttestamentlichen Geboten des Dekalogs als auch an den neutestamentlichen Forderungen der Bergpredigt.

Dabei entwickelt Zwingli eine Position, die angesichts des Versagens an Dekalog *und* Bergpredigt eine (mangelhafte) menschliche Gerechtigkeit feststellt, die sich aber in ihrer Konstitution und in ihrem aktuellen Vollzug der Bergpredigt so weit wie möglich anzunähern hat. Die allgemeinmenschliche Schwäche im Moralischen macht die Bergpredigt ethisch nicht überflüssig, sondern unterstreicht im Gegenteil ihre Bedeutung.

4. Zwinglis Ethik hat (kritischen) Sinn für das moralische Subjekt

Zwinglis Ethik ist eine Ethik, die das moralische Subjekt ernst nimmt. Das entspricht der tugendethischen Prägung des Ethikprogramms. Allerdings: Die moderne Unterscheidung von Individual- und Sozialethik ist Zwingli fremd. Individualethik meint dabei, dass die ethische Frage primär auf das *individuelle* Handeln und Leben fokussiert wird. Und Sozialethik hat es in erster Linie mit der Gestaltung der *gesellschaftlichen* Rahmenbedingungen zu tun, innerhalb derer gehandelt und gelebt wird.[344]

---

aus. Wegen ihres Freiheitscharakters und der höheren sittlichen Qualität sind sie den *media officia* des Alten Testaments überlegen.» (Hervorhebung i. Orig.)

344 Vgl. dazu Fischer, Theologische Ethik, 57: «Individualethik hat es mit der Orientierung individuellen Lebens und Handelns zu tun. [...] Demgegenüber denkt Sozialethik über die Gestaltung sozialer Strukturen nach, innerhalb deren Menschen leben und handeln.»

Und natürlich steht Zwinglis Ethik nicht für eine Subjekts-Ethik in dem Sinne, wie sie zum Beispiel der deutsche Idealismus vertreten hat. Es stimmt aber doch: Die Ethik Zwinglis ist eine Ethik, die das moralische Individuum ernst nimmt. Seine Ethik ist allerdings Ethik, die das Individuum gleichzeitig in die Tiefen seiner moralischen Abgründe hinabführt und im Lichte des Glaubens unendlich erhöht. Zwinglis Ethik steht für diejenige ethische Denkfigur, dass der menschliche Wille im göttlichen Willen aufgeht, dass der menschliche Wille in der Anheimstellung an Gottes Willen erst zum Willen wird. Das ist ein starker ethischer, ein echt reformatorischer Gedanke.

Dass Zwingli das ethische Individuum ernst nimmt, heisst nicht, dass er kein Interesse für die gesamtgesellschaftlichen Rahmenbedingungen des moralischen Handelns hätte. Er hat diese stets auch mit im Blick, wie seine Ausführungen zu Staat und Obrigkeit gezeigt haben. Aber die Gestaltung von Welt und Gesellschaft läuft über das ethische Individuum. Zwingli ist nicht der Meinung, dass zunächst die äusseren Strukturen verändert werden müssen, damit sich auch die Menschen ändern. Vielmehr ist er der Überzeugung, dass eine Veränderung der inneren Einstellung der Menschen eine entsprechende Veränderung der äusseren Strukturen nach sich zieht. Damit ist nicht gesagt, dass der ethische Prozess allein beim Individuum seinen Ausgang nehmen würde. Denn streng genommen ist das eigentliche Subjekt allen ethischen Geschehens immer Gott als das höchste Gut. Er teilt sich in seinem Wort und in Jesus Christus mit und kann den Menschen innerlich ergreifen. Deshalb ist die Predigt für Zwingli so ungemein wichtig. Sie kann den Menschen berühren und das Individuum zum sozial aktiven Durchgangspunkt des unendlichen göttlichen Guten machen.

5. Zwinglis Ethik ist konkrete Ethik

Zwinglis Ethik ist keine abstrakte Ethik, die allein ein oberstes Prinzip entwickeln würde. Zwinglis Ethik ist konkrete Ethik. Sie nimmt Stellung zu ganz bestimmten ethischen Fehlentwicklungen seiner Zeit. Das meint: Zwinglis Ethik ist auch durch ein hohes Mass an zeitdiagnostischer Reflexion gekennzeichnet. Und einige seiner Diagnosen scheinen beinahe zeitlos zu sein.

Zwinglis Kritik am Werteverlust bei Obrigkeit und Bevölkerung und sein klares Votum für die konsequente Orientierung an einem höchsten Gut, seine Kritik an der grassierenden Tugendlosigkeit sowie an der ethischen Beliebigkeit und seine Betonung der gesellschaftsstabilisierenden Funktion christlicher Tugenden, seine Kritik an Korruption und Egoismus (nicht nur im Zusammenhang der Reisläuferei) und das Eintreten für Gerechtigkeit und Einigkeit, seine Kritik am ungezügelten Finanzwesen und das Plädoyer für ehrliche (körperliche und geistige) Arbeit, seine Kritik am ideologiefreien Staat und seine staatstheologische Spitzenthese, dass ein Staat nur dann erfolgreich sein wird, wenn guten Gesetzen eine gute Gesinnung entspricht, lassen sich zumindest als ernstzunehmende Anfragen ohne Weiteres in die Moderne verlängern. Denn ein ideologisch entkernter Staat schafft regelmässig fatale Lücken, in die dann weltanschaulich überschwängliche Bewegungen hineinstossen können und hineinstossen.

6. Zwinglis Ethik ist besonnene Ethik mit Augenmass

Zwingli hat mit seiner Ethik nicht nur mit grossem sittlichem Ernst einen Brückenschlag vom Evangelium zur Lebenswelt der Menschen gewagt. Sondern er hat sowohl mit seinem besonnenen, überlegten und pointierten Argumentationsstil, mit seiner Vorsicht gegenüber überstürzten Aktionen Augenmass und Besonnenheit demonstriert. Zwinglis Ethik ist keine radikale Ethik in dem Sinne, dass Zwingli die gesellschaftlichen Verhältnisse umsturzartig verändern möchte. Seine Ethik ist zwar konsequent in ihrer Orientierung an der Bibel. Aber die moralischen Anforderungen der Bibel sind keineswegs radikal, überstürzt oder aktionistisch umzusetzen und in der Gesellschaft überhastet zu implementieren. Unkontrollierten Aktionen wie dem Sturm auf die Kartause Ittingen (1524) oder der gewaltsame Entfernung der Bilder aus dem Grossmünster stand Zwingli sehr skeptisch gegenüber. Im Gegenteil: In Bezug auf die Entfernung der Bilder hatte Zwingli eine geordnete und faire Übergabe an die Stifter im Sinn.

Zwinglis Ethik ist eine Ethik, die nach Möglichkeit immer den Ausgleich sucht. Nur in einer Beziehung kennt Zwingli keine Kompromisse: Und das ist, wenn die *freie* Predigt des Wortes Gottes systematisch unterdrückt wird.

Die Ethik Zwinglis will dabei einfach und verständlich sein. Zwinglis grundsätzlicher Wille zum Kompromiss schlägt sich auch in seiner Sprache nieder. Zwingli wird hier erkennbar als Mann, der die Menschen auch sprachlich abgeholt hat. Er war ungemein sprachbegabt und er hat diese Begabung im besten Sinne in sein reformatorisches Werk eingebracht. Zwingli wollte die Menschen verstehen, und er wollte verstanden werden. Er wollte das Evangelium verständlich machen und das Wort Gottes verstanden wissen. Er war – literarisch (in seinen Briefen und Texten) und verbal (in der Predigt, in Disputationen und Gesprächen) – auf grösstmögliche Verständlichkeit aus. Und dabei ist er äusserst kreativ gewesen. Die Sprache der Deutschschweiz ist bis heute nicht unwesentlich durch Helvetismen mitgeprägt, die Zwingli im Zusammenhang seiner Argumentation immer wieder gern aufgerufen hat. Und seine zurückhaltende, besonnene, möglichst alle Variablen und Gegeneinwände mitberücksichtigende und auf grösstmöglichen Konsens zielende Art und Weise der ethischen Überlegungen und Reflexionen wirkt bis heute stark nach.

7. Zwinglis Ethik weiss um ihre Grenzen

Zwinglis Ethik kennt keine Erfolgsgarantien. Dass das höchste Gut sich realisiert, dass das Leben tugendhaft gelingt, dass die Gerechtigkeit, dass Glaube, Liebe und Hoffnung im persönlichen und gesellschaftlichen Leben Platz greifen: Das alles kann nicht der und die Einzelne immer kontrollieren und verantworten. Gelingt es, ist es Gnade. Und Gnade kann nicht erzwungen werden. Ethischer Fanatismus und Radikalismus, aber auch ethische Naivität und Fatalismus sind Zwinglis Sache nicht.

Aber: Im Wissen um die eigene ethische Unvollkommen- und Beschränktheit und im Glauben an das Evangelium darf und kann bei jedem ernsthaften Versuch, das Leben ethisch zu gestalten, das geglaubt und gesagt werden, was Zwingli für sein Leben insgesamt einmal zum Ausdruck gebracht und zum Motto gemacht hat : *«Ich stelle es Gottes Wirken anheim.»*[345] (ZS I, 82)

---

345 Hervorhebung v. Vf.

Verzeichnisse

Literaturverzeichnis

Quellen

Zwingli wird zitiert nach folgenden Ausgaben und entsprechenden Kürzeln:

Huldreich Zwinglis sämtliche Werke (Corpus Reformatorum 88–108). Hg. v. Emil Egli, Georg Finsler, Walter Köhler, Oskar Farner, Fritz Blanke, Leonard von Muralt, Edwin Künzli, Rudolf Pfister u. a. 21 Bde. Berlin, Leipzig, Zürich 1908–2013. (= Z)

Huldrych Zwingli: Schriften. Hg. v. Thomas Brunnschweiler und Samuel Lutz unter Mitarbeit von Hans Ulrich Bächtold, Andreas Beriger, Christine Christ-von Wedel, Rainer Henrich, Hans Rudolf Lavater, Peter Opitz, Ernst Saxer und Peter Winzeler. 4 Bde. Zürich 1995. (= ZS)

Andere Quellen:

Actensammlung zur Geschichte der Zürcher Reformation in den Jahren 1519–1533. Hg. von Emil Egli. 2 Bde. Zürich 1879.

Aquin, Thomas von: Die deutsche Thomas-Ausgabe. Vollständige, ungekürzte deutsch-lateinische Ausgabe der Summa Theologica. Hg. vom Katholischen Akademiker-Verband. Bd. 18 (II–II, 57–79). Regensburg 1987.

Aristoteles: Metaphysik. Zweiter Halbband: Bücher VII (Z) – XIV (N). Neubearbeitung der Übersetzung von Hermann Bonitz. Mit Einleitung und Kommentar hg. v. Horst Seidel. Griechischer Text in der Edition von Wilhelm Christ. Hamburg ^{3}1991.

Augustinus: Bekenntnisse. Mit einer Einleitung von Kurt Flasch übersetzt, mit Anm. versehen u. hg. v. Kurt Flasch und Burkhard Mojsisch. Stuttgart 1989.

Augustinus, Aurelius S.: Confessiones. Capita selecta. Edidit Andreas Labhardt. Frauenfeldae 1949.

Augustinus: De libero arbitrio. Vom freien Willen. In: Ders.: Theologische Frühschriften. Lateinisch-Deutsch. Übersetzt und erläutert von Wilhelm Thimme. Stuttgart, Zürich 1962, 29–363.

Augustinus, Aurelius: De trinitate (Bücher VIII–IX, XIV–XV) lateinisch deutsch. Neu übersetzt und mit einer Einleitung hg. v. Johann Kreuzer. Hamburg 2001.

Augustinus, Aurelius: Vom ersten katechetischen Unterricht. Neu übersetzt von Werner Steinmann, bearbeitet von Otto Wermelinger. München 1985.

Calvin, Johannes: Unterricht in der christlichen Religion. Institutio Christianae Religionis. Nach der letzten Ausgabe von 1559 übersetzt und bearbeitet von Otto Weber. Im Auftrag des Reformierten Bundes bearbeitet und neu hg. v. Matthias Freudenberg. Neukirchen-Vluyn 2008.

Clausewitz, Carl von: Vom Kriege. Hinterlassenes Werk des Generals Carl von Clausewitz. Hg. v. Marie von Clausewitz. 3 Bde. Berlin 1832–1834.

Erasmus von Rotterdam: Ein expostulation oder klag Jhesu / zu dem Menschen der uß eygenem mutwill verdampt würt. In latin durch Erasmus von Rotterdam beschriben / durch meister Leo Jud Pfarherr zu Eynsidlen vertütscht. Getruckt zu Zürich Durch Cristophorum Froschouer Im jar M. D. XXII.

Erasmus von Rotterdam: Handbüchlein des christlichen Streiters. Echiridion Militis Christiani. Übertragen und eingeleitet von Hubert Schiel. Münsterschwarzach 2015.

Goethe, Johann Wolfgang von: Prometheus. In: Ders.: Werke. 16 Bde. Hamburg München 1996, Bd. I, 44–46

Hölderlin, Friedrich: Hyperion oder der Eremit in Griechenland. In: Hölderlin: Sämtliche Werke. Stuttgarter Hölderlin-Ausgabe im Auftrag des Württenbergischen Kultministeriums hg. v. Friedrich Beissner. Dritter Band. Stuttgart 1957, 1–160.

Kant, Immanuel: Kritik der praktischen Vernunft. Darmstadt 1983 In: Ders.: Werke in zehn Bänden. Hg. v. Wilhelm Weischedel. Bd. 6, 103–302.

Kant, Immanuel: Die Metaphysik der Sitten. In: Ders.: Werke in zehn Bänden. Hg. v. Wilhelm Weischedel. Darmstadt 1983, Bd. 7, 3–634.

Platon: ΠΟΛΙΤΕΙΑ – Der Staat. Bearbeitet von Dietrich Kurz. Griechischer Text von Émilie Chambry. Deutsche Übersetzung von Friedrich Schleiermacher. Darmstadt 1971 (= Platon: Werke in acht Bänden. Griechisch Deutsch. Hg. v. Gunther Eigler. Darmstadt ^{2}1990).

Sekundärliteratur

Arnold, Stefan: Vertrag und Verteilung. Die Bedeutung der iustitia distributiva im Vertragsrecht. Tübingen 2014.

Bächtold, Hans Ulrich: Einleitung (zur «freundschaftlichen und ernsten Ermahnung»). In: Huldrych Zwingli: Schriften. Hg. v. Thomas Brunnschweiler und Samuel Lutz unter Mitarbeit von Hans Ulrich Bächtold, Andreas Beriger, Christine Christ-von Wedel, Rainer Henrich, Hans Rudolf Lavater, Peter Opitz, Ernst Saxer und Peter Winzeler. Zürich 1995, Bd. I, 315–317.

Brunnschweiler, Thomas / Lutz, Samuel: Einleitung (zu Zwingli: Schriften, Bd. I–IV). In: Huldrych Zwingli: Schriften. Hg. v. Thomas Brunnschweiler und Samuel Lutz unter Mitarbeit von Hans Ulrich Bächtold, Andreas Beriger, Christine Christ-von Wedel, Rainer Henrich, Hans Rudolf Lavater, Peter Opitz, Ernst Saxer und Peter Winzeler. Zürich 1995, Bd. I, XV–XXIII.

Brunnschweiler, Thomas: Einleitung (zu Bd. II). In: Huldrych Zwingli: Schriften. Hg. v. Thomas Brunnschweiler und Samuel Lutz unter Mitarbeit von Hans Ulrich Bächtold, Andreas Beriger, Christine Christ-von Wedel, Rainer Henrich, Hans Rudolf Lavater, Peter Opitz, Ernst Saxer und Peter Winzeler. Zürich 1995, Bd. II, 3–11.

Brunnschweiler, Thomas: Einleitung (zum «Pestlied»). In: Huldrych Zwingli: Schriften. Hg. v. Thomas Brunnschweiler und Samuel Lutz unter Mitarbeit von Hans Ulrich Bächtold, Andreas Beriger, Christine Christ-von Wedel, Rainer Henrich, Hans Rudolf Lavater, Peter Opitz, Ernst Saxer und Peter Winzeler. Zürich 1995, Bd. I, 3–4.

Burger, Christoph: Die Entwicklung von Zwinglis Reden über Gottes Güte, Barmherzigkeit und Gerechtigkeit. In: Zwingliana 19/1 (1992), 71–76.

Büsser, Fritz: Zwingli und Laktanz. Beobachtungen bei der Lektüre von Zwinglis «De providentia Dei». In: Zwingliana 13/6 (1971), 375–399.

Clemen, Otto: Art. Celtis (oder Celtes), Konrad (1459–1508). In: RGG^{2}, Bd.1 (1927), Sp. 1475–76.

Egli, Emil: Zum Piacenzerzug vom Herbst 1521. In: Zwingliana 2/3 (1906), 85-90.

Egli, Emil: Die Pest von 1519 nach gleichzeitigen Berichten. In: Zwingliana 1/14 (1903), 377–382.

Farner, Alfred: Die Lehre von Kirche und Staat bei Zwingli. Tübingen 1930.

Farner, Oskar: Anna Reinhardt, die Gattin Ulrich Zwinglis. In Zwingliana 3/7 (1916), 197–211 u. 3/8 (1916), 229–245.

Farner, Oskar: Der Reformator Ulrich Zwingli. Sein Leben und Schaffen erzählt von Prof. Dr. Oskar Farner. Zürich 1949.

Farner, Oskar: Huldrych Zwingli. Seine Jugend, Schulzeit und Studienjahre 1484–1506. Zürich 1943.

Farner, Oskar: Zwinglis Entwicklung zum Reformator nach seinem Briefwechsel bis 1522. In Zwingliana 3/1 (1913), 2–17.

Fischer, Johannes: Theologische Ethik. Grundwissen und Orientierung. Stuttgart 2002.

Gäbler, Ulrich: Huldrych Zwingli. Leben und Werk. Zürich ^{3}2004.

Glutz-Blozheim, Robert: Geschichte der Eidgenossen vom Tode des Bürgermeisters Waldmann bis zum ewigen Frieden mit Frankreich. Zürich 1816 (= Johann von Müllers Geschichten Schweizerischer Eidgenossenschaft Fünften Theils zwyte Abtheilung).

Greyerz, Otto von / Bientenhard, Ruth: Berndeutsches Wörterbuch. Für die heutige Mundart zwischen Burgdorf, Lyss und Thun. Muri bei Bern, ^{8}2005.

Grimm, Jacob / Grimm, Wilhelm: Art. (Zins) - kauf. In: Dies.: Deutsches Wörterbuch. 16 Bde. Leipzig 1854–1961, Bd. 31, Sp. 1527.

Haas, Martin: Huldrych Zwingli und seine Zeit. Leben und Werk des Zürcher Reformators. Zürich 1969.

Hodler, Beat: Das Widerstandsrecht bei Luther und Zwingli – ein Vergleich. In: Zwingliana 16 (1985), S. 427–441.

Holl, Karl: Der Neubau der Sittlichkeit. In: Ders.: Gesammelte Aufsätze zur Kirchengeschichte. I Luther. Tübingen ^{7}1948, 155–287.

Hottinger, Johann Jakob: Huldreich Zwingli und seine Zeit dargestellt für das Volk. Mit historischen Abbildungen gezeichnet von Franz Hegi. Zürich 1842.

Kaftan, Julius: Dogmatik. Tübingen 1909.

Kamber, Peter: Reformation als bäuerliche Revolution. Bildersturm, Klosterbesetzungen und Kampf gegen die Leibeigenschaft in Zürich zur Zeit der Reformation (1522–1525). Zürich 2010.

Kesselring, H.: Zur Erklärung und Zeitbestimmung der Gedichte Zwinglis vom Ochsen und vom Labyrinth. In: Zwingliana 1/12 (1902), 294–312.

Kleehoven, Hans Ankwitz von: Art. Cuspinianus. In: Neue deutsche Biographie. Hg. v. Otto zu Stolberg-Wernigerode Bd. 3. Berlin, 1957, 450–452.

Klein, Andreas: Anschläge auf die Freiheit? Neurobiologische und metaphysisch-theoretische Problematisierungen einer ethischen Kategorie. In: ZEE 48 (2004), 179–196, 189f.

Klopfer, Max: Ethik-Klassiker von Platon bis John-Stuart Mill. Ein Lehr- und Studienbuch. Stuttgart 2008.

Köhler, Walther: Huldrych Zwingli. Durchgesehen und neu hg. v. Ernst Koch. Leipzig 1983.

Koeniger, Albert M.: Art. Zölibat. In: RGG^{2}, Bd. 7 (1931), Sp. 2128–2131.

Köpf, Ulrich: Art. Sakramente I. Kirchengeschichtlich. In RGG^{4}, Bd. 7 (2004), Sp. 752–755.

Kügelgen, Constantin von: Die Ethik Huldreich Zwinglis. Leipzig 1902.

Leonhardt, Rochus: Glück als Vollendung des Menschseins. Die beatitudo-Lehre des Thomas von Aquin im Horizont des Eudämonismusproblems. Berlin New York 1998.

Locher, Gottfried W.: «Christus unser Hauptmann». Ein Stück der Verkündigung Huldrych Zwinglis in seinem kulturgeschichtlichen Zusammenhang. In: Zwingliana 9/3 (1950), 591–602.

Locher, Gottfried W.: Grundzüge der Theologie Huldrych Zwinglis im Vergleich mit derjenigen Martin Luthers und Johannes Calvins. In: Zwingliana 12/7 (1967), 470–509 und 12/8 (1967), 545–595.

Locher, Gottfried W.: Huldrych Zwinglis Botschaft. In: Zwingliana 10/10 (1958), 591–602.

Locher, Gottfried W.: Zwingli und Erasmus. In: Zwingliana 13/1 (1969), 37–61.

Lüdecke, Nobert: Art. Zölibat (II. In der christlichen Kirche). In: RGG^4, Bd. 8 (2005), Sp. 1896–1898.

Lutz, Samuel: Einleitung (zu «Die freie Wahl der Speisen»). In: Huldrych Zwingli: Schriften. Hg. v. Thomas Brunnschweiler und Samuel Lutz unter Mitarbeit von Hans Ulrich Bächtold, Andreas Beriger, Christine Christ-von Wedel, Rainer Henrich, Hans Rudolf Lavater, Peter Opitz, Ernst Saxer und Peter Winzeler. Zürich 1995, Bd. I, 15–17.

Machilek, Franz: Art. Celtis (Celtes), Konrad. In: RGG^4, Bd. 2 (1999), Sp. 87f.

Maissen, Thomas: Geschichte der Schweiz. Baden ^{5}2015.

Mayer, Emil Walter: Ethik. Christliche Sittenlehre. Giessen 1922

Menge-Güthling: Griechisch-Deutsches und Deutsch-Griechisches Wörterbuch mit besonderer Berücksichtigung der Etymologie. Hand- und Schulausgabe. Teil I. Griechisch-Deutsch. Von Dr. Hermann Menge. Berlin-Schöneberg ^{2}1913.

Merzbacher, Friedrich: Europa im 15. Jahrhundert. In: Propyläen Weltgeschichte. Eine Universalgeschichte. Hg. v. Golo Mann und August Nitschke. Bd. VI: Weltkulturen Renaissance in Europa. Frankfurt a. M. Berlin 1991, 373–428.

Mühlenberg, Ekkehard: Epochen der Kirchengeschichte. Wiesbaden ^{2}1991.

Neugebauer, Matthias: (Erschüttertes) Gottvertrauen? Von der Alltäglichkeit und Unalltäglichkeit eines religiösen Grundphänomens. In: Vertrauen. Hg. v. Josette Baer / Wolfgang Rother. Basel 2015, 25–43.

Oberdorfer, Bernd: Art. Trinität/Trinitätslehre (III. Dogmengeschichtlich. 1. Alte Kirche). In: RGG^4, Bd. 8 (2005), Sp. 602–608.

Oberländer, Ernst: Das Schweizerland im Wandel der Zeiten. Mit zirka 100 Kunstbeilagen von Bachmann, Haas, Jauslin und anderen bedeutenden Künstlern. Dornach (Solothurn) 1927.

Opitz, Peter: Ulrich Zwingli. Prophet. Ketzer, Pionier des Protestantismus. Zürich 2015.

Pierer's Universal-Lexikon der Vergangenheit und Gegenwart oder Neuestes encyclopädisches Wörterbuch der Wissenschaften, Künste und Gewerbe. Vierte umgearbeitete und stark vermehrte Auflage. Bd. IV. Altenburg 1857.

Rawls, John: Eine Theorie der Gerechtigkeit. Frankfurt a. M. 1975.

Ritschl, Albrecht: Die christliche Lehre von der Rechtfertigung und Versöhnung. Bd. I. Die Geschichte der Lehre. Bonn 1870, ^{2}1882. Bd. II. Der biblische Stoff der Lehre. Bonn 1874, ^{2}1882, ^{3}1889. Bd. III. Die positive Entwicklung der Lehre. Bonn 1874, ^{2}1883, ^{3}1888.

Ritschl, Otto: Albrecht Ritschls Leben. Dargestellt von Otto Ritschl. 2 Bd. Freiburg i. Br. Leipzig 1892–1896.

Schindler, Alfred: Zwinglis «Fehltritt» in Einsiedeln und die Überlieferung dieses Ereignisses. In: Zwingliana 36 (2009), 49–54.

Schindler, Alfred: Zwingli an Heinrich Utinger. Einsiedeln. 5. Dezember 1518. In: Zwingliana 36 (2009), 54–57.

Schindler, Alfred: Zwingli und die Kirchenväter. In: 147. Neujahrsblatt zum Besten des Waisenhauses Zürich. Zürich 1984.

Schlatter, Adolf: Das christliche Dogma. Stuttgart ^{2}1923.

Schmaus, Michael: Die psychologische Trinitätslehre des Heiligen Augustinus. Münster ^{2}1967.

Schmid, Heinrich: Zwinglis Lehre von der göttlichen und menschlichen Gerechtigkeit. Zürich 1959.

Schmidt, W. E.: Art. Fasten II: In der römisch-katholischen und morgenländischen Kirche. In RGG^{2}, Bd. 2 (1928), Sp. 519–522.

Schneider, Thomas Martin.: Der Mensch als «Gefäss Gottes» – Huldrych Zwinglis Gebetslied in der Pest und die Frage nach seiner reformatorischen Wende. In: Zwingliana 35 (2008), 5–21.

Schweizerisches Idiotikon. Wörterbuch der schweizerdeutschen Sprache. Gesammelt auf Veranstaltung der Antiquarischen Gesellschaft in Zürich unter Beihülfe aus allen Kreisen des Schweizervolkes. Herausgegeben mit Unterstützung des Bundes und der Kantone. Bd. II. Bearbeitet von Friedrich Staub, Ludwig Tobler und Rudolf Schoch. Frauenfeld 1885.

Theiner, Johann Anton / Theiner, Augustin: Die Einführung der erzwungenen Ehelosigkeit bei den Geistlichen und ihren Folgen. Ein Beitrag zur Kirchengeschichte. Bd. 1. Altenburg 1845.

Thiel, Rudolf: Luther. Von 1483–1522. Berlin 1936.

Voigtlein, Johannes: Ein Fest der Befreiung. Ulrich Zwinglis Abendmahlslehre. Zürich 2013.

Weiler, Anton G.: Art. Antiqui/moderni (via antiqua / via moderna). In: HWdPh Bd. 1 (1971), Sp. 407–410.

Bildnachweise

Abb. 1 ..... Die Schlacht von Sempach, 9. Juli 1386 (Darstellung aus dem 20. Jh. von August Haas). In: Oberländer, Schweizerland, S. 96.

Abb. 2 ...... Zwingli predigt zu Monza (Darstellung aus dem 19. Jh.). In: Hottinger, Zwingli und seine Zeit, S. 50.

Abb. 3 ...... Mutmassliches Jugendbild Zwinglis (Original im holländischen Middelburg). In: Farner, Zwingli, Jugend, Schulzeit und Studienjahre, S. II.

Abb. 4 ...... Konterfei von Konrad Celtis (im Alter von 48 Jahren). In: Farner, Zwingli, Jugend, Schulzeit und Studienjahre, S. 181.

Abb. 5 ...... Thomas Wyttenbach (Kupferstich eines Unbekannten). In: Farner, Zwingli, Jugend, Schulzeit und Studienjahre, S. 225.

Abb. 6 ..... Desiderius Erasmus (Kupferstich von Albrecht Dürer, 1526). Victoria and Albert Museum, London.

Abb. 7 ..... Der griechische Philosoph Aristoteles (Büste im Alten Museum zu Berlin). Staatliche Museen zu Berlin.

Abb. 8 ..... Ulrich Zwingli (Stahlstich aus dem 19. Jh., Zwickau b. d. Gebr. Schuhmann). Privatbesitz Matthias Neugebauer.

Abb. 9 ..... Zwinglis Tochter Regula Gwalther-Zwingli mit ihrer Tochter Anna (Gemälde von Hans Asper 1549). Zentralbibliothek Zürich, Graphische Sammlung und Fotoarchiv (Inv 5).

Abb. 10: .. Der Abschied des Zürcher Rats (Abbildung des Originaldokuments vom 29. Januar 1523). Staatsarchiv Zürich (B VI 249, S. 6).

Abb. 11 ... Ehegerichtsverfahren vom 18. Juli 1528: Zwingli wird als Zeuge aufgerufen. Staatsarchiv Zürich (A 73, Nr. 35, S. 11).

Abb. 12 ... Ulrich Zwingli (im Alter von 48 Jahren, zeitgenössischer Holzschnitt): In evangelicam historiam de domino nostro Iesu Christo, per Matthaeum, Marcum, Lucam & Ioannem conscriptam, epistolasque aliquot Pauli annotationes D. [...] : Adiecta est Epistola Pauli ad Hebraeos & Ioannis Apostoli epistola per Gasparem Megandrum. ... Tiguri : excudebat Christophorus Froschouerus, mense Augusto, anno 1539. Zentralbibliothek Zürich, 6.25,3, http://dx.doi.org/10.3931/e-rara-3035 / Public Domain Mark.

Abb. 13 ... Zwinglis Tod bei Kappeln, 11. Oktober 1531 (Darstellung aus dem 20. Jh. von August Haas). In: Oberländer, Schweizerland, S. 284.